À ma mère, au ciel...

Collection : Histoires authentiques

Suivi éditorial : Didier Antonelli
N° ISBN : 2-911218-27-2
EAN: 9782911218279
Éditions Altipresse
150, rue Aristide-Briand
92300 Levallois-Perret
Tél : 01 47 30 53 10
Site Internet : www.altipresse.com
Tous droits de traduction, de reproduction
et d'adaptation réservés pour tous pays.

Jean-Pierre Otelli

Pilotes dans la tourmente

"Secret Défense"

Éditions ALTIPRESSE

AVANT-PROPOS

De nos jours, aucune opération militaire ne peut être envisagée sans le concours de l'aviation... En Afghanistan, en Irak, ce sont les forces aériennes qui ont permis de remporter des victoires décisives.

La guerre dans les airs s'accompagne toujours de campagnes de communication dans lesquelles les militaires occidentaux sont passés maîtres. Ils savent que le public raffole des images de bombes guidées laser frappant leur cible avec une précision de moins de 50 centimètres. Pourtant, la réalité est souvent très éloignée de ces images de frappes chirurgicales.

Qui sait vraiment ce qui se passe dans les cockpits ? Qui pourrait imaginer que l'US Air Force oblige certains pilotes à voler sous amphétamines ? Qu'en est-il des bavures et des dégâts collatéraux ? Comment sont traités les pilotes lorsqu'ils sont abattus ?

Le grand public n'est jamais au courant des conditions dans lesquelles se déroulent les opérations aériennes. Même quand les missions sont réussies, l'armée garde jalousement le secret.

Cet ouvrage fait le récit détaillé d'opérations aériennes dont les détails sont restés longtemps secrets.

PREMIÈRE ATTAQUE CONTRE LES IRAKIENS

17 janvier 1991.
Base aérienne d'Al Ahsa (Arabie Saoudite).

Il est minuit et demi... Ivan Jurys ne parvient pas à s'endormir. Comme tous les pilotes, il est logé avec deux de ses camarades dans une baraque de chantier. Ce n'est pas le grand confort, mais au bout de plusieurs semaines sur la base ils ont fini par s'y faire. De toute manière, le mess est occupé par des officiers supérieurs et en ville les rares hôtels sont « surbookés » par des dizaines de correspondants de presse qui attendent le jour « J ». Pour les pilotes, la formule « Algéco » n'a pas que des inconvénients car les baraques préfabriquées ont été montées tout près des avions. En cas d'urgence, il est possible de décoller très rapidement.

C'est d'autant plus important que les Français sont seuls sur cette base. Tout le personnel y est consigné depuis plusieurs semaines. Aucun autre militaire de la coalition ne se trouve avec eux. La raison de ce splendide isolement est claire : le président François Mitterrand tient à montrer son autonomie de décision vis-à-vis des Américains.

Les yeux grands ouverts dans l'obscurité, Ivan ne cesse de penser à Sylvie. Elle l'a appelé longuement ce soir. Comme toutes les épouses des pilotes détachés en Arabie Saoudite, elle s'inquiète. Ce soir, au journal de TF1, le présentateur semblait particulièrement pessimiste quant à l'issue de la crise irakienne. Sylvie a peur... Quelque chose lui dit que les hostilités sont sur le point de se déclencher. Les diplomates discutent sans relâche mais ne parviennent à rien. Saddam Hussein répète qu'il ne cédera pas aux menaces des Occidentaux. Il parle de la « *mère des batailles* ». À ses yeux, le Koweït fait partie intégrante du territoire irakien. Il l'a envahi et il n'en partira jamais de son plein gré.

Ivan a tenté de rassurer son épouse mais, dans le fond, il sait qu'elle a raison. Le dénouement est proche. Des rumeurs persistantes circulent sur la base d'Al Ahsa. Cet après-midi, un pistard bien renseigné répétait partout que « *c'était pour très bientôt* ». Peut-être même pour cette nuit... Et justement... Alors qu'Ivan est sur le point de sombrer dans le sommeil, il est réveillé en sursaut par un hurlement lugubre. C'est la sirène d'alerte. Et cette fois, ce n'est pas un exercice. Les satellites américains viennent de détecter le décollage de missiles se dirigeant vers l'Arabie Saoudite. Des Scud ! Difficile de savoir vers quel objectif ils se dirigent sauf qu'il y a danger !

Sur le parking autour de l'Algéco, on se précipite. Des cris retentissent de toutes parts.

– *Alerte chimique, tout le monde en tenue NBC[1]...*

Calmement, Ivan déplie son équipement de survie. Il enfile sa combinaison T3P, met ses gants en butyle et son masque à gaz. À ses côtés, ses deux camarades de chambre s'équipent également. Personne ne panique. Cela fait plusieurs semaines que chacun s'y attendait.

– *Je crois qu'on y est maintenant,* murmure le capitaine Pacorel, en terminant d'enfiler ses gants.

---

1. Nucléaire - bactériologique - chimique.

PREMIÈRE ATTAQUE CONTRE LES IRAKIENS

Sur la base, ça s'agite furieusement... Klaxon bloqué, une jeep Peugeot passe en trombe devant l'Algéco, manquant de percuter un camion-grue au passage. Un peu plus loin, deux jeunes Afat[2] courent gauchement vers leurs abris. Leur masque à gaz ballotte bizarrement sur leur visage. Les filles marchent la tête en arrière découvrant brusquement qu'il n'est pas facile de se déplacer avec un équipement NBC. Partout, c'est déjà la psychose. Les sirènes n'arrêtent pas de hurler. Accroché à son téléphone portable, un lieutenant-colonel transmet des instructions. La voix est stridente...

– *Alerte aux gaz toxiques... Ça va nous tomber dessus !*

Ivan rejoint alors les autres pilotes de l'escadron 2/11 Vosges et tous se rendent au mobile home qui leur a été affecté. Parmi les navigants, l'ambiance est étonnamment calme. Tous savent déjà qu'ils ont peu de chance de retourner dans leur lit lorsque l'alerte sera terminée. Si Saddam Hussein a décidé d'envoyer ses Scud sur les troupes alliées, c'est qu'il a lui-même été attaqué. La guerre est déclarée ! En fait, les pilotes ne le savent pas, mais les opérations aériennes contre l'Irak ont effectivement commencé à minuit précise. Ce sont les Américains qui ont frappé les premiers avec des bombes guidées laser lâchées par des F-117. Ces avions indétectables au radar sont arrivés discrètement au-dessus de Bagdad en pleine nuit et sont repartis après avoir lâché leurs bombes à haute altitude.

Les Français n'ont pas encore bougé. On est en 1991 et l'armée de l'air ne dispose pas d'appareils suffisamment sophistiqués pour l'attaque de nuit. Elle doit donc attendre l'aube. Elle va frapper avec le seul type d'avion qui puisse effectuer ce genre de mission : le Jaguar.

L'alerte chimique dure environ une demi-heure.

Lorsque la sirène annonce la fin de l'alerte, les pilotes reçoivent l'ordre qu'ils pressentaient. L'attaque se fera au petit matin... Pour le moment, ils doivent se rendre d'urgence dans la salle « ops »[3] pour un dernier briefing. Il faut revoir une

---
2. *Auxiliaire féminin de l'armée de terre.*
3. *Abréviation militaire pour désigner les « opérations ».*

dernière fois les détails de ce qui sera la première frappe française dans l'opération « Tempête du désert ».

Au moment où les hommes pénètrent dans le second mobile home qui sert de salle « ops », le capitaine Pacorel adresse un sourire complice à Ivan.

– *On va aller botter le cul des Irakiens,* lance-t-il. *T'es content ?*
Ivan sourit.

– *Ce sera toujours mieux que de rester ici à ne rien faire.*

« Paco » est son beau-frère. Les deux hommes appartiennent au même escadron et s'entendent à merveille, aussi bien dans le travail que dans leurs relations familiales.

Pendant les heures qui suivent, les douze pilotes répètent une dernière fois la mission à exécuter. Chaque détail est revu avec la plus grande minutie. Ils décolleront au petit matin. Ce sera un bombardement sur le Koweït et non sur l'Irak. En fait, le gouvernement français veut rester dans le cadre strict de la mission de libération de l'Émirat.

Rien ne doit ressembler à une agression contre le territoire Irakien. Leur objectif sera donc la base militaire Ahmed Al Jaber située au Koweït à 50 kilomètres de la frontière sud avec l'Arabie Saoudite. C'est un des sites les mieux défendus de la région car il revêt une grande importance stratégique aux yeux des Irakiens.

Pour frapper, les Jaguar français se diviseront en deux patrouilles de six avions qui attaqueront à une minute d'intervalle. La première patrouille sera dirigée par le commandant Jean-Luc Mansion.

Sa composition sera la suivante :

	Surnom :
N° 1 Commandant Jean-Luc Mansion	*(Schnappy)*
N° 2 Lieutenant Jérôme Bolin	*(Bolino)*
N° 3 Capitaine Bruno Depardon	*(Bruno)*
N° 4 Lieutenant Frédéric Schwebel	*(Frédo)*
N° 5 Capitaine Thierry Devautour	*(Corbeau)*
N° 6 Lieutenant Vincent Christ	*(Jésus)*

La seconde patrouille sera dirigée par le capitaine Pacorel

PREMIÈRE ATTAQUE CONTRE LES IRAKIENS

(« Paco »), le beau-frère d'Ivan, qui sera lui-même sous-chef de patrouille.

	Surnom :
N° 7 Capitaine Patrick Pacorel	(Paco)
N° 8 Lieutenant Ivan Jurys	(Juju)
N° 9 Lieutenant Franck Bonnaffoux	(Bonnaf)
N° 10 Capitaine Stéphane Houdet	(Bénito)
N° 11 Capitaine Alain Mahagne	(Charlie)
N° 12 Capitaine Jean-François Hummel	(Mammel)

Le but de la mission est de détruire des hangarettes situées en bout des pistes au nord des installations de la base. À l'intérieur se trouvent des missiles Frog de fabrication soviétique. Ce sont des engins sol-sol équipés de têtes contenant des agents chimiques. L'armement des Jaguar sera de deux types. Certains avions emporteront quatre bombes freinées d'un poids de 250 kilos chacune. Elles sont équipées de parachutes[4]. Ce sont des SAMP de fabrication française. D'autres avions, comme celui d'Ivan, seront armés de quatre bombes Béluga BLG 66, en fait des lance-grenades larguant des sous-munitions. Chaque Béluga pèse 305 kilos.

Il est 1 h 55 du matin... Le briefing est en cours depuis près d'une heure... Les pilotes écoutent attentivement les instructions de leur leader. Les cartes sont déployées sur la table et chacun se remémore les caps, les objectifs et les différents points qui doivent être survolés avant et après l'attaque. Avant même de l'avoir effectuée, les pilotes connaissent par cœur le déroulement de leur mission. Ivan l'a répétée de nombreuses fois dans sa tête. Parfois même le soir avant de s'endormir. Les bombes freinées devront être larguées à basse altitude. « Basse altitude » n'est pas un vain mot. Il faudra voler vraiment très bas. L'idéal est d'attaquer en volant aux environs de 100 pieds[5]. Quoi qu'il en soit, il faut surtout éviter de dépasser 300 pieds[6].

---

4. *Les bombes sont freinées afin d'être larguées à très basse hauteur. Le freinage augmente la précision du tir et évite que l'avion ne soit touché par des éclats au moment de l'explosion. Aujourd'hui, les Français n'utilisent plus ce type de bombes. Ils choisissent des bombes MK 83 de fabrication américaine.*
5. *30 mètres.*
6. *100 mètres.*

À cette hauteur, les avions sont très vulnérables. N'importe quelle arme, même la plus légère, peut causer des dégâts importants. Il faudra donc jouer sur l'effet de surprise et dégager le plus rapidement possible après le bombardement. La vitesse pendant l'attaque sera d'environ 500 nœuds. Plus de 900 kilomètres à l'heure !

Chacun suit religieusement les paroles de « Schnappy » car, cette fois, il ne s'agit plus d'un exercice. Les hommes vont se battre réellement et pour la plupart ce sera la première fois. Ils sont courageux, parfaitement entraînés avec, pour chacun d'eux, une petite part d'inconscience et d'effronterie qui fait le génie des pilotes de chasse. Cela n'empêche pas la peur d'être dissimulée quelque part dans les têtes.

Le briefing se poursuit. Il est long et difficile... Pas facile de rester concentré car les alertes Scud reprennent à tout instant. Entre 1 heure et 5 heures du matin, il y en a une dizaine. À chaque fois, les pilotes interrompent la préparation de la mission. Ils enfilent leur masque à gaz et attendent la fin de l'alerte. Impossible de parler avec l'équipement NBC. Les voix sont caverneuses et incompréhensibles. Chacun se fait une raison... C'est la guerre.

Elle est à peine commencée que les visages sont marqués.

Enfin, vers 5 h 15 du matin, tout est prêt. Personne n'a fermé l'œil de la nuit... Les pilotes quittent la salle des opérations et se rendent dans les vestiaires. Il leur faut du temps pour se préparer. Par-dessus la combinaison de vol, ils doivent maintenant enfiler la tenue T3P, censée apporter une protection contre les agents chimiques. Ensuite, par-dessus ces deux combinaisons, il faut remettre une troisième « enveloppe ». C'est l'anti-g, une sorte de pantalon gonflant qui va leur permettre de résister aux accélérations. Ainsi harnachés, les hommes ressemblent à des extra-terrestres. Ils ont du mal à se déplacer normalement et chaque mouvement est un problème. Certains pilotes comme Ivan décideront de ne pas mettre la combinaison T3P. Ce n'est pas tout... La procédure prévoit qu'ils doivent également porter un masque NBC en vol. Et là, c'est le gag !

PREMIÈRE ATTAQUE CONTRE LES IRAKIENS

Comme il est impossible de mettre le masque à gaz standard sur le casque de vol (et encore moins en dessous), l'état-major a fait parvenir aux pilotes des « surcasques », certainement très chers mais de fabrication très fantaisiste. Ces équipements « sophistiqués » sont censés isoler le navigant de l'air ambiant... En fait, c'est du bricolage ! Le principal problème vient de la très mauvaise qualité de la visière. Les pilotes voient flou à travers le plexiglas et c'est évidemment incompatible avec le pilotage d'un avion de chasse. Il y a pire : la visière ne tourne pas avec le casque. Le résultat est qu'il est impossible de regarder sur les côtés ! Lorsque le pilote tourne la tête, il ne voit que les parois latérales de cette étrange cagoule rigide. Nul doute que les bureaucrates qui ont accepté cet équipement ne l'ont pas essayé eux-mêmes ! Pour respecter les ordres, beaucoup de pilotes emmèneront le masque dans l'avion mais le garderont accroché à leur ceinture. Certains le plieront soigneusement et s'assoiront dessus ! Pour lutter contre la contamination par un agent chimique, les hommes disposent d'une seringue d'atropine dans leur combinaison anti-g. Elle est prolongée d'une aiguille d'un diamètre impressionnant. Dès les premiers symptômes, il faut se faire une injection. Les consignes sont de se piquer dans la cuisse. Il faut y aller franchement d'un seul coup et pousser le piston sans hésiter. Étant donné la taille impressionnante de l'aiguille, c'est plus facile à expliquer qu'à faire. Personne n'a envie de faire une démonstration. Chaque pilote porte également une arme de poing dans un holster, c'est un pistolet 9 millimètres. Un Mac 50[7]. Étrange impression pour Ivan. C'est la seconde fois qu'il va voler avec cette arme qui n'est jamais prévue au cours des vols d'entraînements[8].

5 h 45... Il faut se dépêcher. Pas le temps d'aller prendre une douche, pourtant tout le monde en meurt d'envie.

– *Je vais aller me mouiller la tête sous un robinet,* annonce un pilote. *Ça me réveillera.*

---

[7]. *Depuis la guerre du Golfe, le vieux Mac 50 a été remplacé par un Beretta placé dans un gilet de combat. Ce gilet n'est porté que pendant les missions de guerre.*
[8]. *Ivan avait déjà porté cette arme lors de ses missions au Tchad et en Centrafrique, bien que considérées comme missions.*

Ivan renchérit.

— *Ouais... Moi aussi. J'espère que la journée sera moins agitée que la nuit mais j'y crois pas trop.*

— *Dépêchez-vous les gars,* intervient « Schnappy ». *On n'a plus beaucoup de temps devant nous.*

Le leader a raison... Le temps presse. Vers l'est, une lueur grise annonce que le jour ne va pas tarder à se lever.

Le moment fatidique approche.

Les douze avions sont alignés sur le parking. Ils ont été armés pendant la nuit et sont « bons de guerre » comme disent les militaires. En fait, les Jaguar sont de véritables arsenaux volants... En plus des bombes accrochées sous leurs ailes, ils sont équipés de plusieurs dispositifs de défense. Il y a notamment deux lance-leurres Alkan 5020 qui envoient des fusées éclairantes vers l'arrière afin de tromper les missiles à guidage infrarouge. Le système placé en emplanture des ailes peut également envoyer des paillettes électromagnétiques dans des cartouches. Ces paillettes servent à tromper les radars.

Pour le combat rapproché, le Jaguar est armé de deux canons Defa de 30 millimètres. Équipé d'un chargeur de cent cinquante obus, chaque canon tire vingt coups par seconde. En continu, cela représente sept secondes et demie de tir. Cela peut sembler court et pourtant le Defa peut causer des dégâts considérables pendant ce laps de temps.

S'il est attaqué en vol par un chasseur ennemi, le Jaguar peut se défendre à l'aide d'un missile air-air Magic 2 situé sur l'aile droite. Sur l'aile gauche, il y a un brouilleur EM Barax.

Bien évidemment, tout cet armement alourdit considérablement l'avion. Et ce n'est pas tout... Chaque machine emporte un réservoir de carburant supplémentaire. Un bidon de 1 200 litres fixé sous le fuselage. Cet accessoire ne peut pas être conservé pendant le combat. Trop lourd et trop encombrant. Il sera donc largué quelques minutes avant l'attaque.

Malgré ce réservoir supplémentaire, le Jaguar n'a pas assez d'autonomie pour effectuer la mission jusqu'au Koweït et revenir à sa base. Il faudra donc procéder à un ravitaillement en vol.

Ainsi armé et équipé, chaque Jaguar est lourd... Très lourd... Il pèse plus de 15 tonnes. Nous allons voir plus loin que cela n'est pas sans poser des problèmes.

Avant de s'installer à bord, les pilotes examinent une dernière fois leur appareil pour la visite prévol. Il faut vérifier visuellement que tout est normal. Même un pilote de chasse qui part au combat effectue cette procédure de routine. Ivan fait donc lentement le tour de son avion et ne peut s'empêcher de sourire en posant la main sur la tôle peinte aux couleurs camouflage du désert.

Que n'a-t-on pas dit sur cet appareil ? Rarement un avion aura été l'objet d'autant de critiques. Ceux qui ne l'aiment pas lui reprochent d'être sous-motorisé. Ils n'ont pas tout à fait tort ! Les deux réacteurs Adour Mk-2 délivrent chacun une poussée qui ne dépasse pas 2 tonnes. Encore faut-il que les réacteurs soient neufs car, dès qu'ils ont tourné quelques dizaines d'heures, ils poussent moins. Bien sûr, dans les phases de décollage ou de combat, la puissance du réacteur peut être augmentée en utilisant la postcombustion qui augmente la poussée jusqu'à 2,7 tonnes. Mais ce gain de puissance ne peut être utilisé très longtemps car la consommation devient très importante et l'autonomie se réduit comme peau de chagrin.

Sur le plan des réacteurs, il ne fait aucun doute que le Jaguar français détient un triste record : il est le chasseur opérationnel le moins puissant du monde[9]. De ce fait, l'avion est bien à la peine lorsqu'il s'agit de décoller avec ses 4 tonnes d'armement. En fait, il met si longtemps à quitter le plancher des vaches que les mauvaises langues affirment en ricanant qu'il *« est le seul avion qui finit par décoller parce que la terre est ronde »*.

Théoriquement, le Jaguar est un avion supersonique. Les chiffres du constructeur annoncent qu'il peut aller jusqu'à Mach 1,35. Affirmation très optimiste... Rares sont les pilotes qui ont réussi à dépasser Mach 1,2 et encore avec un avion peu

---

9. La plupart des Jaguar en service dans d'autres pays ont été équipés de réacteurs moins poussifs.

chargé en carburant, sans armement et équipé de moteurs neufs.

Quoi qu'il en soit, cette capacité supersonique est totalement inutile lorsque le Jaguar est en configuration de combat. En effet, les bombes ne sont pas conçues pour être transportées au-dessus de Mach 1. Si un pilote tentait le coup, elles arracheraient les ailes.

Par ailleurs, l'avion souffre d'un handicap technique très gênant pour un avion de combat : *il n'a pas de radar*. Impossible d'attaquer un objectif de nuit ou par mauvais temps, ou même de chercher à repérer un avion ennemi qui vous menace. En fait, les pilotes doivent se débrouiller à vue comme sur un chasseur de la Seconde Guerre mondiale.

Et comme si tous ces handicaps ne suffisaient pas, le Jaguar a encore un autre problème : son système de navigation est « préhistorique ». Alors que les pilotes américains disposent de GPS d'une précision époustouflante[10], les Français doivent se contenter d'un vieux calculateur de navigation complètement dépassé. L'instrument dérive de 6 kilomètres toutes les demi-heures ! Comment trouver un objectif dans ces conditions ? Une telle erreur est énorme à l'heure où l'on parle de frappes « chirurgicales » et de navigation centimétrique. Le seul avantage de cette situation, c'est que les pilotes français compensent les faiblesses techniques de leur appareil par un entraînement très poussé. Ils ont la réputation d'être parmi les meilleurs du monde.

Il faut pourtant être honnête… le Jaguar n'a pas que des défauts. Nous verrons plus loin que ses vieux réacteurs sous-puissants sont d'une fiabilité étonnante. Quant à l'avion lui-même, il est rustique et incroyablement solide. Les événements qui suivent vont le prouver.

Il est 5 h 55. Ivan a signé le cahier d'ordres, puis il a rempli la Form 11 qui est le document mécanique qui lui attribue l'avion pour la mission. Le pilote est maintenant en train de

---

10. *À l'époque de la première guerre du Golfe, les GPS non dégradés qui équipent l'aviation américaine sont déjà d'une précision de l'ordre de 30 centimètres.*

PREMIÈRE ATTAQUE CONTRE LES IRAKIENS

s'installer aux commandes du Jaguar n° A 117 immatriculé 11 MH[11]. S'il avait pu choisir un autre appareil aujourd'hui, Ivan l'aurait fait. Car depuis quelques jours, cet avion est victime de pannes à répétition. La machine semble supporter assez mal le climat rigoureux du désert. Sable... chaleur dans la journée... froid la nuit ne sont pas sans conséquences sur la mécanique. Ainsi, de temps en temps, certains interrupteurs cessent de fonctionner sans raison sur ses consoles. Puis ils se remettent en marche de façon mystérieuse... Quant au canon, il tire de manière aléatoire. Une fois ça marche, une fois ça ne marche pas. C'est pratique lorsqu'il faut se défendre ! Et pour couronner le tout, une lampe ambre s'allume et s'éteint régulièrement sur le tableau de bord. Toutes ces petites pannes ne présentent aucun caractère de gravité, mais elles occupent l'esprit du pilote dans un moment où il lui faudrait être parfaitement concentré.

Ivan pourrait-il choisir un autre avion ? Malheureusement, en janvier 1991, la disponibilité des machines françaises est faible. Surtout en Arabie Saoudite. Du coup, il doit se contenter de ce qu'on lui donne.

Alors, le pilote se cale soigneusement dans son cockpit et termine de se préparer. Un coup d'œil aux épingles de sécurités du siège éjectable. Elles ont été enlevées. À partir de maintenant, il suffirait de tirer la poignée jaune et noire pour être projeté à 30 mètres au-dessus du sol. Mieux vaut ne pas essayer, ce serait la mort assurée. Le siège monté sur le Jaguar est un modèle Mark IV très ancien qui n'est pas conçu pour fonctionner au sol[12].

Le soleil se lève doucement. Malgré la gravité du moment, Ivan se sent bien. Il fait corps avec son avion. Après plusieurs tentatives, il a finalement renoncé à revêtir la combinaison T3P. Comme la plupart de ses camarades, il a trouvé le vêtement

---

11. *Le 11 signifie 11ᵉ escadre de chasse basée à Toul.*
12. *Les sièges éjectables modernes sont étudiés pour permettre au pilote de s'éjecter dans la plupart des configurations : au sol, à l'arrêt, ou en vol sur le dos à basse altitude. Ce n'était pas le cas du siège des Jaguar de la guerre du Golfe, qui devait être déclenché en vol et avec un minimum de vitesse.*

tellement inconfortable par-dessus sa combinaison de vol et son anti-g qu'il ne s'est pas senti capable de piloter dans ces conditions. Tant pis pour le règlement. Aujourd'hui, tout est différent. Il faut être efficace avant tout.

En ce qui concerne le masque à gaz, tous les pilotes ont renoncé à le mettre par-dessus le masque à oxygène. Vouloir superposer les deux dispositifs relève de la gageure et personne ne s'imagine partir au combat dans ces conditions.

– *Bonne chance, mon lieutenant. Faites attention à vous !*

Ivan relève la tête vers son pistard. Le mécanicien lui sourit, le pouce levé. Le gars est un vrai professionnel. Nul doute qu'il a déjà compris à quel point la mission allait être difficile.

– *Merci, je vais essayer de ramener l'avion en bon état*, réplique Ivan en fermant la verrière.

C'est maintenant le moment de procéder aux derniers réglages avant la mise en route. Le casque de vol est ajusté. La visière transparente est abaissée. Le masque est appliqué soigneusement sur le visage avec l'oxygène en position « normal ».

Méticuleusement, Ivan procède au démarrage de ses moteurs. Les températures des réacteurs montent dans les valeurs nominales. Au même moment sur le parking, les autres Jaguar commencent également à tourner. Le hurlement des vingt-quatre moteurs est infernal et les observateurs au sol qui n'ont pas d'*ear protector* doivent se boucher les oreilles.

Gestes précis… Coups d'œil rapides aux instruments. Ivan se sent à la fois incroyablement calme et un peu fébrile avant de passer à l'action. C'est sa première mission de guerre réelle. Comme la plupart de ses camarades, il a déjà évolué au-dessus de territoires hostiles. Il a été au Tchad et en Centrafrique. Les situations étaient tendues, mais il n'y a jamais vraiment eu de combat. À cet instant, il ne se rend pas vraiment compte du danger. Cela fait des années qu'il s'entraîne sur des objectifs fictifs. Aujourd'hui, il va se battre. Il est dans le camp occidental et c'est pour la bonne cause… Dans son casque, une voix résonne brusquement. C'est « Schnappy », le leader, qui procède aux essais habituels après la mise en route :

– *Jupiter leader, check radio.*

Un à un, ses onze équipiers confirment qu'ils reçoivent correctement leur chef.

– *Jupiter 2. Je vous reçois 5 sur 5.*
– *Jupiter 3... 5/5.*
– *Jupiter 4...*

Ivan est numéro 8. Lorsque c'est son tour de parler, il confirme que la réception est bonne.

Dans les cockpits, chacun continue à s'affairer. Cela prend du temps. La tête baissée sur la console latérale, chaque pilote procède aux derniers ajustements. Les calculateurs sont réglés... Les altimètres sont calés... Les gyros sont vérifiés au millimètre...

Puis, lorsque tout est prêt, le leader contacte la tour de contrôle d'Al Ahsa. Étrangement, cette base aérienne stratégique ne possède pas de fréquence UHF. Il faut appeler en VHF sur 122.8 MHz. Les échanges avec le contrôle se font en anglais. Ils sont très brefs :

– *Jupiter leader, request taxi for 12 aircraft*[13].
– *Roger Jupiter. Taxi holding point runway 34. Report ready*[14].
– *Wilco...*

Cette fois, il est temps d'y aller... Le sifflement des réacteurs s'amplifie et la longue colonne des douze Jaguar s'engage lourdement sur le taxiway. Le souffle des réacteurs soulève des nuages de sable sur les accotements. Un peu partout au bord des pistes, des mécaniciens font des signes d'encouragement. Certains applaudissent en souriant. Les pouces se lèvent. On regarde avec admiration ces hommes sans imaginer vraiment qu'ils se préparent à affronter le pire. Les Jaguar avancent lentement... Lourdement bardés de toutes leurs armes, ils sont impressionnants. Ce sont des bêtes de guerre.

Ivan jette un regard vers le ciel. Cette fois, c'est l'aube... Le ciel est gris. On ne voit pas le soleil dissimulé par une épaisse brume de chaleur. Aujourd'hui, ce ne sera pas le grand ciel

---

13. – *Al Ahsa, Jupiter, on demande le roulage pour douze avions.*
14. – *Bien reçu, Jupiter. Roulez pour le point d'attente piste 34. Rappelez prêt.*

bleu. Mais c'est peut-être mieux ainsi. Les couches de nuages élevés protégeront momentanément les pilotes des regards ennemis.

Quelques instants plus tard, les avions sont rangés en épis au point d'attente. La piste est toute proche. Chacun peut apercevoir le chiffre 34 peint en blanc sur le ciment tout près. Les pilotes procèdent aux dernières vérifications. Puis le leader contacte de nouveau la tour.

– *Al Ahsa, Jupiter, request line up and take off* [15]...
– *Clear for take off runway 34, Jupiter* [16].

Alors, les avions s'alignent deux par deux sur la piste. Ivan doit décoller en huitième position dans la seconde patrouille. Juste derrière son beau-frère.

Dans un mouvement circulaire avec l'index, le leader fait signe d'afficher la puissance maximum puis il place la tête en arrière et la ramène brusquement vers l'avant.

C'est le signal du lâcher des freins. Comme c'est la procédure, les avions vont décoller à trente secondes d'intervalle. Les gaz sont plein pot, la postcombustion est allumée sur les deux réacteurs et les Jaguar s'ébranlent dans un bruit d'enfer. Enfin, au bout d'une très longue course, la vitesse atteint 160 nœuds et les roues finissent par quitter le sol saoudien.

Au même moment en Europe, c'est encore la nuit. Il est seulement 4 heures du matin mais les médias sont déjà au courant de ce qui se passe. Ce sont les radios qui ont été les premières à annoncer que l'opération « Desert Storm » avait commencé. Le monde retient son souffle.

Tous les Jaguar ont maintenant décollé d'Al Ahsa. Cela a pris un peu plus de sept minutes entre le moment où le premier avion a quitté le sol jusqu'au moment où le dernier avion a décollé à son tour. Au sol, les observateurs peuvent apercevoir les taches bleutées des postcombustions qui s'éloignent dans la grisaille du petit matin. Chaque avion décrit alors une trajectoire bien spécifique afin de permettre à la formation de se

---

15. – Jupiter, on demande l'alignement et le décollage.
16. – Autorisé au décollage piste 34.

regrouper. La manœuvre est plus délicate qu'il n'y paraît car les pilotes se voient mal. Une brume sèche s'étend sur tout l'est du golfe Persique. La visibilité ne dépasse pas 2 kilomètres. Pourtant, personne n'éprouve de réelles difficultés à retrouver les autres car tout a été répété depuis plusieurs semaines. C'est comme un morceau de musique parfaitement orchestré qui se joue enfin.

Dix minutes après le décollage du leader, les douze avions sont répartis en deux patrouilles de six. Ils mettent le cap vers le nord-ouest. Comme prévu, les deux formations se suivent à moins d'une minute.

C'est le moment pour le leader de rentrer en contact avec l'avion radar américain qui gère la circulation aérienne au-dessus de la région. C'est un Awacs[17] dont l'indicatif radio est « Ponca ». L'énorme avion est d'une efficacité impressionnante. Grâce à son énorme antenne radar dorsal, il assure la surveillance aérienne de tout le golfe Persique.

À 6 h 50 du matin, ce 17 janvier 1991, l'Awacs ne manque pas de travail. Ce sont plusieurs centaines d'avions qui évoluent en ce moment dans le ciel. Les plus nombreux sont les *« strikes »*, ceux qui, comme les Jaguar français, partent à l'attaque. Mais il y a aussi ceux qui rentrent à leur base une fois leur mission achevée. Il y a également des bombardiers lourds, comme les B-52, qui arrivent d'Angleterre ou d'Allemagne pour frapper l'Irak. Il y a même des B-1 B. Ceux-là veulent rester discrets. Ils ne se poseront pas dans la région et repartiront sur leurs bases après un vol de plusieurs dizaines d'heures. Il y a également des avions de support logistique, des missiles de croisière et même parfois des avions de ligne qui circulent dans des voies aériennes proches des lieux du conflit.

Le travail de l'Awacs est de coordonner tous ces vols avec efficacité et sécurité. En fait, c'est aussi bien un PC volant qu'une salle d'approche IFR ou une tour de contrôle. Il vérifie les différentes trajectoires et assure l'anti-collision, mais son

---

17. Airborne Warning and Control System : *appareil dérivé du Boeing 707. Il porte sur son fuselage une puissante antenne radar de 9,14 m de diamètre et de 1,83 m d'épaisseur. L'Awacs joue un rôle majeur dans la guerre aérienne moderne.*

rôle ne s'arrête pas là puisqu'il contrôle également l'identité de chaque avion en vol et *même au sol*. Car l'Awacs voit absolument tout. Même les avions qui roulent sur les parkings des aéroports sont repérés par son énorme antenne rotative. Grâce aux codes IFF[18], les contrôleurs savent immédiatement si un avion est un ami ou un ennemi.

Les dialogues entre le leader français et « Ponca » sont rapides.

– *Ponca, this is Jupiter. Nous venons de décoller d'Al Ahsa. On est en route vers les tankers*[19].

– *Roger Jupiter, la « picture air-air » est clean. Good day !*

Voilà, c'est tout. Les Jaguar ont maintenant l'autorisation d'aller se ravitailler.

Une « *picture air-air clean* » signifie qu'il n'y a aucun avion en face qui pourrait présenter un danger potentiel pour eux.

Pour le moment, tout va bien.

Quelques minutes plus tard, les deux patrouilles pénètrent dans les nuages. Il y a plusieurs couches successives. Certaines sont épaisses. Les pilotes doivent être prudents. Par moments, ils se perdent de vue et les risques de collisions sont importants. La montée est lente. Les avions grimpent péniblement. Guère plus de 2 000 pieds par minute... C'est très peu pour des appareils de ce type. Aussi étonnant que cela paraisse, certains petits monoplaces d'aéro-club ont des performances bien supérieures. Quant aux autres avions de chasse, on ne peut même pas les comparer avec le Jaguar. Aujourd'hui, dans des conditions identiques, le Rafale de Dassault monterait dix fois plus vite[20]...

Finalement, les chasseurs émergent dans le ciel bleu vers 15 000 pieds. Après avoir vérifié que tout le monde était bien là, le leader ordonne la poursuite de la montée jusqu'à 23 000 pieds. C'est à cette altitude qu'ils ont rendez-vous avec

---

18. Identification Friend or Foe : *ami ou ennemi sur son écran, le contrôleur américain peut vérifier qu'il s'agit bien d'un avion de la coalition.*
19. *Cible.*
20. *En version intercepteur, un Rafale monte à 50 000 pieds en trois minutes avec une vitesse supersonique de Mach 1.6. En configuration lourde avec un armement similaire au Jaguar, il monte à 30 000 pieds en un peu plus de trois minutes.*

les ravitailleurs. Les Jaguar ont décollé depuis seulement vingt-cinq minutes, mais ils ont déjà sérieusement entamé leurs réserves de carburant.

Pour ravitailler, il faut d'abord trouver les trois citernes volantes C-135 FR[21] qui les attendent quelque part dans le ciel. C'est l'Airspace Control Order[22] qui a fixé le point de rendez-vous.

Ce sera sur l'axe « Lemon Post ».

C'est au moment où les Jaguar approchent de cet axe que survient la première surprise désagréable de la journée : le ciel est vide... Les ravitailleurs ne sont pas au rendez-vous... Difficile de savoir qui est en tort ! Est-ce que ce sont les Boeing qui ne sont pas au bon endroit ou le calculateur du Jaguar qui manque singulièrement de précision ? Quoi qu'il en soit, c'est raté !

– *Bordel, où est-ce qu'ils sont, ces cons-là ?* s'exclame « Schnappy », visiblement agacé.

Pour ne pas s'éloigner du lieu de rendez-vous, le leader décide de décrire une trajectoire en forme d'hippodrome sur l'axe. Les gaz sont réduits pour économiser le carburant. Mais les minutes passent et les tankers ne sont toujours pas en vue.

Les pilotes pestent... Si seulement ils avaient un radar... Leur calculateur de vol est totalement dépassé pour la guerre moderne. Il faudrait des GPS ! Tous les avions américains en ont. Même les pilotes privés des aéro-clubs en sont équipés. C'est quand même un comble que les pilotes de chasse français soient les seuls à naviguer avec des calculateurs aussi imprécis[23]. Pendant quelques minutes, les deux patrouilles poursuivent leur « hippodrome » sur l'axe « Lemon Post » en espérant qu'il s'agit d'un simple retard de la part des ravitailleurs. Le problème, c'est que le carburant commence à

---

21. *Boeing 707 transformé en citerne volante.*
22. *L'Airspace Control Order (ACO) est le document évolutif tout au long d'un conflit. Il décrit la structure de l'espace aérien spécifique au-dessus du théâtre d'opérations ainsi que les différentes zones et couloirs en coordonnées et altitudes.*
23. *Les Jaguar français ne recevront des équipements GPS que quinze jours après le début des hostilités. Aussi étonnant que cela puisse paraître, ce seront des Garmin 100 achetés dans le commerce pour le grand public et qui seront fixés grossièrement par-dessus le tableau de bord de l'avion.*

baisser dans les réservoirs. Si les C-135 ne se pointent pas rapidement, la mission est fichue. Par chance, le leader finit par les apercevoir. Il appelle aussitôt ses équipiers sur la fréquence.

– *Visuel... Ils sont à 2 heures*[24].

Ivan tourne les yeux dans la direction indiquée. Les trois ravitailleurs sont à une dizaine de kilomètres légèrement sur la droite. Pour des raisons de sécurité, ils sont étagés de 1 000 pieds en 1 000 pieds. Derrière les trois points noirs, on en aperçoit même un quatrième, légèrement en retrait... C'est également un C-135 FR. Il est là par sécurité. Juste au cas où...

La voix de « Paco » résonne dans les écouteurs d'Ivan.

– *On se met en place pour le « ravito »*.

Immédiatement, les Jaguar se divisent en trois groupes. Chaque tanker C-135 va prendre en charge quatre chasseurs qui vont se placer derrière lui, un peu comme des automobilistes qui feraient la queue devant une station-service. Le C-135 laisse traîner un long tuyau avec un panier à son extrémité et chaque chasseur va y enquiller sa perche pour se désaltérer.

Ivan se met en seconde position derrière « Paco » et il déploie sa perche escamotable. Cet appendice insolite va lui permettre de récupérer plusieurs milliers de litres de carburant qui vont être transférés du tanker jusque dans ses réservoirs. Dans quelques minutes, le carburant coulera dans les « veines » des avions avec un débit de 500 kilos par minute.

Comme tous les pilotes de chasse, Ivan a l'habitude d'effectuer ce genre d'opération. Pourtant, aujourd'hui elle est particulièrement difficile. En effet, bien que le ciel soit dégagé, une violente turbulence secoue les avions. C'est plutôt méchant et le contact est brutal[25]. Les risques sont importants. La perche doit rentrer dans le panier d'un seul coup et ne plus en ressortir... Ce n'est pas évident. Si le panier ressort de manière incontrôlée, il risque de frapper le chasseur et briser certains

---

24. *Devant, légèrement sur la droite. Les pilotes utilisent le système classique de repérage en utilisant les symboles de position de la pendule.*
25. *Chaque chasseur dispose d'une « perche » qu'il doit faire rentrer dans un « panier » qui traîne derrière le ravitailleur. Une fois la perche en place, le carburant peut s'écouler sous pression.*

éléments vitaux. Le Jaguar est hérissé de nombreuses antennes et de sondes de tous types. Des débris peuvent pénétrer dans les entrées d'air du réacteur et causer une avarie[26].

En temps normal, un ravitaillement prend environ six à sept minutes. Si le pilote fait une « fausse queue »[27], l'opération peut durer beaucoup plus longtemps. Il faut se remettre en place derrière le panier, viser soigneusement et introduire de nouveau le gland de la perche. Cela retarde les autres pilotes qui attendent leur tour. Le chrono tourne... C'est surtout pour ceux qui ont déjà ravitaillé que cela pose des problèmes car, pendant ce temps-là, ils entament leur plein. Dans ce cas-là, le stress monte et le doute s'installe chez tout le monde.

Coup de chance, ce 17 janvier 1991, malgré la violente turbulence qui secoue les avions, tous les ravitaillements se déroulent sans problème. Aucun pilote ne rate le panier... Il faut rappeler que ce sont les meilleurs professionnels qui ont été choisis aujourd'hui et tous ont conscience de l'importance de la mission. Même dans les C-135, les navigants sont particulièrement attentifs à ne rien rater. D'ailleurs, lorsque les pilotes se mettent en place en dessous de l'avion de ravitaillement, ils ont une surprise en apercevant le « boomer »[28] tout en haut dans la queue du Boeing. C'est la première fois que l'homme porte un masque et un casque. Au cours des entraînements, cela n'arrive jamais. Ce n'est pas un hasard...

Il faut une petite demi-heure pour que tous les Jaguar soient ravitaillés. Lorsque c'est terminé, les tankers partent par la droite pour rejoindre leur base en Arabie Saoudite. Quant aux patrouilles, elles s'engagent en léger virage vers la gauche.

Il est temps de passer aux choses sérieuses. « Schnappy » contacte une nouvelle fois « Ponca » afin de savoir si la « *picture air* » est toujours bonne vers leur objectif.

---

26. *Cet incident est survenu à un Mirage 2000 pendant un ravitaillement de nuit au-dessus de la Croatie. Le pilote a été obligé de s'éjecter.*
27. *Langage familier des pilotes de chasse pour désigner le fait de rater la perche. D'une manière générale, les termes techniques officiels d'un ravitaillement utilisent un vocabulaire imagé qui étonne les néophytes.*
28. *Le « boomer » est chargé de guider la perche depuis l'arrière du Boeing afin de la mettre en position pour que le Jaguar puisse se connecter.*

Pour l'instant, tout va bien. Il donne donc les ordres afin de poursuivre la mission.

– *On va commencer la descente,* annonce-t-il.

Pacorel, le leader de la seconde patrouille, confirme.

– *Roger, on suit à une minute derrière vous.*

Cap au 355, les deux patrouilles replongent l'une derrière l'autre dans les nuages. Sur les tableaux de bord, les altimètres tournent de plus en plus rapidement. De nouveau, les couches de stratocumulus se succèdent. La vitesse augmente, elle est maintenant de l'ordre de 500 nœuds[29]. Sous les nuages, il fait de plus en plus gris. Enfin, vers 3 000 pieds, le sol apparaît. Rien à voir avec une image de carte postale. C'est une terre jaune sale, noyée dans une brume de chaleur. Il n'y a aucun relief. Tout est incroyablement plat comme la main... Pas la moindre dune de sable. Pas une colline. Pas un arbre. Dans cette région, le désert est synonyme de rocaille triste et sans charme.

De nouveau le leader donne des instructions :

– *On approche de la frontière koweïtienne. On continue à descendre à basse hauteur.*

Et les avions plongent encore plus bas. En moins de deux minutes, ils sont au ras su sol. Et chacun s'applique de son mieux. Comme « Schnappy » vient de l'ordonner, les avions se collent littéralement au terrain.

Ivan est à moins de 5 mètres de hauteur. Ses copains ne sont pas plus haut... À 930 kilomètres à l'heure, tout le monde a « le cul par terre ». Aucun avion ne volerait ainsi en Europe, même pas dans un meeting aérien. À cette hauteur, la sensation de vitesse est hallucinante. Les repères défilent comme des flashs sous les ailes. Pour les pilotes, il ne s'agit pas de frimer mais de se protéger par tous les moyens. Ce n'est plus un exercice, c'est la guerre !

Cela fait maintenant plus d'une heure que les avions ont décollé. La frontière koweïtienne arrive. Elle est franchie à 7 h 19. Cette fois, les Français pénètrent en territoire hostile. La

---

29. *926 km/h.*

base d'Al Jaber n'est plus qu'à 30 kilomètres. Au sol, ce sont des ennemis.

Les Jaguar sont toujours en contact avec l'Awacs américain mais il est temps de passer sur la fréquence UHF qui regroupe tous les « *strikes* [30] ».

C'est « Schnappy » qui procède à ce nouveau contact. Une fois de plus, les mots sont brefs et précis :
– *Ponca Jupiter 01, request picture…*
– *Picture clean*[31] !
– *Roger… We are proceeding to Al Jaber !*
– *Good luck !*

Tout là-haut à 35 000 pieds, le contrôleur américain vient de noter que les Jaguar allaient attaquer la base d'Al Jaber. C'est conforme aux ordres qu'il a reçus. Les codes IFF[32] sont corrects. Ils sont autorisés. En lui annonçant que la « *picture était clean* », Ponca confirme aux Français qu'il n'y a toujours aucun avion ennemi devant les patrouilles. La voie est libre !

Les deux patrouilles de six passent alors en formation d'attaque, celle-là même qu'ils ont répétée plusieurs dizaines de fois. C'est une formation appelée « VIC » qui place les avions par groupes de deux. Il y a toujours une minute d'intervalle entre les deux groupes principaux, sauf que ce temps a tendance à augmenter légèrement. Peu à peu la seconde patrouille va prendre une trentaine de secondes de retard sur la première.

Dans quelques instants, les pilotes vont malheureusement se rendre compte que cette technique d'attaque est très mauvaise. La raison est assez simple à comprendre : les six premiers avions vont réveiller les Irakiens et les surprendre. Ceux-ci n'auront pas le temps de tirer sur leurs assaillants. Mais en une minute, ils vont avoir toute latitude pour armer leur DCA et se défouler sur les six autres avions qui déboulent derrière. Pour ces derniers, l'attaque va donc être beaucoup plus musclée.

---

30. *Tous les avions qui, comme les Français, sont en train d'attaquer un objectif ennemi.*
31. – *Ponca de Jupiter 01, on voudrait une image radar.*
   – *Jupiter, l'image est propre.*
32. *Voir note 18, page 24.*

Comme nous allons le voir, cette erreur de stratégie va causer de grosses frayeurs aux Français.

Elle ne sera pas reproduite pour les missions suivantes.

Maintenant que l'autorisation d'attaque est donnée, Pacorel, le leader de la seconde patrouille, contacte ses équipiers sur la fréquence interne à l'escadron. C'est le moment de donner les dernières instructions avant l'assaut. Il faut procéder à la check-list pour préparer les avions... D'abord larguer le gros bidon de carburant qui a permis aux avions d'arriver jusqu'ici. Maintenant, il est vide et alourdit inutilement l'appareil.

« Paco » parle calmement. En priorité, faire sauter les sécurités :
– *Système largage bidon... armé !*
Puis se débarrasser du poids mort.
– *Largage bidon...*
Comme un seul homme, les six pilotes appuient simultanément sur le bouton de largage. Tout autour d'Ivan, les réservoirs de 1 200 litres se détachent du fuselage et disparaissent dans la nature.

Ivan a appuyé lui aussi sur le bouton. Malheureusement, quelque chose ne marche pas. Son avion ne s'allège pas. Au tableau de bord, le témoin reste obstinément allumé.

Aussitôt, il appelle à la radio :
– *Il est tombé mon bidon ?*
La réponse vient de « Bonnaf », le numéro 9, qui se trouve derrière lui :
– *Négatif, tu l'as toujours ! Essaye encore...*
Agacé, Ivan pousse une nouvelle fois sur le bouton mais rien ne se passe. Le réservoir reste obstinément sous le ventre de son chasseur. Ça commence bien !
– *Tu l'as toujours,* explique « Bonnaf ». *Essaye encore.*
Malgré plusieurs tentatives, le bidon récalcitrant ne veut rien savoir. Impossible d'attaquer dans ces conditions. Ivan n'a donc d'autre solution que d'employer l'ultime procédure de secours. Il va utiliser un circuit de sécurité qui permet de se libérer du réservoir en cas de crash imminent. Rapidement, Ivan dégage un « bitard » spécial. Et là encore, il lui faut faire plusieurs essais avant que le bidon ne finisse par tomber.

– *C'est bon,* précise enfin « Bonnaf », *tu l'as viré.*
Le leader poursuit alors l'énoncé de la check-list d'attaque :
– *Contre-mesures sur « on »...*
– *Sécurité des armements enlevée...*
– *On coupe la clim...*

Il peut sembler étrange de faire couper la climatisation des avions juste avant une attaque pendant laquelle les pilotes risquent d'avoir très chaud... C'est pourtant logique : les Jaguar s'apprêtent à bombarder des dépôts de missiles chimiques. Il existe un risque réel de contamination, surtout en ce qui concerne les avions qui vont attaquer en dernière position. Il faut donc éviter à tout prix que l'air extérieur ne pénètre dans l'habitacle.

– *Roger, clim coupée...*

Puis les manettes de gaz sont poussées à fond. Le réacteur fait un peu plus de bruit, mais l'avion n'accélère pas beaucoup. Le poids des bombes se fait durement sentir. À basse altitude, il n'est pas possible de dépasser 520 nœuds[33]. Cela représente 16 kilomètres à la minute et pourtant c'est à peine suffisant pour une attaque contre des positions très défendues.

L'objectif approche... Dans les poitrines, les cœurs battent plus fort.

Les premières défenses irakiennes arrivent. Alors que les Jaguar ne sont plus qu'à quatre minutes de leur objectif, ils survolent un PC de division blindée irakien. Celui-ci se situe dans une petite bourgade au sud d'Al Jaber.

Commence alors le scénario classique qui va se répéter tout au long de cette mission. Les Irakiens n'ont pas le temps de réagir au moment du passage de la première patrouille. Celle-ci n'essuie aucun tir. Malheureusement, lorsque la seconde formation pointe son nez une minute plus tard, c'est un feu d'enfer qui se déchaîne. Les six Jaguar sont accueillis par des volées de balles traçantes et d'obus de tous calibres. La réaction des pilotes est instantanée, ils plongent encore plus près au ras du sol. Surtout ne pas monter trop haut... À cet instant, Ivan main-

---

33. 965 km/h.

tient son Jaguar à moins de 3 mètres du sol. Puis, la patrouille croise un convoi de camions. Ce sont d'énormes véhicules militaires de fabrication soviétique. Sur les plateaux, les pilotes ont le temps d'apercevoir des canons Beaufort qui tirent des obus de 40 millimètres. C'est du gros calibre qui peut envoyer un avion au tapis. Il y a également des ZSU 23/4. Ces énormes quadritubes de défense antiaérienne sont tellement puissants que, pendant la guerre civile à Beyrouth, ils ont été utilisés en tirs tendus sur des immeubles. C'était la meilleure méthode pour les transformer en ruines.

Instinctivement, les pilotes rentrent la tête dans leur cockpit. Ça tire de partout.

Ivan fait comme tout le monde... À droite et à gauche, des milliers de traçantes partent dans sa direction. C'est la première fois de sa vie que le jeune pilote est confronté à l'épreuve du feu.

Qui pourrait affirmer ne pas avoir quelques sueurs froides dans une telle situation ?

Puis les avions survolent un autre convoi de véhicules militaires. Malgré la vitesse, Ivan parvient à apercevoir distinctement un soldat dans une jeep. L'homme est debout sur le siège arrière et fait un « tir de barrage ». Avec sa Kalachnikov, il tire une rafale droit vers le ciel sans même viser l'avion. Au même moment, des dizaines d'hommes appliquent la même technique le long du convoi. Ils espèrent que sur les milliers de balles tirées verticalement, certaines finiront par atteindre les Jaguar. Technique héritée de l'ancien bloc soviétique mais qui se révèle très souvent efficace.

À mesure que les Français avancent vers l'objectif, les défenses au sol sont de plus en plus nombreuses. Insensiblement, les pilotes commencent à slalomer pour tenter de les éviter.

Ce n'est pas facile. Les Irakiens ont stocké du matériel et des hommes partout sur le territoire koweïtien. Il y a des milliers de véhicules... des chars T-72... des camions-citernes... des canons automoteurs. C'est un véritable arsenal incroyablement protégé.

PREMIÈRE ATTAQUE CONTRE LES IRAKIENS

Les tirs sont de plus en plus nourris. Et puis toujours ce scénario catastrophique !!! Le passage de la première patrouille une minute plus tôt réveille l'ennemi pour qu'il tire sur la seconde.

Tout à coup, les événements se précipitent... Derrière Ivan, le lieutenant Bonnaffoux aperçoit une longue traînée blanche qui s'étire dans la direction de la patrouille.

Immédiatement, il donne l'alerte sur la fréquence :
– *Attention ! Missile à 3 heures !!!*

Par réflexe Ivan tourne la tête sur sa droite. Tout va très vite, mais il a le temps de distinguer un missile sol-air qui part vers lui. C'est un Sam 7. Un petit engin portable qui fonctionne avec un guidage infrarouge. Il se dirige vers sa cible en cherchant la chaleur des réacteurs.

D'autres cris retentissent :
– *Faites gaffe, les mecs... Il y en a un autre...*
– *Ouais... Missile tiré secteur arrière...*

Par chance, les engins soviétiques ne sont pas très performants. Ils ont du mal à accélérer. Tirés juste après le passage des avions, ils restent derrière les Jaguar. Rien de comparable avec leurs concurrents américains du type Stinger.

Puis soudain, un nouvel avertissement jaillit. C'est encore Frank Bonnaffoux qui donne l'alarme. Placé à l'arrière, il a une vue globale de la patrouille.

– *Un autre missile à 2 heures !*

L'ordre du leader jaillit aussitôt. Il a remarqué que les missiles restaient secteur arrière et ne parvenaient pas à rattraper les Jaguar.

– *On ne bouge pas... On garde le cap.*

À cet instant, c'est de l'adrénaline pure qui coule dans les veines des pilotes. Pour toute défense, Ivan descend encore de quelques centimètres vers le sol. Vision étonnante pour ses camarades derrière lui : son avion est si bas qu'il soulève un véritable sillage dans la poussière du désert. En fait, ce phénomène stupéfiant se produit derrière tous les avions mais seuls les derniers peuvent le voir. Ivan respecte parfaitement les instructions de « Paco ». Il ne bouge pas et reste à 300 mètres de son leader en formation de manœuvre offensive. Pas facile de resté zen dans une telle situation.

Soudain, il a un véritable coup au cœur. Un autre Sam 7 vient de partir sur leur gauche. Sa fumée blanche se dirige vers eux. Rapidement l'engin décrit une « courbe de chien »[34] jusqu'à venir se placer dans le sillage de son beau-frère. Tout se joue en une fraction de seconde... L'engin n'est plus qu'à 50 mètres de la tuyère. Attiré par la chaleur du réacteur, il s'est calé dans le flux brûlant. Il va exploser contre l'avion et le détruire.

Ivan hurle sur la fréquence :

– *T'es accroché !*

« Paco » n'a pas le temps de réagir qu'un véritable miracle se produit... Derrière le missile, la fumée blanche cesse brutalement et l'engin ralentit. Sa charge propulsive est épuisée.

Stupéfait, Ivan voit alors le missile désemparé dévier brutalement sur la droite pour venir lui passer juste devant le nez. Il le frôle de si près qu'il peut apercevoir les inscriptions noires en caractères cyrilliques placées sur le corps de l'engin.

Puis le missile vient se planter à 5 mètres juste devant son nez. L'explosion soulève une gerbe de sable. Par chance, ce genre d'engin ne comporte pas de grosses charges explosives. Son pouvoir de destruction vient du fait qu'il percute généralement l'avion. Ce n'est qu'un gros plouf et Ivan poursuit sa route au ras du sol.

Une voix intervient sur la fréquence. C'est Bonnaffoux. Le ton est à la fois ironique et impressionné.

– *C'était chaud, hein ?*

– *Ouais...*

Ivan ne peut en dire plus. Il aperçoit une casemate au loin dans laquelle il lui semble deviner le quadritube d'un canon. Instinctivement, il s'écarte sur la gauche pour ne pas survoler l'endroit. De ce fait, en une fraction de seconde, il se rapproche

---

[34]. Un chien qui voit passer un lièvre devant lui court toujours en décrivant une courbe. Au lieu d'anticiper la position que le lièvre aura dans quelques secondes, il cherche toujours à rejoindre la position actuelle, ce qui est beaucoup plus pénalisant. Le missile est attiré par les gaz chauds du réacteur se trouvant derrière l'avion. Il réagit comme le chien et décrit une courbe semblable.

de son leader et se trouve à environ 100 mètres de lui. C'est à cet instant précis que l'arme dans la casemate lâche une rafale d'obus dans leur direction. Coup de chance étonnant, un obus explose juste entre les deux Jaguar mais ne touche aucun des deux avions. C'est si proche que le souffle de la déflagration produit une onde de choc qui les déstabilise simultanément. Dans la même fraction de seconde, les ailes des deux avions se soulèvent de 30 degrés vers l'extérieur.

Les dents serrées, Pacorel a juste le temps de murmurer :
– *Si ça continue comme ça, on va y laisser des plumes.*

À mesure que les Jaguar se rapprochent de leur objectif, les défenses irakiennes deviennent plus terribles. On leur tire dessus de partout. Les pilotes commencent à se demander s'ils réussiront à atteindre leur cible. Les services de renseignements ont signalé que la base d'Al Jaber faisait partie des positions les mieux défendues du Koweït. Mais qui aurait imaginé que ce serait à ce point ? Avec ses deux pistes de 9 804 pieds de longueur, cette énorme base est le verrou sud vers l'Arabie Saoudite. Elle dispose d'installations qui permettent de mettre en œuvre de puissants intercepteurs de combat. Les hommes de Saddam Hussein savaient que les Occidentaux allaient y porter des coups très violents et ils ont mis le paquet pour la protéger. C'est une véritable forteresse.

À 7 h 38, les six premiers Jaguar arrivent sur l'objectif. Les Français sont pile à l'heure, c'est excellent... La précision du timing n'est pas un détail dans cette attaque. Elle est capitale. Car toute la journée, ce sont plusieurs centaines d'avions qui vont se succéder sur la base d'Al Jaber et le respect du timing est vital. Chacun son tour !

Comme prévu, la première vague d'assaut bénéficie à plein de l'effet de surprise. Les avions ne sont pratiquement pas inquiétés. C'est d'ailleurs étonnant car, dix minutes plus tôt, une vague de F-16 aurait dû lancer un raid à haute altitude. Pourquoi les Irakiens ne sont-ils pas davantage sur leur garde ?

En fait, les soldats de Saddam ne réagissent pratiquement pas. Seul le Jaguar du lieutenant Christ est légèrement touché par des munitions de petit calibre. Son système de trim de profondeur est endommagé, mais les dégâts ne sont pas très importants.

Il prévient tout de même « Schnappy » :

– *Leader de Jupiter 6, pour infos, j'ai pris des coups.*

Aussitôt, le chef s'inquiète.

– *Tu contrôles ?*

– *Oui, c'est bon. J'ai un peu de mal à régler le trim, mais l'avion continue à voler presque normalement.*

– *Tu restes avec nous ?*

– *Pas de problèmes !*

Quelques secondes plus tard survient un événement étonnant qui pourrait passer pour un gag mais qui est en fait d'une gravité exceptionnelle. Le Jaguar du capitaine Bruno Depardon (Jupiter 3) se présente à trente secondes de l'objectif qu'il doit détruire. Avant la mission, il a pu examiner les photos satellites montrant sa cible avec précision. C'est une hangarette en béton avec un toit arrondi dans laquelle on pense qu'il y a un énorme stock de munitions. Cette cible, elle est maintenant devant lui.

Comme à l'entraînement, Jupiter 3 place son avion dans l'axe de tir. Il ne peut pas la manquer. Les défenses au sol sont pratiquement inexistantes. C'est presque trop facile !

– *Ça va faire mal,* murmure-t-il pour lui-même.

Le Jaguar vole à 500 nœuds. Dans quinze secondes, le pilote va larguer ses bombes. Comme c'est la procédure, il appuie sur un petit bouton rouge situé sur son manche. Il déclenche ainsi une caméra 8 millimètres qui va filmer son tir. C'est une vieille ciné-mitrailleuse qui doit dater des années 1970 mais qui fonctionne encore correctement.

Les films serviront pour les débriefing des pilotes et pourront également être fournis à certains médias. L'objectif approche. Aucun doute, c'est bien la hangarette en béton des photos.

Pour ajuster son tir, Depardon procède à quelques derniers ajustements de trajectoire. La cible est bien placée dans le viseur. Elle n'est plus qu'à 1 kilomètre. Un peu plus de trois secondes de vol... Il ne peut pas la rater. Et puis soudain un événement incroyable se produit. Avant que le pilote n'appuie sur sa gâchette, la hangarette explose [35]... Sur le coup, Jupiter 3 ne peut retenir une exclamation de surprise.

– *Bordel... Qu'est-ce qui se passe...?*

Pour éviter les impacts et le souffle de l'explosion, Depardon n'a d'autres solutions que de faire un écart. Dégoûté, il procède comme c'était prévu au briefing : il dégage vers la gauche.

Incroyable... L'objectif est détruit. Il brûle derrière l'avion... Sauf que les bombes sont toujours accrochées sous ses ailes.

– *J'y comprends rien ??? J'ai même pas tiré !*

Ce n'est que plus tard que les Français comprendront réellement ce qui vient de se passer. Et c'est stupéfiant... On se rappelle qu'un raid de F-16 américains était programmé dix minutes avant l'attaque des Jaguar. Les Français avaient été surpris par l'apparente tranquillité de la base après une telle attaque. Aucune trace d'incendie ou d'explosions récentes. La raison de cette quiétude est simple à comprendre. En fait, les pilotes américains réputés si ponctuels n'étaient pas à l'heure ce jour-là. Ils étaient même tellement en retard que leur bombardement a coïncidé avec l'attaque des Français.

Au moment où Jupiter 3 s'apprête à lâcher ses bombes au ras du sol, un pilote de F-16 survole ce même objectif. Les deux hommes ne se voient pas car l'Américain est juste au-dessus de lui à très haute altitude.

En fait, il est à 20 000 pieds[36]...

De là-haut, il ne remarque évidemment pas qu'il y a déjà des avions sur l'objectif. Les contrôleurs de « Ponca » sont débordés et ils ne le remarquent pas davantage. Alors, le gars du F-16 lâche une bombe de 1 000 livres en piqué/ressource sur la hangarette.

On pourrait évidemment s'étonner qu'une même cible ait été attribuée à deux vagues d'assaut successives. En réalité, la hangarette n'était pas l'objectif DMPI[37] du F 16. Celui-ci n'avait pas tiré toutes ses bombes sur son objectif et il lui en restait

---

35. *Sur le film tourné par la ciné-mitrailleuse, on aperçoit distinctement la hangarette qui explose sans que le Jaguar ait largué ses bombes.*
36. *Plus de 6 000 mètres.*
37. Desired Mean Point of Impact : *point d'impact désigné.*

une dont il ne savait pas quoi faire. À la dernière seconde, le pilote a décidé de l'utiliser sur un « objectif d'opportunité ». À trois secondes près, le capitaine Depardon aurait pu devenir la première victime d'un « *friendly fire* »[38]. Nous verrons plus loin dans cet ouvrage que ces maladresses sont nombreuses dans les conflits ! Elles ne se terminent pas toujours aussi bien. C'est la guerre !

Malgré cette gaffe monumentale, tout se déroule bien pour la première vague de six Jaguar. Aucun avion n'est gravement touché. Seul le lieutenant Christ quitte le champ de bataille avec un point dur à la profondeur, mais il contrôle parfaitement son appareil.

Les premiers Jaguar prennent donc la direction du retour.

Une minute plus tard, la seconde vague d'attaque va pointer son nez. C'est à partir de maintenant que les choses vont se gâter pour les « *Frenchies* ». Répétons-le, ce n'est pas le courage des pilotes qui est en cause mais la tactique employée ce jour-là. Une minute entre les deux vagues d'attaque, cela peut sembler court, en fait, c'est beaucoup trop long...

Car les Irakiens sont maintenant sur leur garde. Non seulement il y a eu les six Jaguar français, mais il y a eu quelques bombes égarées par les F-16 américains. Les servants des DCA n'ont touché aucun avion, mais ils se doutent que d'autres vont venir dans quelques instants. Et cette fois, ils sont prêts !

Toutes les armes sont pointées vers le sud d'où va surgir la seconde vague... Les films qui seront ramenés par les avions montreront que les soldats sont parfaitement sur le qui-vive. Les chars T-52 enterrés dans le sable ont leur canon pointé vers le sud. Même les fantassins braquent leurs armes légères dans la direction d'où va surgir la seconde vague d'assaut.

En fait, la patrouille de Pacorel ne va pas arriver une minute mais deux minutes plus tard. Ce retard imprévu est, une fois encore, la conséquence du manque de précision du calculateur de navigation.

---

38. *Tir ami. Dans les conflits, le nombre des tirs effectués par erreur sur des troupes amies est étonnamment élevé. Voir plus loin dans cet ouvrage le récit :* « Friendly Fire ».

PREMIÈRE ATTAQUE CONTRE LES IRAKIENS

Alors que la première vague rompt le combat, la seconde est encore à 34 kilomètres de là. Elle est légèrement à gauche de la route prévue et les pilotes zigzaguent afin d'éviter les points chauds. Ils ont déjà compris que le beau rôle ne leur a pas été réservé. Armes légères, artillerie lourde, missiles de tous types, les Irakiens sont déchaînés. C'est le premier jour de la guerre. Ils ont des stocks de munitions considérables et leur plus belle victoire serait de pouvoir exhiber l'épave d'un avion occidental à la télévision. Il leur faut abattre un de ces maudits chasseurs. C'est donc un déluge de fer et de feu qui salue le passage de la seconde vague. Sur la fréquence des Jaguar, les messages fusent de toutes parts.

– *Bon sang... J'arrête pas de me faire allumer. Si ça continue, ils vont finir par m'avoir...*
– *Fais gaffe à droite, il y a de l'artillerie par là-bas...*
– *Une colonne de camions à midi !*
– *Deux T-55 enterrés jusqu'à la tourelle, droit devant !*

Puis brusquement, une voix angoissée retentit sur la fréquence.

– *Je crois que j'ai été touché... carter huile !*

C'est Bonnaffoux (Jupiter 9) qui vient de signaler une avarie. Un carter touché, c'est grave. L'huile va s'écouler rapidement et le réacteur va prendre feu.

– *Je coupe le moteur droit,* annonce-t-il aussitôt.

Il n'y a pas d'autre solution. Malheureusement, sur un seul réacteur, le Jaguar ralentit inexorablement. Il perd 400 kilomètres à l'heure. En quelques secondes, le malheureux Bonnaffoux se retrouve à 500 à l'heure. Rien de pire ne pouvait lui arriver en plein champ de bataille !

Instantanément, il largue ses bombes au hasard et contacte « Ponca » pour qu'on lui donne un cap d'évasion. Il faut dégager du secteur le plus rapidement possible car les Irakiens vont faire un carton en le voyant passer devant eux à cette vitesse-là.

Quelques secondes plus tard, une autre catastrophe se produit. Le Jaguar du capitaine Hummel (Jupiter 12) est également touché. Et cette fois, c'est encore plus grave. Un missile

Strela traverse la turbine de son réacteur. Le moteur explose quasiment. Les dégâts sont considérables. Les ailettes du compresseur sont projetées dans les ailes. Elles viennent se planter dans la voilure comme des morceaux de verre.

Un nouveau message de détresse fuse.

– *Putain... Je suis touché, j'ai un moteur éclaté.*
– *Gros dégâts,* interroge Pacorel ?
– *C'est pas bon, c'est pas bon... J'ai le feu !*

Aussitôt, Jean-François Hummel applique la même procédure que Bonnaffoux, il coupe le réacteur touché, percute l'extincteur et largue ses bombes au hasard pour alléger son avion. Et comme son ami, il se retrouve à basse vitesse au-dessus du territoire ennemi. Par chance, le territoire koweïtien est plat et les deux appareils en détresse peuvent tenter de fuir au ras du sol.

– *Barrez-vous tous les deux vers l'ouest et essayez de franchir la frontière saoudienne,* ordonne Pacorel.
– *Roger, je dégage vers l'ouest.*
– *J'y vais aussi !*

Cette fois, le moral des attaquants tombe au plus bas. Deux avions touchés avant même d'avoir atteint la base d'Al Jaber, ça fait mal...

Les deux appareils blessés appliquent donc les instructions de leur leader et dégagent péniblement vers le cap 270. Le problème, c'est qu'ils ne se voient plus mutuellement.

Pour les autres pilotes qui continuent vers l'objectif, c'est alors un grand moment de solitude qui commence. Terrible sensation que celle de voir des équipiers disparaître sans pouvoir rien faire pour les aider. C'est tout juste si on peut leur adresser quelques mots de réconfort.

– *Faites gaffe à vous les gars.*
– *Vous aussi !*

Pour le moment, il est difficile de savoir qui a besoin d'être le plus encouragé. Ceux qui vont au combat sous la mitraille ou ceux qui tentent désespérément de rejoindre l'Arabie Saoudite dans des appareils qui se traînent comme des bimoteurs de tourisme.

PREMIÈRE ATTAQUE CONTRE LES IRAKIENS

Sur les six avions de la seconde vague, il n'y en a plus que quatre parmi lesquels se trouve Ivan Jurys. Dans quelques secondes, il va arriver dans la fournaise et ne peut s'empêcher d'avoir une pensée pour Sylvie. Que fait-elle en ce moment ? Elle doit être en train de s'inquiéter devant sa télé. C'est sûr, maintenant, elle sait que la guerre est déclarée. S'il sort vivant de ce guêpier, la première chose à faire sera de lui téléphoner pour la réconforter. Puis le visage de son épouse disparaît et le pilote se concentre sur sa mission.

Les quatre Jaguar sont maintenant à 25 kilomètres de l'objectif. Ils poursuivent leur progression démente au ras du sol. Si les pilotes pouvaient surfer sur le sable, ils le feraient. Pourtant, le fait de voler bas leur pose parfois quelques problèmes. Ainsi, ils aperçoivent soudain une énorme ligne à haute tension à l'horizon. Les poteaux métalliques semblent incroyablement hauts. Ivan hésite une fraction de seconde : passer dessous ou dessus ?

Il se prépare à s'engager sous les câbles lorsque la voix du leader retentit dans ses écouteurs :

– *On passe au-dessus.*

– *Roger.*

Au risque de prendre quelques obus, les Jaguar reprennent quelques dizaines de mètres. À cet instant, ils montent jusqu'à 300 pieds[39]. Sensation de malaise général... Pas confortable de monter si haut car ils représentent une cible de choix pour les Irakiens.

Pour être certain de ne pas s'exposer trop longtemps, Ivan vise une grosse boule de métal sur un câble et fonce dans sa direction. À près de 1 000 kilomètres à l'heure, il passe quelques centimètres au-dessus. Lorsque le repère est franchi, il repousse le manche pour replonger à l'abri du sol le plus vite possible. Ouf...

Maintenant, l'objectif n'est plus qu'à une trentaine de secondes. La patrouille arrive au dernier point tournant vers la base d'Al Jaber. Virage au cap 300.

---

39. *Environ 100 mètres.*

Et c'est à cet instant que ça coince. Les avions ne sont pas vraiment à l'endroit où ils devraient être. Ils sont un peu trop vers le sud-est... Une nouvelle fois, le calculateur de navigation s'est planté.

– *Merde... Je vois pas le « target »*[40], annonce Pacorel...

– *Ça devrait être par là...*

– *On est trop à droite...*

Dans les cockpits, les hommes cherchent dans toutes les directions pour tenter de se recaler à vue. Finalement, c'est le capitaine Alain Mahagne (Jupiter 11) qui aperçoit les seuils des pistes de la base.

Il hurle aussitôt sur la fréquence :

– *Target à 10 heures...*

– *Visuel...*

À cet instant, le terrain n'est plus qu'à 5 kilomètres légèrement sur la gauche. Les installations sont en vue. Le désert est toujours parfaitement plat. Il suffirait d'effectuer une correction rapide à droite puis à gauche pour se remettre sur l'axe d'attaque.

– *On ouvre un peu vers le nord,* annonce « Paco ».

Mais ce n'est pas aussi simple. Les pilotes comprennent immédiatement que, d'où ils sont, il ne sera pas possible d'attaquer comme prévu. Ça tire de partout ! Il y a plusieurs dizaines de batteries en cercles concentriques tout autour du terrain et les plus puissantes sont juste sur l'axe d'attaque.

– *On n'y arrivera jamais,* annonce-t-il en voyant des milliers de traçantes strier le ciel devant eux.

« Paco » décide alors de changer de tactique.

– *Objectif d'opportunité !*

Sage décision. En clair, comme il n'est pas possible de toucher les hangarettes prévues par la mission, chaque pilote doit choisir rapidement une cible et larguer ses bombes dessus. Et il y a l'embarras du choix : dépôts de carburant, camions, chars, casernes, antennes radar ou bâtiments. Personne ne se pose de questions. Le leader a dit « objectif d'opportunité », il

---

40. Cible.

faut obéir... Ivan trouve donc un alignement de camions-citernes et largue ses quatre bombes Béluga juste dessus, provoquant une énorme explosion...

– *Bingo*, pense-t-il, sans pourtant ressentir le grand frisson qu'il éprouvait pendant les entraînements.

La guerre, c'est pas drôle...

Puis immédiatement, il vire à gauche vers le nord-ouest en suivant Pacorel. Survient alors un nouvel incident qui aurait pu lui coûter la vie... Au moment où il part en virage, il cabre son avion pour éviter que son aile ne touche le sol. Ce faisant, il remonte vers 100 pieds[41]. C'est à ce moment précis qu'une ombre lui passe sous le ventre à grande vitesse.

– *Merde... Qu'est-ce que...*

Il lui faut quelques secondes pour comprendre que c'est un autre Jaguar qui vient de le frôler. Il s'en est fallu d'un cheveu pour que les deux avions ne se percutent. C'était l'avion de Charlie (Jupiter 11) qui aurait dû normalement se trouver une centaine de mètres derrière lui. Que faisait-il à cet endroit ?

Pas le temps de demander des explications... À cet instant, c'est le « sauve-qui-peut » général pour les quatre avions... Le ciel est zébré de toutes parts. Il faut foncer pleins gaz vers le nord-ouest pour échapper au déluge de feu.

Toute la formation vire à gauche. Dans quelques secondes, ils auront fichu le camp.

Soudain, il y a un cri sur la fréquence :
– *Je suis aveugle !!!*

La voix est si déformée qu'on a du mal à la reconnaître.
– *Qui a des problèmes ?* demande aussitôt « Paco ».

Comme personne ne répond, chacun essaie d'analyser ce qui s'est passé.

– *J'ai l'impression que c'est Charlie. Il est parti tout droit !*

Il y a un instant de flottement pendant lequel on tente de savoir qui a appelé au secours.

– *Putain, il manque un avion...*
– *C'est Charlie.*

---

41. *30 mètres.*

Et puis soudain, Ivan entend son camarade prononcer des mots qu'il n'oubliera jamais et comprend alors pourquoi le Jaguar a failli le percuter quelques secondes plus tôt.

La voix est faible et terriblement angoissée :
– *Chef... Chef... J'ai un trou... dans la tête.*
Il y a un moment de stupeur, puis le leader demande :
– *Tu déconnes ?*
– *Non... c'est vrai, ça va mal...*

En fait le numéro 11 a bien été touché à la tête. C'est une balle de calibre 7,62. Au moment où il regardait du côté droit, un tir de Kalachnikov a perforé le plexiglas de son cockpit. Le projectile a pénétré pratiquement entre les deux visières du casque[42] et a touché Charlie à la tête. Elle lui a raclé le cuir chevelu puis a poursuivi sa course jusqu'à perforer la verrière de l'autre côté.

Par miracle, la balle n'a fait que déchirer la peau en raclant profondément l'os de la boîte crânienne. Sans le briser... L'impact de la balle a tout de même été suffisant pour assommer le pilote pendant deux à trois secondes. C'est pendant ce laps de temps très court qu'il a perdu le contrôle de son avion et est passé sous le ventre d'Ivan... Lorsqu'il reprend conscience, il ne voit plus clair. En fait, la cécité de Charlie ne dure que quelques secondes. Au moment où il retrouve ses esprits, il ne comprend pas ce qui vient de lui arriver. Il est groggy et a très mal à la tête. Sa combinaison est trempée. Ce n'est pas de la sueur mais du sang qui coule dans son cou. Son casque de vol est percé... Dans le cockpit, c'est une véritable tornade car l'air pénètre en trombe par les trous de la verrière. À cet instant, Charlie pilote par réflexes.

Il a perdu ses camarades et ne sait même plus où il se trouve... Comment reprendre la situation en main ? Malgré la douleur, le pilote arrache les débris de sa visière qui le gênent. Puis il jette un coup d'œil à ses instruments. Côté moteur, tout semble normal. Il faut redescendre au ras du sol pour se mettre

---

42. *Les casques de vol comportent deux visières superposées. L'une est en plexiglas blanc, l'autre est teintée verte. En général, si la visibilité extérieure le permet, la consigne est de voler avec les deux visières baissées.*

à l'abri... Le plus important est de prendre un cap vers l'ouest pour se dégager de ce piège mortel !

Pendant ce temps-là, les trois autres Jaguar prennent la route du retour. Aucun d'eux n'a été touché. Aux commandes, il y a « Paco », Ivan et Stéphane Houdet, le numéro 10... Comme il va leur falloir traverser une nouvelle fois des positions ennemies, les pilotes décident d'ouvrir leur route à coups de canon. Le plus simple est de tirer sur tout ce qui se trouve devant eux. Chaque fois qu'une casemate ou une tourelle de char se pointe à l'horizon, les obus des Defa se déchaînent...

L'effet sur l'ennemi est surtout psychologique. Il s'agit d'impressionner les Irakiens et de les inciter à se mettre à l'abri plutôt que leur tirer dessus. Car les canons des Jaguar ne sont pas réglés pour faire du *straffing*[43]. Ils ne sont efficaces que si l'avion est en piqué. Si, comme c'est le cas aujourd'hui, l'avion est en vol rectiligne au ras du sol, ils tirent un peu trop haut. Du coup, les obus s'égarent au hasard à 1 500 mètres devant les chasseurs. Quoi qu'il en soit, cela impressionne l'adversaire qui entend les sifflements mortels au-dessus de sa tête et c'est ce qui compte. Le seul qui ne se pose pas de questions pour savoir où il doit tirer, c'est Ivan ! Car son canon ne fonctionne pas. Comme d'habitude, son Jaguar semble être frappé par un sort.

Avant de poursuivre ce récit, il est intéressant de faire un bilan de la situation. Elle est la suivante :

Les six Jaguar de la première vague sont en train de foncer vers la frontière. Ils ont deux minutes et trente secondes d'avance sur la seconde vague et n'ont essuyé pratiquement aucun tir dévastateur. Seul l'avion du lieutenant Christ a pris du petit calibre qui a déréglé son trim de profondeur.

En revanche, la seconde vague de six Jaguar est en très mauvais état :

– un avion est en train de rentrer à basse vitesse vers la frontière. Il n'a plus qu'un seul réacteur qui fonctionne. Cet avion est celui du lieutenant Bonnaffoux qui a été touché par des

---

[43]. Attaque au sol... Pour attaquer un objectif terrestre au canon, l'arme doit être légèrement pointée vers le bas. Si ce n'est pas les cas, les obus tombent trop loin devant l'avion et sont peu efficaces.

projectiles de petit calibre. Son carter d'huile est percé. Il est tout seul au-dessus du désert ;

– un autre avion est dans la même situation mais son cas est plus grave car il a un réacteur en feu... C'est celui du capitaine Hummel. Il a été touché par un missile Sam 7 qui a perforé un de ses réacteurs. Celui-ci a pris feu. Lui aussi est isolé en territoire hostile ;

– un troisième avion a été touché. L'avion vole sans difficulté, mais son pilote a été frappé à la tête par une balle de Kalachnikov et ne sait plus vraiment où il se trouve. Il fonce vers le sud-ouest sans savoir où sont ses camarades. C'est Charlie, le capitaine Alain Mahagne.

Il n'y a donc plus que trois avions valides dans la seconde vague qui se dirige vers la frontière par le sud-ouest. Pour eux, c'est chaud. Pour être certain de ne pas se trouver en face d'avions de chasse irakiens, « Paco » prend un nouveau contact avec l'Awacs. Il demande une « *situation awareness* » de la région.

– *Ponca, from Jupiter 08. Request picture.*
– *Picture is clean, Jupiter 08.*
– *Roger, we are proceeding to Al Ahsa.*
– *Good luck guys !*

Rassuré, les trois pilotes poursuivent leur route vers la « maison ». Charlie, le pilote qui a pris une balle dans la tête, est toujours en contact radio avec tous les autres Jaguar mais personne ne sait où il se trouve. Pendant les trois secondes où il a perdu connaissance, il a poursuivi sa route tout droit vers le nord alors que les autres viraient à gauche vers l'ouest. Cela a suffi pour le perdre de vue. Comme son avion vole à la même vitesse que les trois autres, « Schnappy » se dit qu'il y a peut-être une chance de le retrouver si tout le monde prend le même cap en direction de l'Arabie Saoudite. Il va donc tenter de guider l'appareil en détresse.

– *Charlie, t'es où ?*
– *Je sais pas, mon calculateur déconne complètement ! Je crois que je vais reprendre un peu d'altitude pour essayer de me repérer.*

Sur le coup, le leader frémit. Étant donné les circonstances, il serait suicidaire de ne pas rester au ras du sol.

– *Non, Charlie... Ne fais pas ça... Ils vont te tirer comme un lapin. Reste en radada*[44].

– *D'accord, mais je me sens pas bien. Ma tête me fait vachement mal... Je pisse le sang.*

Charlie a de réelles difficultés avec son calculateur de navigation. C'est encore pire que d'habitude...

La majorité des points programmés dans l'instrument ont été effacés. Quand l'instrument fonctionne normalement, le pilote dispose d'un grand nombre de « buts »[45] vers lesquels il peut se diriger. Or, il n'en reste plus qu'un. Après plusieurs tentatives infructueuses, Charlie réalise qu'il ne parviendra pas à récupérer la banque de données de son calculateur.

– *Il ne me reste que le « But 15 »*, précise-t-il, écœuré. *Je ne sais même plus à quoi il correspond.*

En fait, dans son malheur, le pilote a beaucoup de chance car ce point représente le point de sortie principal programmé vers la frontière saoudienne. « Schnappy » exulte.

– *Tu as du bol, mon vieux... Prends le cap vers le « But 15 ». Grouille-toi ! On y va aussi !*

– *Essayez de me récupérer rapidement les gars ... Je suis pas en forme du tout.*

– *T'inquiète pas, on va te trouver. Garde le cap en radada et tu seras sorti de ce merdier dans deux minutes. Je te dirai quand tu pourras monter vers 15 000 pieds.*

– *Roger.*

– *Nous, on va monter plus haut pour essayer de te repérer.*

Délestés de leurs bombes, les trois avions rescapés sont plus légers. Ils grimpent rapidement vers 20 000 pieds. Puis ils foncent à 450 nœuds vers le sud pour rejoindre le « But 15 »...

Mais les minutes passent et il n'y a aucune trace de Charlie.

– *T'es où ?*

– *J'en sais rien. J'approche du « But 15 » mais j'ai du mal à me repérer.*

La voix de Charlie est de plus en plus inaudible. L'homme

---

44. Langage aéronautique familier pour signifier rase-mottes.
45. Les utilisateurs de GPS préfèrent le mot anglais « waypoint » mais c'est le mot « but » qui est utilisé avec le calculateur du Jaguar.

semble avoir certaines difficultés à respirer. Inquiet, chacun se demande si le blessé est réellement en état de manier son calculateur de navigation. Dans son état, il a peut-être confondu certaines touches. La tension monte.

– *Largues des flares[46] pour qu'on te voie,* demande Pacorel.
– *D'accord, j'en envoie... deux.*

Aussitôt, Charlie lâche deux fusées blanches qui servent à tromper les missiles infrarouges. Elles laissent derrière l'avion de longues traînées blanches qui retombent doucement vers le sol.

– *On n'a rien vu... Recommence,* insiste « Paco », le cœur battant.
– *D'accord, deux de plus,* annonce Charlie.

Et cette fois, la chance est avec les Français. Quelques secondes plus tard, ils aperçoivent un point noir vers 15 000 pieds. Juste derrière lui, deux longues flammes blanches déchirent le ciel. Ivan ne peut retenir un cri de joie.

– *Visuel... Il est à 1 heure.*

Aussitôt Pacorel confirme.

– *On t'a en vue, mon vieux. Tu gardes ce cap et on rassemble sur toi. Comment tu vas ?*
– *Putain... les gars... c'est pas terrible... J'ai l'impression que... ma tête va exploser...*

La voix du pilote est assez faible. Par moments, ce n'est qu'un murmure comme s'il était sur le point de s'endormir. Il a des difficultés à articuler. En fait, il n'est pas en forme du tout. La verrière est brisée. La cabine est dépressurisée. Il y fait très froid et le pilote a beaucoup de mal à respirer.

– *J'ai du sang partout,* poursuit-il à voix basse.
– *Il faut que tu tiennes le coup, mon vieux. On est avec toi. T'inquiète pas, on va pas te lâcher...*
– *J'ai l'impression d'avoir le crâne défoncé.*

Rapidement, les trois Jaguar se rassemblent sur leurs collègues comme de véritables anges gardiens. Malgré l'oxygène branché à 100 % dans le masque, Charlie ne se sent pas bien. Tout le monde est inquiet car, à mesure que les minutes passent, les propos du pilote deviennent très inquiétants.

---

46. *Fusées éclairantes.*

– *J'ai froid et je m'endors, les gars. Surveillez-moi... Je suis gelé... Je vais m'endormir,* répète-t-il.

– *T'inquiète pas, on te lâche pas des yeux... Le problème, c'est qu'il faut d'abord que tu remontes vers 20 000 pieds.*

Charlie n'est pas vraiment enchanté de reprendre autant d'altitude mais il accepte.

– *D'accord,* murmure-t-il... *Je grimpe.*

Il peut sembler étrange de faire remonter un avion qui n'a plus de pressurisation et dont le pilote meurt de froid. Mais les Français n'ont pas le choix. Il leur faut respecter les procédures de guerre et se faire reconnaître comme « ami » avant de se présenter quelque part. Les altitudes de retour vers l'Arabie Saoudite sont imposées par les opérations américaines. Les Jaguar doivent impérativement passer la frontière à 20 000 pieds. S'ils ne le faisaient pas, ils seraient pris pour des ennemis et deviendraient aussitôt la cible des missiles alliés... Bien évidemment, la montée à 20 000 pieds n'arrange pas les choses pour Charlie.

– *J'ai froid... Je m'endors,* répète-t-il d'une voix de plus en plus faible.

Ses amis croisent les doigts. Pourvu qu'il tienne le coup. Sur la fréquence, « Paco » ne cesse de lui parler pour éviter qu'il ne s'endorme. Il aborde tous les sujets possibles, des plus sérieux aux plus légers. Calmement, Pacorel lui donne des explications sur les caps qu'ils tiennent, puis il explique en détail comment ils vont commencer la descente dès qu'ils auront passé la frontière. Ensuite, il fait une description de la fête gigantesque qu'ils organiseront pour lui dès son retour en France... Enfin, il lui demande de se concentrer sur ses instruments et de lire à voix haute les indications devant ses yeux. Étrange dialogue où le leader tente par tous les moyens de retenir l'attention de son équipier. Car en fait, ce n'est pas le sommeil qui guette le pilote mais un évanouissement sournois... Si Charlie s'endort, il tombe dans le coma et il est mort...

À 8 h 17, la patrouille pénètre enfin en Arabie Saoudite et elle met le cap en direction d'Al Ahsa qui n'est plus qu'à 350 kilomètres.... À présent, il n'y a plus de risques et les avions quittent 20 000 pieds pour descendre plus bas. Pour Charlie, les conditions de vol deviennent moins pénibles.

Les quatre avions se divisent alors en deux patrouilles. Devant, il y a Pacorel qui continue à protéger Charlie dans son aile. Derrière, Ivan et Stéphane Houdet suivent en jouant les anges gardiens.

Si tout se passe bien, tout le monde sera rentré dans une vingtaine de minutes.

Pendant ce temps-là, les deux avions touchés aux réacteurs se dirigent à faible vitesse vers le terrain de secours le plus proche. Impossible pour eux de retourner jusqu'à leur base de départ. Bonnaffoux et Hummel ont donc décidé de se dérouter à Al Jubail en Arabie Saoudite. C'est une base militaire occupée par les Américains depuis six mois. Située au nord de Dhahran sur le golfe Persique, elle dispose d'une piste de 4 kilomètres, ce qui devrait leur faciliter la tâche pour l'atterrissage.

Grâce à « Ponca », les deux pilotes se sont retrouvés et ils volent maintenant ensemble. L'Awacs les a repérés et les a guidés l'un vers l'autre. Il faut dire que ce n'était pas trop difficile, les avions dégagent chacun un long panache de fumée noire qui les rend repérables de très loin.

L'appareil le plus touché est celui de Jean-François Hummel qui a été percuté par un missile. L'engin l'a frappé sous le ventre au niveau du réacteur droit. Le moteur a complètement éclaté et la turbine a même été arrachée. Bien que « Mammel » ait déclenché le système d'extinction, le feu a continué de s'étendre un peu partout dans le fuselage. Par chance, le réacteur gauche continue de tourner à moins d'un mètre de l'incendie. Et l'avion vole toujours !

Pour avoir une idée de ce que cela donne, il faut savoir que lorsque le réacteur du Jaguar tourne à plein régime, la température de la turbine (la T7) est normalement de 640 degrés. Ce jour-là, cette température atteint 1 000 degrés et les quatre lampes d'alerte incendie sont allumées sur les *deux réacteurs*. Car si le moteur gauche tourne encore et maintient l'avion en vol, il est également en feu.

Il brûle et il fonctionne !

– *Tu as percuté l'extincteur,* demande « Schnappy » qui suit de loin les évolutions de ses équipiers à la radio ?
– *Oui, mais ça ne donne rien. Ça continue à brûler.*
Et c'est dans ces conditions inimaginables que le Jaguar de Jean-François Hummel va parcourir près de 300 kilomètres. Aucun doute, un Jaguar, c'est vieux, c'est mal équipé, c'est peu puissant, mais c'est solide !
En ce qui concerne l'avion de Frank Bonnaffoux, les choses sont un peu moins graves. Son réacteur droit est coupé, il dégage un long panache de fumée noire mais il n'y a pas d'incendie comparable à celui de son camarade. Étrangement, la gravité de la situation ne semble pas entamer le moral des deux pilotes. Alors qu'ils se traînent à faible vitesse vers la base de Jubail, ceux-ci trouvent encore la force de plaisanter.
– *Mon pauvre vieux, si tu voyais l'état ton avion ! T'as un moteur qui fume.*
– *Et si tu voyais le tien, mon pote !!! Tu brûles carrément des deux tuyères...*
– *Bon eh bien... tu me rappelles quand ça explose.*
À plusieurs dizaines de kilomètres de là, les autres pilotes de la patrouille peuvent entendre ce dialogue ubuesque.
Du coup, « Schnappy » contacte Hummel.
– *Jean-François, s'il te plaît. Pas de connerie, éjecte-toi.*
Mais le jeune capitaine ne veut rien savoir.
– *Non, ça vole encore. Je vais essayer de ramener l'avion.*
– *Alors fais gaffe, on tient à toi...*
Et c'est vrai que le retour est pénible pour les deux Jaguar. Ne disposant chacun que d'un seul réacteur, ils se traînent à 550 kilomètres à l'heure en lâchant derrière eux un long panache de fumée noire. Il est bien évident que, dans ces conditions, ils sont très vulnérables. Non seulement, ils volent lentement, mais les incendies dégagent une importante quantité de chaleur qui les rend très vulnérables aux missiles à guidage infrarouge.
Il leur faut près d'une demi-heure pour rejoindre Al Jubail. Les Américains ont été prévenus par l'intermédiaire de « Ponca » qui leur a obtenu une clearance pour se dérouter là-

bas. On les attend. En arrivant en vue de la piste, « Bonnaf » et « Mammel » contactent la tour en UHF sur la fréquence 341.3.

– *Jupiter 9 and 12... We've got emergency. Request immediate landing*[47].

Avec leur brièveté habituelle, les contrôleurs américains délivrent immédiatement une autorisation pour une longue finale et un atterrissage dans la foulée.

– *Jupiter Roger, this is Jubail... You are cleared for landing runway 17... Good luck guys*[48].

Puis le contrôleur aperçoit les longs panaches de fumée derrière les avions et rajoute d'une voix inquiète :

– *You should hurry, Jupiter. You have a big fire behind you*[49]...

C'est « Bonnaf » qui se pose en premier et tout se passe bien pour lui. Il freine normalement et dégage la piste.

Lorsque Jean-François Hummel se présente en finale, les Américains sont effarés de voir cette torche volante qui arrive chez eux. Le plus incroyable, c'est que la plupart des systèmes de l'avion fonctionnent encore. Le train et les volets sortent sans difficultés.

Et le Jaguar se pose normalement... Aux commandes, Hummel ne se rend pas vraiment compte de ce qui se passe. C'est seulement quand il a touché le sol, qu'il aperçoit une étrange lueur qui illumine le ciment autour de lui. Comme si un puissant projecteur orangé éclairait la piste de part et d'autre de son avion. Il lui faut quelques secondes pour comprendre que cette lumière inhabituelle provient de la grande flamme qui court le long de son Jaguar.

– *Grouille-toi, vieux. Tu brûles vraiment*, avertit « Bonnaf » ! *Ça va vraiment exploser...*

– *Je me grouille*, réplique Hummel...

Dans un réflexe de survie, le pilote déploie son parachute de queue (qui brûle immédiatement) et écrase les freins.

---

47. – *Jupiter 9 et 12, nous avons un problème grave. On demande l'atterrissage immédiatement.*
48. – *Bien compris Jupiter de Jubail. Vous êtes autorisés pour l'atterrissage piste 17. Bonne chance, les gars.*
49. – *Vous devriez vous dépêcher, les gars. Vous avez le feu derrière vous.*

Incroyable, malgré l'incendie qui ronge son avion, l'hydraulique fonctionne encore et les freins sont efficaces. Qui a critiqué le Jaguar ? Son avion est à peine arrêté que le pilote jaillit hors de l'habitacle. Il n'a pas d'autres solutions que de prendre ses jambes à son cou pour s'éloigner. Lorsqu'il se retourne quelques secondes plus tard, il n'en croit pas ses yeux : tout l'arrière de l'avion est en flammes ! Hummel volait sur une torchère... Malgré les efforts des pompiers américains et la puissance de leurs lances, il faudra du temps pour maîtriser l'incendie. Bien évidemment, l'appareil ne pourra plus jamais revoler. Certains endroits de la cellule ont tellement chauffé que les cadres du fuselage ne sont plus que des blocs d'aluminium fondu.

En outre, la dilatation du métal a causé des efforts si importants sur la cellule que l'avion est tordu... Malgré tout, les Français ont tenu à récupérer l'épave qui est exposée aujourd'hui au musée de l'Air du Bourget. Restent les dix autres Jaguar qui sont encore en train de rentrer vers la base d'Al Ahsa. Pour eux, le drame n'est pas encore terminé. Les problèmes surgissent d'abord au niveau de la première patrouille, celle dont on pensait qu'aucun avion n'avait subi d'avarie grave. Seul le Jaguar du lieutenant Christ avait reçu quelques balles de petit calibre sur le système de trim. Le pilote pensait que cela n'aurait aucune conséquence. Apparemment, les choses semblent plus compliquées que prévu. À mesure que la patrouille approche d'Al Ahsa, l'avion de « Jésus » est de plus en plus instable. Le point dur à la profondeur augmente. Alors que les six avions arrivent en vue de la piste 34, son manche devient brutalement très dur à manier.

– *J'ai du mal à stabiliser mon plan*, annonce-t-il au moment où il arrive en courte finale.

– *Tu vas y arriver ?* interroge aussitôt « Schnappy ».

– *Je sais pas... Je vais essayer.*

– *Si tu as un doute, tu t'éjectes !*

Alors qu'il approche de la piste, l'avion de Christ commence à effectuer des sinusoïdes imperceptibles.

– *Ça va ?* demande « Schnappy » sans arrêt.

– *Oui, ça va. Sauf que par moments j'ai le manche en butée arrière.*

En fait à mesure que les secondes passent, les commandes de Christ deviennent dures. Au moment du toucher, le pilote ne contrôle plus rien. Du coup, le Jaguar fait un atterrissage très violent. Mais encore une fois, l'avion est solide. Le train supporte parfaitement le choc et rien ne se passe. Christ freine normalement et parvient à dégager la piste par ses propres moyens. Aussitôt, des murmures d'approbations retentissent sur la fréquence.

– *Bien joué, Jésus !*

Quelques minutes plus tard, tous les avions de la première vague sont au sol. Ils sont intacts et les pilotes sont sains et saufs. Trois minutes plus tard, les quatre appareils rescapés de la seconde vague arrivent à leur tour en finale. Et là, les choses se présentent beaucoup moins bien... Les deux Jaguar qui arrivent en priorité sont ceux de Pacorel et de Charlie. Depuis près d'une demi-heure, le leader veille sur son ailier qui a de plus en plus de mal à garder les yeux ouverts. Il a perdu du sang et sa blessure à la tête le fait horriblement souffrir. L'approche est d'autant plus difficile que la visibilité est encore plus mauvaise qu'au moment du décollage.

– *Je vois pas grand-chose,* se plaint Charlie.

– *Tu t'en fais pas pour ça, tu te contentes de me suivre et je vais t'amener tranquillement en courte finale.*

– *D'accord... Je te suis,* répète Charlie.

Et les instructions arrivent calmement dans les écouteurs de Charlie. La voix est rassurante :

– *Tu sors les volets...*

– *D'accord... Je sors les volets,* répète le pilote blessé.

– *Le train...*

– *D'accord, le train.*

– *Tu as les trois vertes ?*

– *Affirm... Trois vertes...*

– *On arrive en finale. Tu réduis un peu les gaz et tu gardes l'incidence stable.*

– *Roger.*

– Doucement. Contrôle bien...

Comme un véritable ange gardien, Pacorel accompagne son équipier jusqu'au tout dernier moment.

Sur la fréquence de la tour de contrôle, personne n'ose plus dire un mot. L'angoisse est palpable. Chacun a conscience que c'est la vie d'un pilote qui est en train de se jouer.

Les deux Jaguar arrivent en courte finale sur la piste 16. Ils sont en patrouille comme s'ils allaient atterrir ensemble. C'est seulement lorsque l'appareil de Charlie est sur le point de toucher la piste que Pacorel remet les gaz pour lui laisser le champ libre.

– Allez, c'est à toi pour l'atterrissage.

Charlie reste bien dans l'axe et pose son avion presque normalement. Il freine doucement et s'engage sur le taxiway. Au sol, des dizaines d'applaudissements retentissent spontanément. Même les rares Américains présents poussent des cris de victoire et jettent leur casquette en l'air.

Quelques secondes plus tard, Charlie roule en direction des installations, lorsqu'il est victime d'un brutal retour de stress. Toute la tension accumulée pendant le retour s'évacue brutalement... Il ne peut s'empêcher de crier sur la fréquence.

– C'est un miracle, les mecs... Un miracle... Je suis vivant.

Et il éclate en sanglots.

Derrière lui, les trois autres avions atterrissent un à un.

Péniblement, Charlie parvient à rentrer au parking. Il est suivi par deux énormes camions... Les pompiers surveillent la moindre trace d'incendie, mais rien ne se passe. De toutes parts, des militaires se précipitent pour voir cet avion. On pointe du doigt le plexiglas éclaté au niveau de la verrière. C'est impressionnant. Il y a des traces de sang un peu partout.

Le pilote a encore la force de couper ses réacteurs puis s'effondre sur le tableau de bord. Immédiatement, les ambulances entourent le chasseur.

C'est un spectacle hallucinant que les secouristes découvrent alors : Charlie est dans un état d'épuisement total. Son casque est troué de part en part. Sa combinaison de vol est couverte de sang. L'homme semble avoir de grosses difficultés à respirer. Personne ne comprend comment il a réussi à ramener l'avion jusqu'à la base.

On lui injecte un tonicardiaque pour l'aider à tenir le coup. Chacun craint un traumatisme crânien grave qui aura par la suite des conséquences dramatiques. Des mots terribles sont murmurés : paralysie, tétraplégie...

Les médecins ont d'énormes difficultés à l'extraire du cockpit. Il faut d'abord démonter la verrière puis amener un palan avec une civière suspendue. Cela prend beaucoup de temps. Pour les copains qui attendent au pied de l'avion, l'angoisse est très forte. Ils sont terrifiés en voyant leur copain couvert de sang. Tous pensent qu'il a un trou dans le cerveau et restera handicapé à vie.

Ce n'est que bien plus tard que l'on apprendra que ses blessures sont superficielles et qu'il est un véritable miraculé[50] !

Dans les minutes qui suivent son atterrissage, Ivan appelle Sylvie. Comme il s'y attendait, son épouse est terriblement inquiète :

– *Comment ça se passe là-bas ?* demande-t-elle.

– *Oh, tu sais, faut pas t'en faire. C'est plutôt la routine.*

– *Tu as volé aujourd'hui ?*

– *Oui, mais il n'y a rien eu de spécial... On a fait un simple vol de reconnaissance.*

La jeune femme reste un instant silencieuse puis elle reprend.

– *De toutes les façons, je te connais, même si tu avais frôlé la mort, tu ne me le dirais pas*[51] *!*

Quelques jours plus tard lors d'un débriefing général entre alliés, les Américains reconnaissent que les Jaguar français ont accompli un véritable exploit ce 17 janvier. Ils ont attaqué à basse altitude la base irakienne la mieux défendue de la région. Avec honnêteté, certains pilotes yankees avouent qu'ils n'auraient jamais osé faire un raid dans de telles conditions.

---

50. Quelques mois plus tard, Charlie a repris les commandes d'un Mirage 2000.
51. Après ces événements, Ivan Jurys a encore servi plusieurs années comme pilote de chasse. Puis il a quitté l'armée de l'air. Il travaille aujourd'hui comme pilote de Canadair à Marignane.

Trop dangereux !

Les Français apprendront beaucoup de cette première mission sur le Koweït. Il n'y aura plus aucune opération comportant plusieurs patrouilles attaquant selon cette stratégie désastreuse.

Quant aux GPS, ils seront rapidement acquis auprès de boutiques spécialisées en matériel aéronautique. Fixés sommairement sur les tableaux de bord des Jaguar, ils apporteront enfin aux pilotes français la précision de navigation qui leur manquait.

RAID SUR BAALBEK
Qu'il est dur d'être trahi par les siens !

En 1983, François Mitterrand donne l'ordre d'effectuer un raid aérien contre un centre d'entraînement terroriste au Liban : la caserne Cheik Aballah. Cette attaque est menée le 17 novembre par huit chasseurs Super Étendard de la Marine Nationale. Elle déclenche un véritable tollé médiatique ! Mal informés, les commentateurs décrètent que c'est un fiasco. Les pilotes français seraient allés tirer sur des chèvres. La France est ridiculisée. On sait aujourd'hui que les événements ne se sont pas déroulés comme on les a décrits à l'époque. Techniquement, la mission de la Marine Nationale a été une réussite. Malheureusement, les militaires ont été trahis par les politiques.

Récit d'une forfaiture
La situation au Proche-Orient est tendue... C'est surtout au Liban que les choses vont mal. Depuis 1975, le pays est secoué par des luttes intercommunautaires terribles. À cette époque, les Palestiniens représentent 25 % de la population de Beyrouth et c'est principalement contre ces derniers que les différentes milices se battent.

Le gouvernement libanais dispose d'une armée très réduite. Pour se débarrasser de ceux qu'il considère comme des envahisseurs, il choisit d'abord de faire appel au chef d'État syrien. On pense qu'Hafez El Assad est le seul qui pourra rétablir l'ordre. C'est un échec. La Syrie considère le Liban comme une de ses provinces et joue un jeu terriblement ambigu. La guerre civile lui permet d'avancer ses pions au détriment de l'Occident. Loin de chercher à ramener la paix, Hafez El Assad souffle sur les braises et attise les haines entre factions.

Année après année, les tensions montent. C'est en 1982 que la guerre atteint son paroxysme : musulmans, druzes, chrétiens et Palestiniens se battent sans que personne ne sache plus pourquoi. C'est le moment que choisissent les Israéliens pour intervenir. Considérant que les Palestiniens sont devenus une menace sérieuse pour leur sécurité, ils souhaitent les déloger de Beyrouth. Impuissants, les Occidentaux assistent à des événements que personne ne semble maîtriser. Les opinions publiques sont atterrées. Beyrouth est à feu et à sang. Quotidiennement, les journaux télévisés montrent des immeubles éventrés et des voitures calcinées. Personne ne comprend...

La France voudrait reprendre la main. Historiquement, le Liban fait partie de sa zone d'influence. Elle y a toujours joué un rôle majeur. Avec l'aide de plusieurs nations occidentales, elle participe alors à la FMIB : la Force multinationale d'interposition de Beyrouth, dont le but est avant tout d'assurer le départ en sécurité des Palestiniens.

Le 30 août 1982, Yasser Arafat et ses hommes quittent la capitale libanaise. Ils partent pour Tripoli au nord de Beyrouth. Les observateurs pensent que cette stratégie permettra de ramener la paix. Il n'en est rien !

Le 14 septembre, le président libanais Béchir Gemayel est assassiné. Deux jours plus tard, des centaines de Palestiniens sont massacrés dans les camps de Sabra et Chatila. La situation dégénère...

Devant la montée de la violence, les Américains, les Français et les Italiens acceptent de participer à une nouvelle force d'interposition : la FMSB, la Force multinationale de sécurité à

Beyrouth. Le monde espère que ceux que l'on appelle « les soldats de la paix » réussiront à ramener le calme dans la capitale. La tâche est immense : déminage, protection des civils, interposition entre les factions rivales, soins aux blessés, etc.

Tout le monde ne voit pas d'un bon œil la présence des Occidentaux à Beyrouth. Même pour une mission humanitaire. Ils gênent certaines parties en conflit. Au milieu de l'imbroglio, ils empêchent certains groupes religieux extrémistes de s'implanter dans le pays. Ainsi, le Hezbollah d'obédience iranienne ne cache pas son désir d'en découdre. Les soldats de la paix sont rapidement l'objet d'attaques sporadiques. Accrochages. Harcèlements. Au fil des jours, les heurts deviennent plus violents. Devant l'aggravation de la situation, le gouvernement français décide de s'engager plus loin. Il soutient ses troupes au sol en envoyant un groupe aéronaval au Liban.

Le porte-avions *Foch*[1] et une douzaine de bâtiments de guerre viennent croiser devant l'entrée du port de Beyrouth. C'est la *task force* 452 commandée par le contre-amiral Bernard Klotz[2]. À bord du porte-avions[3], il y a un groupe aérien composé de seize Super Étendard[4], de Crusader[5], d'Étendard IVP de reconnaissance[6] et d'Alizé[7]. À cette armada, viennent s'ajouter deux hélicoptères Super Frelon utilisés pour le sauvetage en mer.

Les Américains font de même et envoient sur place un de leurs porte-avions nucléaires, l'*USS-Eisenhower*.

Pour l'Occident, il s'agit avant tout de montrer ses muscles.

Les **21** et **22 septembre 1983**, l'ambassade de France à Beyrouth est bombardée. La résidence des Pins abrite le QG des forces françaises. Il y a des blessés et des morts. Le pire survient le **23 octobre** : au petit matin, un camion piégé conduit

---

1. *Il sera remplacé le 6 octobre par le* Clemenceau.
2. *Héros de Dien Bien Phu, Bernard Klotz a effectué trente-huit missions de guerre au-dessus de la « cuvette » avant d'être abattu et fait prisonnier par le Viet-Cong. Il est un des rescapés du camp numéro 1.*
3. *Le Foch est alors commandé par le capitaine de vaisseau Debray.*
4. *Douze appareils appartiennent à la flottille 17F et quatre sont de la 14F.*
5. *Flottille 12F.*
6. *Flottille 16F.*
7. *Flottille 6F.*

par un kamikaze est lancé contre l'immeuble « Drakkar ». C'est un carnage : cinquante-huit soldats français sont tués dans l'attentat. Au même moment, les Américains sont victimes d'une agression similaire dans leur QG près de l'aéroport. Le bilan est encore plus terrible : deux cent quarante et un Marines trouvent la mort sous les décombres. Derrière cet attentat, on trouve la signature des intégristes du Djihad islamique soutenu par l'Iran. Le message est clair : « *Vous n'avez rien à faire au Liban* »... Les deux principaux suspects sont la Syrie et l'Iran qui souhaitent s'implanter plus profondément dans la région. L'opinion publique française est atterrée par ce massacre. Dès lors, le gouvernement de François Mitterrand va avoir à cœur de montrer qu'il ne cède pas à la menace. Les responsables doivent être châtiés.

Le **24 octobre**, le président de la République se rend sur le porte-avions *Clemenceau*. Dans un discours empreint d'une émotion très médiatisée, il déclare solennellement que « *le crime ne restera pas impuni* ». Dès cet instant, le principe est acquis de faire un geste fort de rétorsion contre un objectif caractéristique au Liban.

Le **7 novembre**, un émissaire arrive de Paris pour rencontrer le contre-amiral Klotz à bord du *Clemenceau*. Il apporte avec lui une liste d'objectifs possibles. Leurs destructions permettraient de montrer la détermination de la France à riposter à l'attentat contre l'immeuble « Drakkar ».

L'amiral Bernard Klotz est lui-même pilote. C'est un héros de la guerre d'Indochine. Il convoque ses commandants de flottille et les officiers d'opérations. Parmi les objectifs proposés, il s'agit de choisir celui qui semble militairement le plus approprié. La décision n'est pas facile car les informations sur ces cibles sont limitées. Elles proviennent essentiellement de deux sources : les Français qui vivent au Liban depuis longtemps et les services de renseignements de la flotte américaine.

Plusieurs objectifs sont possibles :
– l'hôtel Palmyra, où résident les plus hauts responsables du Hezbollah. C'est de loin la cible la plus intéressante car sa destruction porterait un coup sévère aux commanditaires

de l'attentat contre le « Drakkar ». Certains habitent en permanence dans l'hôtel. Malheureusement, le bâtiment est adossé à un hôpital et l'amiral Klotz refuse de prendre le risque de voir une bombe tomber à côté de l'objectif. La France ne peut pas être accusée d'avoir fait des victimes civiles dans un hôpital. Par ailleurs, même si toutes les bombes tombaient sur l'hôtel, une manipulation est toujours possible pour faire croire que l'hôpital a été touché. Le risque est trop grand ;
- le second objectif envisageable est un camp d'entraînement terroriste installé dans les ruines romaines entourant le temple de Bacchus. Bernard Klotz refuse de détruire un site d'une valeur historique et religieuse considérable ;
- le dernier objectif est la caserne Cheik Abdallah. C'est un camp d'entraînement du Hezbollah situé près de Baalbek dans la plaine de la Bekaa.

L'amiral décide que l'attaque portera sur ce dernier objectif. Ce sera l'opération « Brochet ». La caserne présente l'avantage d'être une cible strictement militaire. Du fait de son isolement à l'écart de la ville, la probabilité de faire des victimes civiles est très faible. Par ailleurs, la caserne est de taille importante avec des bâtiments très reconnaissables en vol. Les risques de « mettre à côté »[8] sont minimes. Détail symbolique non négligeable : elle est située dans une zone sous le contrôle des Syriens et dirigée par des instructeurs iraniens. Les terroristes qui se trouvent dans le camp sont pour la plupart des chiites membres du Hezbollah. Leur chef est Hussein Moussaoui. Pour effectuer cette mission, il est décidé de mettre en œuvre huit Super Étendard qui seront divisés en trois patrouilles[9] : les Bleus, les Blancs et les Noirs. Les pilotes désignés seront les suivants :

---

8. *Expression conventionnelle utilisée par les pilotes de l'aéronautique navale pour dire : rater la cible. Le lecteur serait étonné du nombre incroyable d'objectifs qui n'ont pas été identifiés au cours des différentes opérations aériennes. Depuis la Seconde Guerre mondiale, des dizaines de milliers de bombes ont ainsi été larguées au hasard dans la nature.*
9. *L'aéronautique navale utilise le mot « section » pour désigner les patrouilles de deux avions. Le terme patrouille est utilisé pour quatre à six avions. S'il y a plus de six avions, on parle alors de dispositif aérien.*

- capitaine de corvette Hubert Rossignol, chef du dispositif *(Bleu 1)*
- lieutenant de vaisseau Ramon Josa[10] *(Bleu 2)*
- capitaine de corvette Alain Michel[11] *(Blanc 1)*
- capitaine de corvette Philippe de Linarès[12] *(Blanc 2)*
- maître principal Didier Génin *(Blanc 3)*
- lieutenant de vaisseau Treillet *(Blanc 4)*
- lieutenant de vaisseau François Barthes *(Noir 1)*
- major Jean-Noël Kapetanovic *(Noir 2)*.

Pour assurer la protection et le ravitaillement des huit « *strikes* », d'autres avions seront mis en vol :
- deux Crusader qui protégeront les Super Étendard à l'aller et au retour. Mais cette protection aérienne ne se fera pas jusqu'à l'objectif. Elle s'arrêtera à la côte. Une fois en vol au-dessus du territoire libanais, les « *strikes* » devront se débrouiller seuls ;
- un Super Étendard de ravitaillement. Surnommé familièrement « la Nounou », cet avion peut fournir du carburant en vol. Pour des raisons évidentes, « la Nounou » ne sera mise en alerte qu'au moment où les chasseurs rentreront de mission, car c'est à ce moment que leurs réservoirs seront vides ;
- un hélicoptère de sauvetage Super Frelon qui sera chargé de récupérer les pilotes tombés à la mer.

L'armement sera différent suivant les avions.

Les deux Super Étendard de la patrouille des Bleus seront armés de quatre bombes freinées de 400 kilos.

Les quatre avions de la patrouille des Blancs seront chacun armés de six bombes lisses de 250 kilos.

Les deux avions de la patrouille des Noirs seront armés de seulement quatre bombes lisses de 250 kilos mais emporteront un dispositif Phimat[13] de défense électronique. Ce système

---

10. *Ramon Josa est chef du service des opérations de la flottille 17F. Il est un des pilotes de l'aéronavale qui a effectué le plus grand nombre de missions de guerre. Pour cette mission, il sera le remplaçant du chef du dispositif au cas où celui-ci serait abattu.*
11. *Commandant de la flottille 14F.*
12. *Commandant de la flottille 17F.*
13. *Philips/Matra.*

permet de brouiller les radars de certains missiles de fabrication soviétique.

En outre, tous les avions sans exception verront leurs canons armés de deux cent cinquante obus de 30 millimètres.

Équipé d'un réacteur 8K 50 sans postcombustion, le Super Étendard n'est pas un modèle de puissance. Même s'il est théoriquement supersonique, il est beaucoup plus à l'aise dans les basses couches qu'à haute altitude. D'un poids maximum de 12 tonnes au catapultage, l'avion est d'une fiabilité que les pilotes apprécient.

En plus des bombes accrochées sous leurs ailes, les Super Étendard emporteront le plein complet dans leurs réservoirs internes, cela représente[14] 2 500 kilos de kérosène. Dans ces conditions, l'avion dispose d'une autonomie qui approche 1 h 30. C'est peu mais suffisant pour effectuer le raid sur Baalbek. Si tout se passe comme prévu, l'opération devrait durer une cinquantaine de minutes.

La mission s'annonce très dangereuse car le territoire libanais est truffé de batteries de missiles sol-air. Il y a notamment :
- trois sites de SA-8 dans l'est et le sud de Beyrouth. Pour éviter ces défenses importantes, les pilotes pénétreront sur le territoire libanais par le port de Jounieh au nord de la capitale. C'est une zone chrétienne. Ensuite, ils progresseront à très basse altitude à travers le mont Liban jusqu'à la ville de Chmistar qui se trouve à l'entrée de la plaine de la Bekaa ;
- il y a également trois sites de SA-6 dans le sud-ouest de la caserne Cheik Abdallah. Les trajectoires d'attaque et de dégagement seront étudiées afin d'éviter ces secteurs critiques ;
- reste le problème des SA-7... Ces missiles portables par un seul homme sont extrêmement répandus à travers le Liban. Nombreux sont les miliciens qui l'arborent fièrement sur l'épaule. Par définition, ces armes sont mobiles et ne sont pas localisables à l'avance. Malgré leur taille

---

14. 930 km/h.

réduite, elles peuvent abattre un avion de chasse. Quelques semaines plus tôt, un Super Étendard de la flottille 16F a été touché par ce type de missiles. La seule solution pour diminuer les risques reste l'évolution à grande vitesse. Il faut voler à 500 nœuds ou plus quand c'est possible et surtout rester très près du sol ;
– il y a de l'artillerie dans le nord-est de la caserne. Elle est principalement composée de canons de 57 millimètres. On trouve également des ZSU 23/40. Ces canons quadritubes d'une puissance phénoménale sont implantés sur l'aérodrome désaffecté de Baalbek.

Le lecteur l'aura compris, une telle opération n'a rien d'une promenade de santé.

Il existe également des risques que la chasse syrienne intervienne puisque la plaine de la Bekaa est contrôlée par la Syrie. Les Français font leurs calculs. Ils tablent sur le fait que les MiG d'Haffez El Assad sont en alerte à deux minutes[15]… Bien que très peu probable, c'est l'hypothèse la plus dangereuse pour eux. À partir de ce paramètre, ils en déduisent que, dans le pire des cas, les MiG leur tomberont dessus quinze minutes après qu'ils aient été repérés. Il est donc indispensable de faire le transit jusqu'à la cible en se faisant le plus discret possible. Et encore une fois, le meilleur moyen pour passer inaperçu, c'est de voler très bas et très vite…

En fonction de tous ces paramètres, les Français définissent un trajet de moindre vulnérabilité.

Après avoir décollé du porte-avions, les huit Super Étendard partiront au-dessus de la mer avec un cap 160. Ils vont passer au nord de Beyrouth pour survoler la statue du Christ de Jounieh. Puis ils s'engageront dans la vallée en suivant la route de Mukkayyam Sabra au sud du mont Liban. Les avions voleront à plus de 1 000 kilomètres à l'heure au ras du sol. Ce ne sera pas facile car il y a de nombreux obstacles dans les vallées.

---

15. *C'est le taux d'alerte le plus rapide : un avion de chasse peut décoller deux minutes après en avoir reçu l'ordre. Cela suppose que le pilote soit en permanence dans son avion au point d'attente près de la piste. En France, les alertes normales en temps de paix (police du ciel) sont à six minutes.*

Ensuite, ils déboucheront dans la plaine de la Bekaa. Ce sera le moment de se scinder en deux formations bien distinctes. En effet, pour l'attaque de la caserne, il est prévu que les bombes freinées soient larguées quelques secondes avant le largage des bombes lisses. Cette tactique a pour but de concentrer un maximum de charges explosives sur l'objectif en un minimum de temps. La technique utilisée pour la séparation sera la suivante : une minute et vingt secondes avant l'heure estimée du tir, la patrouille armée en bombes lisses virera légèrement sur la droite de façon à se retarder de quelques secondes. Cela lui permettra d'arriver sur un axe différent de 60 degrés par rapport aux autres équipiers. Le temps sera donc réduit au minimum entre la chute des bombes freinées et celle des bombes lisses. L'idéal est évidemment que les bombes arrivent toutes ensemble sur l'objectif.

Pour les pilotes, il reste une difficulté : identifier la caserne avec certitude. Il n'est pas facile d'arriver sur une cible à plus de 1 000 kilomètres à l'heure en étant certain que c'est la bonne. Pour cela, les différents services de renseignements fournissent quelques documents mais ils sont des plus sommaires :

- deux photos aériennes montrent les bâtiments à bombarder. L'une a été prise à la verticale de la caserne à une altitude de 8 000 mètres. L'autre a été réalisée sous un angle oblique à une hauteur d'environ 1 000 mètres. Les deux photos ont été obtenues par deux F-14 américains. Du fait de l'altitude, on n'aperçoit pas beaucoup de détails ;
- les Français reçoivent également un croquis tracé à la main par un observateur local. C'est une esquisse plutôt artistique sur laquelle on peut reconnaître le mur d'enceinte du camp et les collines alentour ;
- parmi les documents fournis on trouve également un guide touristique des ruines romaines de Baalbek. On y voit des colonnes de pierres et des temples qui sont parmi les plus prestigieux du monde. À l'intérieur de ce dépliant, on trouve quelques photos de qualité médiocre et un plan de la région d'une précision très approximative.

On peut s'étonner qu'un raid d'une telle importance ait été préparé à l'aide de documents aussi approximatifs, mais ce sont les seuls éléments dont la Marine dispose.

En réalité, cet état de fait révèle deux choses :
- les services de renseignements de l'époque manquent cruellement d'informations fiables. La France n'a pas de réels moyens d'obtenir des reproductions photographiques dignes de ce nom car elle ne dispose pas de satellite espion. Quant aux satellites américains, ils n'ont pas encore la précision phénoménale des KH 11[16] que nous connaissons aujourd'hui ;
- les pilotes de l'aéronautique navale sont des professionnels qui savent s'adapter à toutes les circonstances. Malgré la faiblesse de la documentation, ils sauront se débrouiller pour être efficaces.

Une fois l'attaque terminée, les huit avions se sépareront. C'est la meilleure solution pour être moins vulnérables. Le retour se fera par le nord en suivant des routes prédéfinies.

Le lendemain 8 novembre, tout le dispositif est prêt à attaquer comme il l'a été demandé. Les avions sont armés et les pilotes n'attendent que l'ordre de Paris pour foncer vers leurs machines de guerre. Cet ordre n'arrive pas !

Pour des raisons inconnues, l'Élysée a décidé de repousser l'opération « Brochet » à une date ultérieure. Les pilotes reprennent alors les vols de routine en insistant tout particulièrement sur l'entraînement au bombardement sur des cibles remorquées par le porte-avions. Ils s'appliquent également à faire des vols d'écoute afin de repérer les fréquences radio VHF utilisées au-dessus du Liban. Elles sont très nombreuses y compris, et c'est inhabituel, pour des liaisons entre deux interlocuteurs au sol[17].

Afin que les pilotes puissent être en possession de tous leurs moyens, l'amiral Klotz leur donne « liberté de cambuse ». Cela

---

16. Satellites américains de la classe des « Key Hole » (trou de serrure) dont la résolution photographique est de l'ordre de quelques dizaines de centimètres.
17. Les liaisons VHF ayant une portée dite « optique », les Libanais les utilisent principalement en montagne pour communiquer avec la plaine.

signifie qu'il n'y a pas de limites pour les entraînements. Ils peuvent voler aussi bas qu'ils le souhaitent et dans toutes les conditions. Cela donne lieu à quelques vols particulièrement sympathiques. Ainsi, Kapenatovic et Génin sont un jour en vol en TTBA[18] au-dessus de la mer. Ils ont pour missions de rechercher des cargos susceptibles de transporter des armes. Volant à une vitesse proche de 600 nœuds[19], ils foncent vers la côte au nord de Beyrouth. Ce jour-là, on ne voit pas grand-chose car la raffinerie du port de Tripoli est en flammes. L'incendie dégage un épais nuage noir qui se répand loin sur la mer. En voulant éviter la fumée, les deux Super Étendard survolent involontairement le port dans lequel Yasser Arafat s'est réfugié temporairement. Le tonnerre des deux chasseurs surprend tous les combattants. C'est la panique au sol. Chacun pense qu'on vient les bombarder.

Quelques heures plus tard, la radio libanaise annonce que deux F-16 israéliens ont survolé Tripoli avec des intentions belliqueuses !

À mesure que les jours passent, les entraînements se poursuivent jusqu'à devenir routiniers. Chacun pense que l'opération a été annulée. Peut-être n'y aura-t-il pas de représailles ?

On se trompe.

Le **16 novembre** le porte-avions *Clemenceau* doit se rendre à Larnaka afin de procéder au ravitaillement en carburant et à une relève de personnel. Il est **20 heures** lorsque l'ordre arrive de Paris : l'opération « Brochet » doit être exécutée dans les plus brefs délais...

Mais il y a un changement par rapport à ce qui était prévu initialement. La France n'est plus seule ! Ronald Reagan et François Mitterrand se sont mis d'accord pour que les deux nations effectuent une opération commune contre le Hezbollah.

L'amiral Klotz reçoit l'ordre de prendre contact avec l'amiral Tuttle qui commande le groupe aéronaval américain. Les deux

---

18. *Très très basse altitude.*
19. *Plus de 1 100 km/h.*

hommes doivent étudier ensemble les modalités pour coordonner deux raids simultanés. Nombreux sont ceux qui se réjouissent de voir la « Royal » et l'US Navy travailler main dans la main afin de rendre la monnaie de leur pièce aux terroristes qui ont tué deux cent quatre-vingt-dix-neuf de leurs soldats.

Vers 21 heures, l'amiral Bernard Klotz se rend sur le porte-avions *Eisenhower* pour discuter avec son homologue américain. C'est la rencontre de deux grands hommes qui s'estiment et se respectent infiniment. Même si Tuttle s'exprime avec un accent texan particulièrement difficile à comprendre, le courant passe immédiatement entre les deux amiraux. En fin de soirée, ils se sont mis d'accord sur les points suivants :

- l'attaque aura lieu le lendemain à 8 heures ;
- les Français attaqueront la caserne Cheikh Abdallah avec huit Super Étendard ;
- les Américains attaqueront trois autres objectifs : ce sont des camps de terroristes situés dans la plaine de la Bekaa. Le dispositif comportera huit avions : quatre Corsair A7 et quatre Grumman A6 Intruder ;
- les attaques des Français et des Américains seront simultanées. Ce sera le meilleur moyen de marquer les esprits et de montrer la détermination des deux nations ;
- le transit des avions Français se fera à basse altitude, celui des Américains à moyenne altitude ;
- les Américains se chargeront de la protection électronique et du brouillage radar des sites. Pour cela, ils mettront en œuvre deux avions Prowler EA-6B. Ils se chargeront également de la protection aérienne des « *strikes* » avec quatre F-14 Tomcat ;
- au cas où un pilote serait obligé de s'éjecter, l'US Navy mettra en œuvre un dispositif chargé de sa protection et de sa récupération. Comme toujours, les Américains ne font pas dans la demi-mesure : pour cette mission, il y aura deux avions A7, un hélicoptère Chinook, deux hélicoptères d'attaque Cobra, un CH 46 et un avion de surveillance radar E2C.

À minuit et demi, lorsque l'amiral Klotz quitte le porte-avions *Eisenhower*, il est pleinement satisfait de l'accord qu'il vient de conclure avec Tuttle. L'opération prévue pour le lendemain tient la route. Les Américains mettent le paquet. Avec un tel dispositif, la mission sera moins périlleuse pour les deux parties et les risques de perdre des pilotes sont réduits. En outre, l'alliance ouvertement affichée entre les Français et les Américains représentera un signal fort pour les agresseurs.

Après avoir raccompagné l'amiral Klotz jusqu'à son hélicoptère, Tuttle confie à un de ses subordonnées qu'il apprécie grandement la présence des Français dans cette opération. Il est persuadé que les risques sont très importants pour les deux parties. Deux semaines plus tard, les événements montreront à quel point l'Américain voyait juste.

L'amiral Tuttle n'a plus besoin que d'une chose : la confirmation définitive de Washington pour lancer ses avions à l'assaut. Vers 3 heures du matin, il reçoit un message de confirmation l'informant qu'il doit se préparer pour un raid conjoint avec les Français mais il y a une étrange restriction : le message se termine par la mention : *« Confirmation définitive de cet ordre vous sera donnée en temps utile. »*

Pour les pilotes français, c'est une grande satisfaction d'apprendre qu'ils vont mener une attaque simultanée avec les Américains. Tous connaissent l'efficacité et la puissance de leur allié. Malgré tout, la nuit est pénible. Les hommes sont courageux mais peu expérimentés. À l'exception de Ramon Josa, qui a déjà effectué un engagement aérien contre deux MiG dans le golfe d'Aden[20], aucun n'a jamais subi l'épreuve du feu. Beaucoup dorment peu. Les pensées se bousculent dans les têtes : on réfléchit à la valeur de la vie, à la guerre, à la mort. Le capitaine de corvette de Linares a des difficultés à définir ce qu'il ressent réellement. Ce n'est pas vraiment de la peur, plutôt une sorte de trac de participer à une opération aussi importante. Pour la première fois, ce ne sera pas un exercice. Ils vont utiliser leurs armes dans des conditions réelles. Ce sera

---

20. Voir dans cet ouvrage « *Crusader contre MiG 21* ».

une épreuve pour les hommes aussi bien que pour l'aéronautique navale car l'opération « Brochet » est la plus importante engagée depuis la guerre d'Algérie. Les politiques ont parlé d'un raid de rétorsion ! En 1983, l'expression n'est pas vraiment à la mode. On est en pleine guerre froide et les gouvernements se contentent généralement d'intimider l'adversaire sans jamais passer à l'action.

Demain, tout sera différent !

Le lendemain **17 novembre 1983** c'est le jour « J ». Les avions sont prêts à 6 heures du matin… Tout se présente normalement. L'attaque a été prévue à 8 heures. C'est l'heure parfaite pour attaquer, car l'effet de surprise jouera au maximum. En effet, au Liban, on arrête systématiquement de se battre à 5 heures du matin et on ne reprend jamais les combats avant 10 heures. C'est une coutume locale qui permet à tous les combattants de dormir. Pour les Occidentaux, c'est donc le moment idéal pour attaquer.

Malheureusement, à 8 heures du matin, l'amiral Tuttle n'a toujours pas reçu la confirmation officielle annoncée par Washington. Tout laisse à penser qu'elle va arriver d'un moment à l'autre. Mais rien ne vient.

Pour montrer leur bonne volonté (et faire patienter les Français), les Américains transmettent de nouveaux renseignements… Ce sont des photos satellites qui montrent plusieurs endroits stratégiques au nord de Beyrouth. On peut y remarquer qu'il n'y a aucune batterie de missiles SA-8 sur le mont Liban. C'est une bonne nouvelle car c'est un point de passage quasi obligé pour les « *strikes* ».

Autre bonne nouvelle, il n'y pas non plus de missiles dans la région de Boudaï…

En revanche, il y a une batterie de SA-9 juste au sud de la caserne Cheikh Abdallah. Il faudra donc éviter impérativement cette zone.

À 10 h 30, les Américains et les Français passent en « alerte à trente minutes ». Cette procédure permet aux avions de décoller en moins d'une demi-heure. Les pilotes sont en combinaisons de vol, ils ont enfilé leur anti-g et attendent en salle d'alerte. Tous connaissent par cœur le moindre détail de leur mission. Sur le pont d'envol, c'est l'effervescence. Les armuriers et les mécaniciens peaufinent les derniers réglages des avions. Chacun sait maintenant que le lancement du raid est incessant.

Mais à mesure que les heures passent, l'atmosphère s'alourdit... Quelque chose ne va pas. Les Américains attendent toujours la confirmation de Washington. À midi, l'amiral Tuttle n'a toujours rien. Il tente d'accélérer les choses : coups de téléphone, contacts radio, télex, messages codés.

Malgré tous ses efforts, l'ordre ne viendra jamais...

À 14 h 50, sur le *Clemenceau*, l'amiral Klotz reçoit l'ordre « *d'exécuter le raid uniquement dans un cadre national* »... Autrement dit : la France est de nouveau seule. Les Américains viennent de déclarer forfait. Que s'est-il passé depuis la veille pour que la Maison Blanche change d'avis aussi radicalement ? Les conseillers de Ronald Reagan ont-ils donné un avis défavorable ? Le président a-t-il cédé à des pressions ? Ce n'est que plusieurs mois plus tard que l'on connaîtra les véritables raisons de ce lâchage imprévu.

Un peu amer, l'amiral Klotz prend contact avec l'amiral Tuttle pour l'informer que les Français y vont seuls. L'Américain a alors un geste remarquable. De sa propre initiative, il fait mettre en vol deux avions de guerre électronique. Ce sont des Prowler E6-EB capables de détecter des tirs de missiles SA-6 et de brouiller les radars.

Officiellement, il s'agit de faire un exercice de routine en bordure des côtes libanaises. En réalité, c'est un soutien discret apporté aux Français. Ces appareils sophistiqués resteront en soutien éloigné au-dessus de la mer pour alerter les Super Étendard si on leur tire dessus.

Grand seigneur, Tuttle fait également mettre en vol des hélicoptères de sauvetage afin de porter secours à un pilote français qui serait abattu. On ne peut que rendre hommage à cet homme courageux. Son geste est d'autant plus remarquable que, dans les couloirs de Washington, chacun se dégonfle.

Dernières mises au point techniques : les Prowler américains seront en vol entre 16 h 15 et 16 h 25. En conséquence, l'amiral

Klotz fait avancer l'heure de l'attaque. Elle devra se faire à 16 h 20 précises.

Dans les rangs français, chacun se demande évidemment pourquoi les Américains ont changé d'avis. Les mots sont parfois durs : on parle de dégonflés, de lâcheurs. Ce que ne savent pas les pilotes, c'est que les Américains n'y sont pour rien. S'il y a bien un responsable, il n'habite pas au pays de l'oncle Sam...

En fait, dans le courant de la matinée, un haut fonctionnaire du Quai d'Orsay a téléphoné à Hussein Yatim, numéro deux du parti chiite Amal. Le terroriste est un des membres les plus influents du bureau politique du parti pro-iranien. Le haut fonctionnaire s'appelle Francis Gutmann[21]. Il est secrétaire général du ministère des Relations extérieures[22]. L'objet du coup de fil peut se résumer en quelques mots : La France s'apprête à lancer un raid aérien contre un objectif à Baalbek. Cette attaque aura lieu dans le courant de l'après-midi...

On imagine aisément que sitôt la communication téléphonique terminée, Hussein Yatim se précipite sur son téléphone pour informer ses camarades chiites à Baalbek. En quelques minutes, tous les responsables du Hezbollah sont au courant de ce qui va arriver.

Ce coup de téléphone incroyable en provenance d'un membre du Quai d'Orsay a deux conséquences capitales :
- la caserne de Baalbek est vidée, non seulement de ses occupants mais de tout l'armement qui s'y trouve. Ce sont des bâtiments entièrement déserts qui vont être attaqués. Les terroristes qui ont assassiné cinquante-huit soldats français ne risquent plus rien. Les « renseignements » aimablement fournis par ce proche de Claude Cheysson[23] sont d'une très grande précision puisque l'hôtel Palmyra et le camp d'entraînement situé dans les ruines de Bacchus

---

21. À la suite de ce coup de fil, Hussein Yatim appelle immédiatement un correspondant à Baalbek afin de l'avertir de l'imminence de l'attaque. Cette conversation est interceptée par les services d'écoute de l'armée libanaise qui la confirmeront ultérieurement à l'amiral Klotz par l'intermédiaire du général libanais Tanous. Pour répondre à ses accusateurs, F. Gutmann a déclaré : « Je n'ai jamais passé ce coup de téléphone, si je l'avais fait, je serais non seulement un salaud mais aussi un traître. »
22. Aujourd'hui ministère des Affaires étrangères.
23. Ministre des Relations extérieures de l'époque.

sont également vidés. Rappelons que ce sont les deux autres cibles qui avaient été proposées à la Marine ;
— la seconde conséquence est beaucoup plus grave pour les pilotes qui vont mener le raid... Dans la plaine de la Bekaa, l'information se répand comme une traînée de poudre. Du coup, les batteries de missiles sont préparées et les servants des DCA attendent les Français de pied ferme. Pour une attaque surprise, c'est raté !

Il y a une troisième conséquence à ce coup de fil inqualifiable. Même s'il n'existe aucune preuve, on peut raisonnablement se demander s'il n'est pas à l'origine du lâchage des Américains. Ces derniers ont de grandes oreilles partout au Liban. Leur système d'écoute est le plus perfectionné du monde. Quelques minutes après le coup de téléphone de Gutmann, la Maison Blanche est prévenue et Reagan annule instantanément sa collaboration avec les Français. Comment pourraient-ils envoyer ses pilotes attaquer une position du Hezbollah alors même que les terroristes les attendent? Peut-on reprocher au président américain de ne pas vouloir se compromettre avec un allié qui joue un jeu aussi trouble ?

On invoquera les subtilités de la diplomatie française, l'ambiguïté du jeu oriental ou la guerre secrète entre les services... Tout cela ne tient pas. De ce marécage politico-diplomatique n'émerge qu'un seul point : la France envoie ses hommes au combat pour venger ses morts et, pendant ce temps-là, dans un bureau capitonné, un fonctionnaire lâche délibérément une information qui les envoie au casse-pipe. Certains appelleront cela la raison d'État... En réalité le mot « trahison » semble plus approprié.

Peut-on imaginer que ce proche du ministre ait agi de sa propre initiative ?

Il est maintenant 15 heures... Les pilotes sont en salle d'alerte. Tous leurs équipements de vol sont à portée de main : le casque, le masque à oxygène, les gants et les cartes de navigation. Les « Mae West »[24] sont ajustés autour du cou. Tout y

---

24. *Gilets de sauvetage.*

est : miroir de survie, poudre anti-requin, fusées de détresse et pistolet Mac 50, l'arme individuelle du pilote de chasse en opération. Ramon Josa se souvient que l'ambiance n'est pas comme d'habitude ce jour-là. Les hommes ne parlent pas. Ils se concentrent sur la mission. Ils attendent l'ordre du « chef aviation » qui va retentir dans les haut-parleurs d'une minute à l'autre. Ce sera « équipage aux appareils ». Et ils partiront !

Aucun des huit hommes n'est encore au courant de la défection des Américains.

Vers 15 h 05 la porte s'ouvre. C'est l'amiral Klotz. Il est suivi du capitaine de vaisseau Tripier, « le Pacha » du *Clemenceau*. Dans un même mouvement, tous les pilotes se lèvent. Le chef a le visage grave et chacun devine que les nouvelles sont importantes.

– *Messieurs, les paramètres de cette mission sont quelque peu modifiés...*

Tout le monde est suspendu aux lèvres du chef. Les cœurs battent plus fort. On cherche à deviner ce qui va suivre.

Après un temps de silence, Bernard Klotz rajoute :

– *Vous allez effectuer la mission la plus difficile que des pilotes de l'aéronautique navale aient eue à faire depuis la dernière guerre.*

Chacun frémit. L'homme qui se trouve devant eux n'est pas n'importe qui. Ce n'est pas un bureaucrate. C'est un des leurs... Un guerrier qui a effectué trente-huit missions au-dessus de Dien Bien Phu. Il y a été abattu. Il a été fait prisonnier et enfermé dans le camp numéro 1, l'un des plus terribles du Vietnam. Et cet homme leur annonce qu'ils partent pour une mission encore plus difficile que ce qu'il a vécu !!! L'amiral poursuit.

– *Les Américains ne viennent pas. Vous serez seuls...*

La nouvelle est accueillie dans un silence impressionnant. Personne ne fait la moindre remarque. De toutes les façons, cela ne change rien. Ils vont y aller.

Le visage grave, l'amiral prodigue quelques conseils que chacun écoute avec une attention particulière :

– *Ne faites qu'un passage sur l'objectif. Un seul... le second est toujours catastrophique.*

Avant de quitter la pièce, l'amiral prononce des mots d'encouragement très forts :

– Messieurs, j'ai totalement confiance en vous et en vos compétences. Je vous certifie qu'à cet instant, je n'ai qu'un regret, c'est de ne pas pouvoir partir avec vous…

15 h 15… L'amiral vient de quitter la salle d'alerte. C'est de nouveau l'attente. Les minutes passent…

Hubert Rossignol se lève un instant de son fauteuil pour se rendre à l'office. D'un geste machinal, il saisit un morceau de sucre sur le comptoir et le croque lentement. Le capitaine de corvette De Linares ne peut s'empêcher de sourire… Son leader fait toujours ça avant de partir en vol. Étrange habitude. C'est rassurant de le voir aussi calme…

De Linares n'a pas beaucoup d'expérience sur Super Étendard et il se pose beaucoup de questions sur le déroulement de cette mission. Va-t-il être à la hauteur ? Il n'a jamais tiré de bombes de 250 kilos autrement que dans un simulateur. Tout le monde lui dit que ce n'est pas vraiment grave : ce type d'entraînement est tellement au point qu'il n'y a aucune différence avec la réalité. Une chose l'inquiète pourtant plus que tout : les renseignements qui leur ont été fournis sont-ils réellement fiables ? L'appréciation des défenses de la caserne semble un peu vague. Aucune étude sérieuse n'a été faite sur les sites à bombarder. Les pilotes ne savent rien de l'efficacité des armes ou de la motivation de l'adversaire. C'est un peu léger pour se lancer dans une telle opération.

Quoi qu'il en soit, il y va !

À 15 h 20, l'ordre attendu retentit enfin dans les haut-parleurs…

– Équipages aux appareils !

Aussitôt, les huit hommes montent au bureau de piste. Ils signent la « formule »[25] et partent vers leurs machines. Lorsqu'ils débouchent sur le pont d'envol, il y règne une ambiance inhabituelle. Tout semble en ébullition. Chaque

---

25. *Terme spécifique à la marine. Les pilotes de l'armée de l'air disent la « Forme 11 ». C'est le document qui attribue un avion au pilote.*

pilote se dirige vers son avion. Ramon Josa a le Super Étendard numéro 05. Avant de monter à l'échelle, il en fait le tour pour effectuer une visite prévol. Ses gestes sont précis et tout va très vite. Les quatre bombes sont bien accrochées, les sécurités largables sont bien reliées à l'avion. Ce sont des engins de 400 kilos équipés du combiné Matra pour le freinage. Cela correspond à ce qui était prévu au briefing.

Un à un les pilotes montent dans leur cockpit. Le compte à rebours commence. Les réflexes fonctionnent comme s'il s'agissait d'une mission banale :

Connecter la combinaison anti-g sur la console...
Enfiler le harnais et serrer fermement...
Mettre le casque et le masque...
Vérifier le débit de l'oxygène...
Aligner la centrale inertielle[26]...

Il n'y a pas beaucoup de place dans le poste de pilotage du Super Étendard et pourtant chacun s'y sent bien. Les pilotes font corps avec cette chose de métal sur laquelle certains ont effectué des centaines d'heures. Le compte à rebours se poursuit. Vérification des fréquences...

Chacun entend maintenant sa propre respiration dans les écouteurs. On pourrait presque deviner les battements du cœur en fond sonore !

Il faut surtout se concentrer sur les paramètres de la mission. Dans la tête, les pensées se bousculent. Elles sont parfois effrayantes : ils sont huit pilotes en train de se préparer. Combien seront-ils à l'appontage tout à l'heure ? Lesquels ne reviendront pas ? Et puis, on se pose des questions... Pourquoi les Américains ont-ils renoncé brusquement ? Quelque part, on leur en veut de s'être défilés.

Le « chef avia » annonce :
– *Mise en route des réacteurs...*

---

26. *Une centrale inertielle est un instrument de navigation particulièrement sophistiqué. Elle fonctionne à l'aide de gyroscopes extrêmement sensibles. Lors de la mise en route, il est indispensable d'attendre un certain temps pour que toutes les coordonnées géographiques soient correctement intégrées dans l'instrument. C'est ce qu'on appelle « l'alignement ». Une centrale mal alignée ne donnera pas d'indications fiables.*

Une à une, les verrières se ferment. Le « chien jaune »[27] placé devant chacun des avions pointe son index vers le pilote. Il lève son bras droit à la verticale. Puis, d'un mouvement circulaire de l'index droit, il donne l'ordre de mise en route.

Quelques minutes plus tard, lorsque les pilotes ont terminé leurs vérifications, ils baissent leurs volets[28]. Pour le « chef aviation » qui dirige les opérations sur le pont, c'est le signal convenu que l'appareil est prêt. Un porte-avions fonctionne comme une gigantesque horloge. Les gestes de chaque membre d'équipage sont réglés à la seconde près. Tout est organisé avec un seul but : faire voler les avions avec un maximum d'efficacité.

Tous les Super Étendard ont maintenant leurs volets baissés sauf le numéro 32 qui n'a d'ailleurs pas encore mis en route. C'est le capitaine de corvette Alain Michel qui est aux commandes. Ça se passe mal ! Sa centrale inertielle refuse de s'aligner. Pour lui, c'est une catastrophe. En temps normal, lorsqu'il a une panne, Alain Michel a déjà horreur de redescendre de son avion mais, aujourd'hui, il s'y refuse catégoriquement. Il est le commandant de la flottille 14F et cette mission, il veut la faire... Dans son cockpit, il peste comme un diable.

– *Bon Dieu, cette putain de centrale va s'aligner oui ou non !!!*

Comme rien ne vient, il appelle un mécanicien pour qu'on lui change l'instrument à toute vitesse. Autour de l'avion, les types se démènent mais il est trop tard. Bien que la permutation ne prenne pas beaucoup de temps[29], ce serait encore trop long. La mission serait compromise. Il faut à tout prix que l'alignement se fasse ! Les secondes passent. Puis les minutes...

Sur le pont, on commence à s'impatienter. Tous les pilotes sont prêts à l'exception de Michel qui croit devenir fou. Dans quelques secondes, le personnel au sol va recevoir l'ordre de dégager le pont et son appareil est toujours indisponible... Les mécaniciens s'affairent. Rien ne s'arrange.

---

27. *Sur un porte-avions, les hommes d'équipage sont habillés avec des couleurs différentes suivant leur fonction. Les « chiens jaunes » ont un rôle capital sur le pont. Pour mieux être vus, ils portent un polo et un casque jaune. Le pantalon est bleu.*
28. *Pour les Crusader, le signal consiste à lever la voilure à l'incidence de décollage.*
29. *Dassault a conçu le Super Étendard de telle sorte que la centrale inertielle puisse être changée rapidement. L'instrument est situé dans le nez de l'avion.*

Le visage tendu, un premier maître monte à l'échelle pour parler au pilote. Il doit hurler pour couvrir le hurlement des réacteurs :

– *Désolé... Vous pouvez pas y aller commandant. L'avion est indisponible.*

Mais Michel ne l'entend pas de cette oreille. Il s'emporte.

– *Fais pas chier... Je vais faire partie de ce « strike ». Débrouille-toi pour que ça marche.*

– *Mais... Commandant.*

– *Y'a pas de mais. Débrouille-toi.*

Au sol, ça discute ferme. À la passerelle aviation, le capitaine de frégate Baud ne semble pas du tout d'accord. On le surnomme « Vieux Beau ». C'est lui le chef aviation et il ne doit pas laisser partir un avion qui ne s'est pas signalé « dispo » par la sortie des volets. Il doit le dégager vers le parking avant pour le mettre en dehors du circuit de départ...

Michel fait semblant de ne rien voir. Il a mis son réacteur en route et s'est avancé jusqu'au pied de l'îlot[30]. Sa centrale n'est toujours pas alignée mais il a décidé d'y aller malgré tout... Son décollage est prévu en troisième position.

Sur la passerelle aviation, le ton monte sérieusement... Il y a ceux qui veulent empêcher l'avion de partir et les autres comme De Basquiat qui plaident la cause du pilote.

Michel grimace et appelle Avia.

– *Ça va baigner... Encore une minute...*

En fait, il n'en sait rien, mais il est résolu à effectuer cette mission quelles que soient les conséquences. Il est commandant de flottille. C'est un type solide qui prend ses responsabilités. Il abaisse donc ses volets signifiant que son avion est prêt à être catapulté.

Immense soupir de soulagement à la passerelle !

Michel n'est pas le seul à avoir des problèmes... Dans son cockpit, le capitaine de corvette De Linares vient lui aussi d'avoir une mauvaise surprise. Techniquement, c'est un peu

---

30. Sur un porte-avions, l'îlot comprend toutes les superstructures qui se trouvent au-dessus du pont d'envol. La passerelle notamment se trouve dans l'îlot.

moins grave, mais c'est tout de même gênant. Le pilote a mis son réacteur en route, il a fermé sa verrière et a commencé à rouler pour se rapprocher de la catapulte. Ce faisant, il s'est trouvé face au soleil et a remarqué que sa glace frontale était sale. Tout du moins, elle ne semble pas avoir la transparence indispensable pour effectuer ce type de vol. De Linares fait donc ce qu'il doit faire dans ce cas-là : tout en roulant, il actionne la pompe à alcool permettant de nettoyer son pare-brise. Malheureusement, les gicleurs ne projettent que quelques gouttes de liquide blanchâtre qui viennent tacher encore davantage la vitre blindée...

Sur le coup, De Linares pique une véritable colère contre « tous les mécaniciens de la terre entière »[31].

– *Ah les cons !!! les cons !!!*

De rage, il ne peut s'empêcher de donner un violent coup de poing sur son manche. Il est trop tard pour faire nettoyer la glace à ma main.

Le réacteur tourne et personne ne peut plus monter sur le nez de l'avion. Quant à rajouter « de l'eau dans le lave-glace », il ne faut pas y songer.

De Linares s'avance donc vers la catapulte en espérant ne pas être trop gêné par ce handicap imprévu. L'attaque se fera face à l'est, le soleil dans le dos. Avec un peu de chance, il pourra distinguer correctement l'objectif.

À 15 h 50, le premier Super Étendard est catapulté du pont d'envol. C'est Hubert Rossignol, le leader, qui part le premier. Une fois en l'air, il se met en virage à droite pour permettre à ses équipiers de le rattraper. Quelques secondes plus tard, Ramon Josa est en vol à son tour. Il vient se positionner en échelon à la droite de Rossignol. Placé à l'intérieur du virage, il aperçoit le casque de son leader quelques mètres au-dessus de lui. Instinctivement, celui-ci tourne la tête pour surveiller le rassemblement des autres avions. Il avouera plus tard qu'à cet instant il est extrêmement tendu.

Puis il tourne les yeux en direction de Josa.

---

31. *Expression réellement utilisée par De Linares ce jour-là.*

À travers les visières de leur casque, les hommes ne voient pas leur visage, pourtant chacun sait que l'autre le regarde. Alors, Josa lève énergiquement le pouce vers le haut en signe de victoire. Le geste est un peu puéril, mais il rassure les deux pilotes. Ils savent qu'ils se tiennent les coudes...

Pendant ce temps-là, Alain Michel commence à rouler vers la catapulte. Sa centrale n'est toujours pas alignée, mais il n'en a que faire. Il se débrouillera... Il s'arrête dans les marques. Les extrémités de l'élingue[32] sont accrochées à l'avion. Le sabot de la catapulte est en place.

Comme c'est la procédure, Michel met alors pleins gaz. Il vérifie les paramètres. Et c'est à cet instant qu'il se rend compte qu'il a un problème supplémentaire : les lampes de transfert carburant restent allumées. Elles devraient être éteintes. Il y a des jours comme ça !

– *Et merde. On verra plus tard !!!*

Michel porte la main à son casque pour saluer. C'est le signal pour faire comprendre aux mécaniciens qu'il est prêt. Le « chien jaune » abaisse alors son drapeau jusqu'à toucher le pont. Aussitôt, dans son poste de contrôle, le mécanicien « bateau » appuie sur le bouton qui libère de la catapulte.

À cet instant, c'est comme si Michel était assis sur un obus ! Propulsées par l'énorme pression de la vapeur, les 12 tonnes du Super Étendard passent de 0 à 290 kilomètres à l'heure en moins de cinq secondes. Aucune Formule 1 n'atteindra jamais cette performance !

Il est en vol...

Quelques minutes plus tard, tous les avions ont pris l'air et les trois patrouilles sont formées. Radars éteints pour ne pas être repérés... Silence radio... Personne ne parle. La manœuvre de rassemblement se déroule parfaitement.

Contrairement à ce qu'Alain Michel espérait, sa centrale inertielle n'est toujours pas alignée. Tant pis, il suivra Josa comme son ombre.

---

32. *Contrairement aux avions américains, les Super Étendard français sont catapultés au moyen d'un câble (l'élingue). À chaque catapultage, ce câble est perdu puisqu'il est projeté en mer devant la proue du porte-avions.*

Au moment où les huit Super Étendard prennent leur cap, ils sont survolés par deux Tomcat de l'US Navy. Les gros chasseurs à géométrie variable battent des ailes en signe d'amitié. Ils restent un moment à une distance respectable puis ils se rapprochent comme pour encourager les Français. Par ce geste, les pilotes américains tiennent à montrer leur solidarité avec leurs collègues. De toute évidence, ils regrettent de ne pas être de la partie.

Au bout de quelques minutes de route commune, les deux monstres partent en break à gauche pour rejoindre l'*USS-Eisenhower*.

15 h 59... Les pilotes ont été presque trop rapides pour se mettre en place en patrouille. Tout le dispositif a pris cinq minutes d'avance sur l'horaire prévu. C'est ennuyeux car l'attaque doit se faire impérativement pendant la période où le Prowler américain sera en activité. Les Américains ont prévenu qu'ils brouilleraient les radars ennemis pendant dix minutes. Pas une de plus ! Il faut donc être sur place exactement à l'heure prévue.

Hubert Rossignol, le leader, refait ses calculs et comprend qu'il est en avance. Il va donc s'appliquer à perdre un peu de temps. Pour cela il réduit la vitesse et diminue son cap vers le nord. Au lieu de partir directement vers Jounieh, il va suivre une route sensiblement parallèle à la côte sur une distance de 70 kilomètres. D'une part, cela permettra de tromper les observateurs éventuels. D'autre part, cela évitera de survoler un navire de guerre soviétique de type *Krivak* qui rôde dans le secteur. Comme par hasard, celui-ci est venu se positionner exactement dans le sillage du *Clemenceau*. Au moment du catapultage des chasseurs, le navire espion se trouve exactement à mi-distance entre le porte-avions et le port de Jounieh.

Il est évident que les « Rouges » sont déjà au courant de ce qui se prépare. Comme les Américains, ils ont un service de renseignements qui fonctionne bien. Surtout au Liban.

La manœuvre de retardement d'Hubert Rossignol est parfaitement exécutée. Le problème, c'est que, du fait des consignes de silence radio, il n'avertit pas ses équipiers. Du coup, Ramon

Josa s'inquiète. Il ne comprend pas ce qui se passe. Pourquoi prennent-ils le cap 350 alors que Jounieh se trouve dans le 160 ? Est-ce une erreur du chef ?

Inquiet, il décide de rompre le silence radio pour un bref instant.

– *Cap 160...*

Rossignol ne répond pas. Il se contente de lever le pouce sans ambiguïté pour montrer que tout va bien... Alors Josa ne dit plus rien, il fait confiance à son leader et reste en formation lâche à une centaine de mètres de distance.

Puis, au bout de 70 kilomètres sur la mer, toute la patrouille effectue un large virage par la droite pour venir au cap 120 qui les ramènera dans la direction de Jounieh. Tout se présente bien. Les Super Étendard sont maintenant dans le timing de la mission. Ils sont toujours au-dessus de la mer. Pour le moment, ils volent à basse vitesse en évitant de dépasser 600 kilomètres à l'heure. Cela permet d'économiser du carburant.

16 h 07.

La côte libanaise apparaît. Il fait un temps splendide. Le soleil de fin d'après-midi donne au paysage des nuances ocre particulièrement douces. Le port de Jounieh se trouve au nord de Beyrouth. On commence à distinguer les collines, puis la montagne derrière la petite ville. Les monts Shanine et le Kanisseh sont parfaitement reconnaissables avec leur sommet caractéristique. Le plus étonnant, c'est que malgré la tension du moment, certains pilotes prennent le temps d'apprécier le paysage. Ainsi, au moment où l'enseigne de vaisseau Kapenatovic passe par le travers de la statue du Christ, il ne peut s'empêcher de trouver que le Liban est un pays magnifique. Quelques semaines plus tôt, au cours d'un vol de routine dans le secteur, il avait même fait des photos de l'endroit. Image étonnante d'un pilote de combat en train de prendre des diapositives de vacances aux commandes de son jet.

– *Quel dommage que ces types passent leur temps à se battre*, pense-t-il pour lui-même.

Au passage du Christ, certains ne peuvent s'empêcher d'adresser une rapide prière au Ciel. Pourvu que tout se passe bien ! Pour tous, la grande croix de pierre est surtout l'occasion de procéder à un recalage des centrales de navigation. Alain Michel continue d'espérer que la sienne va fonctionner correctement mais ce n'est qu'un vœu pieux.

C'est le moment de changer de cap. Les avions partent en virage à gauche au 090 en accélérant à 500 nœuds. Et l'agglomération disparaît rapidement derrière la patrouille. Devant eux maintenant, c'est la montagne avec ses versants couverts de cèdres... Il n'y a pas encore de neige mais cela ne tardera pas[33].

Les huit avions grimpent le long des flancs du mont Liban puis redescendent en cascade de l'autre côté. Au passage, les pilotes se méfient. Il y a un site de missiles SA-8 quelque part dans les environs. Par chance, sur les tableaux de bord, les BF[34] qui signalent une activité missiles restent éteints. N'empêche, les réacteurs sont poussés au maximum. Les Super Étendard accélèrent encore. Les pilotes connaissent parfaitement leurs appareils et pourtant ils s'émerveillent de les voir aussi rapides alors même qu'ils sont chargés de bombes. Nul doute que le vieux Marcel Dassault savait fabriquer des avions performants.

Dans son cockpit, Alain Michel a déjà enclenché son « master arm »[35]. Il a sélectionné tout ce qui était indispensable pour l'attaque. On ne sait jamais. Mieux vaut être prêt un peu plus tôt quand on ne peut pas compter sur son système de navigation.

Puis les pilotes s'engagent dans les vallées avec un cap au 080. Autour d'eux, les sommets culminent à plus de 10 000 pieds... De ce fait, la tenue de poste[36] devient difficile. Le relief monte et descend brusquement devant les chasseurs. Il faut prendre garde à conserver le visuel du leader en toutes circonstances. Il est encore plus délicat de garder le contact

---

33. Il est possible de faire du ski en hiver dans les montagnes au nord de Beyrouth. On y trouve des stations comme Bsharreh équipées de remonte-pentes.
34. Indicateurs d'alerte « Basse Fréquence » détectant l'émission de certaines ondes radar en direction des avions. Le déclenchement du BF signifie qu'un missile a été lancé.
35. Sécurité évitant de tirer par inadvertance.
36. Pour désigner la patrouille, l'armée de l'air et l'aéronautique navale utilisent des termes différents. Les pilotes de l'armée de l'air disent : « Être en place », les marins disent « Être à poste. »

entre les trois sections, bleu, blanc noir. Les avions ont beau être proches les uns des autres, ils se confondent avec le sol et on a du mal à les apercevoir. Tout le monde vole au ras des obstacles... C'est dangereux... La peur est là quelque part au creux du ventre. Ce n'est pas la peur de mourir. Personne n'y pense vraiment. La hantise des huit hommes, c'est plutôt de « merder » dans la mission. Ne pas être bon.

Josa suit toujours l'avion de Rossignol. Il aperçoit son ombre qui monte et descend en suivant les courbes du relief. Impossible de voler plus bas... Les Super Étendard épousent le fond des vallées. Ils rasent les lits des rivières et frôlent les cimes des cèdres. C'est le seul moyen pour ne pas être repérés. Bien sûr, le tonnerre des réacteurs doit s'entendre à plusieurs dizaines de kilomètres mais cela ne donne aucune indication sur la nationalité des avions. Il peut très bien s'agir de MiG syriens. Pas vus, pas identifiés !

16 h 14.

Les avions arrivent au niveau du méridien 36 Est. Ils débouchent en trombe dans la plaine de la Bekaa. Aussitôt, Josa lance son avion dans un fort piqué pour rester collé à son leader. Maintenant qu'ils ne sont plus en montagne, ils peuvent épouser encore davantage le sol. Un rapide coup d'œil à la carte... Il faut survoler impérativement le village de Boudai. C'est un nouveau point de désignation choisi pour recaler une dernière fois les centrales[37]. Pas de chance, le repère défile comme un éclair sous les ailes. Tout va tellement vite que Josa n'a même pas le temps de poser la main sur l'instrument.

Trop dangereux de garder le nez dans le cockpit en volant aussi bas.

– *Merde...*

En fait, cela n'a plus d'importance. La météo est excellente et le pilote parvient à se repérer à vue. Juste devant, c'est le

---

[37]. *La centrale inertielle est le système principal de navigation des Super Étendard. Il est basé sur un ensemble de gyroscopes très sensibles qui détectent les accélérations les plus infimes. Afin d'assurer une plus grande précision, la centrale doit être « recalée » très fréquemment en survolant des points clairement identifiés au sol. Peu précises, les centrales inertielles sont de moins en moins utilisées aujourd'hui. Elles sont remplacées par des GPS, d'une précision incomparable.*

temple de Bacchus avec ses immenses colonnes caractéristiques. Il y en a quarante-deux en tout[38]... Pendant une fraction de seconde, Josa a une pensée pour ces ruines d'une splendeur indescriptible. Puis, il aperçoit la ville de Baalbek juste derrière. Quant à la caserne, elle est facilement reconnaissable sur la droite. Elle est perchée au sommet d'une colline. Impossible de la manquer.

Un coup d'œil au chrono. Il est 16 h 18 mn et 30 sec. La navigation de Rossignol a été parfaite. Les chasseurs sont pile à l'heure.

Quelque part en mer, le Prowler américain a commencé à brouiller les fréquences depuis déjà trois minutes. Dans une minute et demie, les Super Étendard seront sur l'objectif... Le moment de se séparer est arrivé.

Comme prévu, sans qu'il y ait le moindre contact radio, les six avions armés en bombes lisses ouvrent par la droite au cap 070. Puis, quelques secondes plus tard, ils reprennent sensiblement le même cap pour se diriger vers la caserne. De cette manière, la route qu'ils vont suivre les place hors de portée des batteries de Sam 6 implantée sur l'aéroport de Riyad.

Bien sûr, il peut y avoir des Sam 9 au sud-ouest de Baalbek mais la probabilité est très faible.

16 h 19 mn et 20 sec.

L'objectif approche... Il a été prévu de procéder à un tir par « section » avec visées individuelles. En clair, cela signifie que les avions vont se placer en trois patrouilles assez serrées (les bleus, les blancs et les noirs) mais chaque pilote va viser l'objectif individuellement[39].

La hauteur est toujours de 100 pieds mais la vitesse a légèrement augmenté. Elle est maintenant de 550 nœuds[40].

La caserne est à 8 kilomètres devant les avions. Cela représente moins de trente secondes de vol. Les sécurités armement

---

38. *Le temple de Bacchus mesure 69 mètres de long sur 36 de large. Il a été construit par Antonin le Pieux en 150 après JC et se trouve dans un état de conservation remarquable.*
39. *Il est également possible de se placer en patrouille mais de tirer « par imitation », ce qui signifie que les pilotes vont larguer leurs bombes tous ensemble lorsque le leader en donnera l'ordre.*
40. *1 020 km/h.*

ont toutes été enlevées. Il est temps de monter à 250 pieds[41] et de réduire la vitesse. En effet, les systèmes de freinage des bombes ont une vitesse limite d'utilisation. Les charges ne peuvent être larguées au-dessus de 450 nœuds[42] et jamais en dessous de 250 pieds[43]. Ces paramètres doivent impérativement être respectés ou le parachute n'aura pas le temps de s'ouvrir et d'armer les fusées sous l'effet de la décélération. Josa se résout donc à reprendre un peu de hauteur. Ce faisant, il se sent soudain très vulnérable. Il a soudain l'impression d'être incroyablement haut. Pourtant la radio-sonde est formelle, il est à 250 pieds. Josa ramène alors la manette de gaz en arrière pour réduire la poussée de son réacteur. Il doit se forcer pour faire ce geste. Personne n'a envie de ralentir alors que l'on est en train d'attaquer un objectif... Le bruit du réacteur qui diminue ne lui plaît pas, mais il ne peut pas faire autrement.

Vingt secondes de la caserne...

Il est **16 h 19 mn et 40 sec** exactement.

Il y a soudain un appel sur la fréquence. Ce n'est qu'un mot d'apparence banale mais pour les pilotes, il est effrayant.

– *Chicken*[44]...

C'est le Prowler américain qui vient de donner l'alarme. On leur tire dessus... À bord de l'appareil de brouillage électronique, les systèmes viennent de détecter une activité missile.

Dans la seconde qui suit, le leader lance lui-même un avertissement sur la radio. Les mots sont cassants comme du verre.

– *BF... Alarme à 3 heures, on dégagera par le nord.*

Dans les cockpits, les cœurs battent soudain plus vite. Sur son tableau de bord, Hubert Rossignol vient d'apercevoir la figurine BF allumée rouge[45]. Un missile vient de partir dans leur direction. Ils sont accrochés. La riposte des terroristes a

---

41. *Un peu moins de 100 mètres.*
42. *830 km/h.*
43. *Environ 80 mètres.*
44. *« Poulet ». C'est un code qui n'a aucun rapport avec le sens réel du mot.*
45. *Sur le tableau de bord, l'indicateur BF se présente sous la forme d'une maquette d'avion entourée de diodes rouges. Celles-ci s'allument en fonction de la direction d'où vient le missile. Dans le cas ci-dessus, l'alerte BF à 3 heures signifie que le missile arrive par la droite de l'avion.*

été incroyablement rapide. Comment est-ce possible ? C'est comme si on les attendait !

Dans la même seconde, l'alarme BF s'allume également sur le tableau de bord de Josa. Les avions restent en place. Cette situation avait été prévue au briefing et il avait été convenu de ne pas modifier la trajectoire d'attaque à moins de quinze secondes de la cible. Dans le viseur de Josa, la trajectoire de visée l'éloigne tout doucement de son leader. Le réticule de tir est fixé sur les bâtiments qui représentent son objectif.

16 h 19 mn et 50 sec.

Les avions ne sont plus qu'à dix secondes de la caserne. Il faut garder le cap sans rien changer. C'est la seule condition pour que les bombes puissent être larguées correctement. Josa fait le vide dans son cerveau. Il s'applique comme à l'entraînement...

– *Garder le cap...*

– *Viser soigneusement...*

Sur le viseur, la barre du domaine de largage monte doucement le long de la « *bomb fall line* »[46].

– *Attendre...*

Lorsque la barre atteindra la croix à l'extrémité de la *bomb fall line*, il lui faudra appuyer sur le bouton poussoir de largage situé sur son manche. Dans cinq secondes, ce sera bon.

Et puis soudain, une alarme sonore retentit dans le casque. Un sifflement aigu... La diode CW[47] est allumée. L'avion est rentré dans une zone de danger extrême. Le détecteur est illuminé par le radar d'un missile ennemi... C'est très chaud ! Sur le tableau de bord, la figurine BF est toujours allumée et le son de 400 Hertz résonne de plus en plus fort.

Il est accroché !!!

À **16 h 20**, Josa appuie sur le poussoir de largage. Sous ses

---

46. Line de chute de la bombe : le viseur calcule l'endroit où la bombe va tomber et traduit l'information sous forme d'une ligne.
47. Continuous wave. Dans un Super Étendard, le détecteur basse fréquence est schématisé par un avion entouré de diodes qui s'éclairent pour donner la position du radar qui éclaire l'appareil. Les diodes s'allument de manière différente suivant le type de radar. Pour tous les types de radars (y compris les radars civils), c'est une diode à impulsion qui s'allume. Si c'est le radar d'un missile, c'est une diode CW. Si l'avion est accroché par le missile, c'est la diode TWS (*track while scan*) qui est allumée.

ailes, les quatre bombes de 400 kilos se libèrent quasi simultanément. Les parachutes se déploient pour ralentir les engins afin qu'ils tombent à la verticale. Au même moment, tous les autres Super Étendard larguent leur charge. En tout, ce sont plus de 10 tonnes de bombes qui tombent sur le repaire des terroristes.

Dans le casque de Josa, le sifflement ne s'arrête pas. La diode rouge du BF est toujours allumée... Les missiles sont partis des collines autour de la caserne. Encore une fois, les pilotes ne peuvent s'empêcher de remarquer que la réaction du Hezbollah a été incroyablement rapide.

Comment les terroristes ont-ils pu tirer avant même que les avions ne soient sur eux ? C'est incompréhensible !

Le réflexe pour éviter le missile est instinctif... Josa lance son Super Étendard dans un violent virage serré à droite. À près de 1 000 kilomètres à l'heure et plus de 7 g, il est littéralement écrasé sur son siège. Son pantalon anti-g se gonfle pour renvoyer le sang vers le haut du corps. Puis Josa sélectionne le canon air-sol sur la console d'armement. Si un autre missile est lancé à partir du même site, il en verra le départ. Avec un peu de chance, il pourra faire une passe de tir pour neutraliser le site de lancement. La manœuvre d'évitement a été efficace... Josa termine tout juste son virage serré que le sifflement s'arrête dans son casque. Sur le tableau de bord, l'alarme BF s'éteint. Bien joué ! Le missile est en train de se perdre quelque part dans le ciel à la recherche d'une cible qui n'est plus à sa portée.

Josa se retourne pour voir les dégâts causés par le bombardement.

Il aperçoit alors un nombre incroyable d'explosions dans le ciel. Ce sont des tirs de DCA. Il y en a tout autour des avions. Le plus étonnant, c'est que ça vient des collines alentour.

Rien ne part de la caserne !

À cet instant, le Prowler américain détecte de nouvelles réactions au sol. Un message d'alerte fuse aussitôt sur la fréquence, mais cette fois, le gars ne se donne plus la peine de parler en langage codé :

– *Careful... Missile activity[48] !*
Puis, deux secondes plus tard, il recommence :
– *Gun activity[49].*
Les pilotes n'écoutent même plus. Ils savent qu'ils sont en plein cœur de la tornade. Aucun doute, ils sont tombés dans un traquenard. Au nord-est, sur la colline, toute proche, une longue flamme orange se détache du relief comme une fusée de feux d'artifice. On dirait une torchère... C'est un nouveau missile qui part.

Quelques fractions de seconde plus tard, Michel arrive à son tour sur l'objectif. Malgré sa centrale défaillante, il est correctement placé pour le tir. Son BF est allumé rouge. Il détecte lui aussi une intense activité radar sur la droite. Le pilote s'apprête à larguer ses bombes lorsqu'il y a soudain un cri sur la fréquence. C'est De Linares, son équipier, qui l'avertit que l'objectif est légèrement sur la gauche.

– *Gauche... Gauche !!!*

Mais le message n'est pas clair. Tout va si vite que Michel comprend mal la signification de cet avertissement. Est-ce que ça signifie break à gauche ou bien un missile arrive-t-il sur lui par la gauche ? Pas le temps de se poser des questions existentielles ! Michel part en virage serré en plongeant encore un peu plus vers le sol. Stabilisation au ras des arbres. Coup d'œil vers l'objectif et Michel comprend soudain qu'il y a eu un quiproquo. La rage l'envahit. Son break l'a empêché de larguer ses bombes.

Aussitôt, il fait demi-tour et envisage d'effectuer une seconde passe de tir. Mais, pour cela, il lui faut l'autorisation de Rossignol.

– *Blanc 1 à Bleu leader... j'ai pas pu larguer... je vais revenir sur l'objectif.*

Mais il n'en est pas question. Hubert Rossignol se rappelle des ordres de l'amiral Klotz. Un passage et un seul... C'est toujours au cours des secondes passes que les gars se font

---

48. *Attention activité missile.*
49. *Activité canon.*

descendre. Dans ce cas-là, les servants des DCA ont tout leur temps pour ajuster leurs tirs.

– *Négatif Blanc leader. Tu prends le cap retour et tu laisses tomber. Dégage la zone immédiatement.*

Michel voudrait bien essayer de convaincre son chef, mais on ne discute pas les ordres. Alors il obéit.

– *Roger ? Je dégage la zone...*

Résigné, Michel prend un cap au nord-est. Malheureusement sa manœuvre imprévue l'a rapproché de l'aérodrome désaffecté de Baalbek. C'est là qu'il est violemment pris à partie par des tirs de DCA. Il n'a d'autres choix que de faire des zigzags pour échapper aux obus de 57 millimètres. Se plaquer au ras du sol, c'est sa seule chance de rester en vie... Malgré la vitesse, il a le temps d'apercevoir des dizaines de points noirs qui éclatent au-dessus de lui. Les petits nuages se rapprochent dangereusement de son avion. Ils ont une curieuse couleur violet-rose. Pas besoin d'être un expert pour comprendre que ce sont des obus.

Tous les Super Étendard sont maintenant en train de dégager la zone. L'attaque a duré quarante secondes... Toutes les bombes sont tombées à l'intérieur du camp. À cet instant, Josa pense avoir parfaitement réussi sa mission. Il est loin de se douter que les trente-quatre bombes sont arrivées dans une enceinte entièrement vide. Tous les hommes du Hezbollah ont évacué les lieux trois heures plus tôt. Comme on pouvait s'y attendre, ils se sont tranquillement installés en cercle sur les escarpements éloignés des bâtiments. Ils ont eu tout le loisir d'y mettre tout leur armement. Une position particulièrement pratique pour faire un carton sur les Français.

Josa a perdu le visuel sur son leader. Pendant le bombardement, son attention a été considérablement accaparée par la gestion des paramètres. Trop de choses à faire en même temps...

Maintenant que l'attaque est terminée, il n'a plus qu'une idée en tête : fuir à toute vitesse. La manette des gaz est collée en butée maximale. Le réacteur donne tout ce qu'il a dans le ventre. Allégé de ses bombes, le Super Étendard accélère. La vitesse atteint 620 nœuds[50]. Chaque avion va maintenant rentrer vers le porte-avions en solitaire. Chacun pour soi ! Pour la plupart, ce ne sera pas un moment facile. Tous les sens sont en éveil. Il faut zigzaguer à nouveau dans le relief libanais et chacun guette une éventuelle batterie de missiles qui pourrait le descendre.

Ainsi, Didier Génin est en vol au ras du sol lorsqu'il croit apercevoir une batterie juste devant lui.

– *Merde...*

Trop tard pour l'éviter. Didier se dit qu'il va se faire tirer comme un lapin. Par chance, à la dernière seconde le pilote réalise que ce n'est qu'un camion équipé d'un banal système de forage.

De son côté, Alain Michel rentre en passant par le nord. Il est seul maintenant et va prendre une route passant entre Ghazai et Jbail. Son avion a du mal à accélérer. Du fait des six bombes qui sont toujours accrochées sous ses ailes, il est beaucoup plus lourd que les autres appareils. Il faut absolument se débarrasser des charges. Non seulement elles le ralentissent, mais elles augmentent considérablement sa consommation. De toutes les manières, il n'est pas autorisé à apponter avec cet armement. Trop dangereux. Alors qu'il passe par le travers de Qartaba, Michel décide de repérer une zone inhabitée. Il bascule l'interrupteur en mode « détresse ». De ce fait, les bombes deviennent inertes et n'exploseront pas en arrivant au sol. Lorsqu'il est certain que la chute de ses engins ne causera aucune victime civile, le pilote cabre et appuie sur le bouton de largage.

En une fraction de seconde, le Super Étendard s'allège de 1 500 kilos. Du coup, il devient soudainement très maniable et accélère allégrement. Cap à l'ouest, plein pot, la vitesse atteint rapidement 600 nœuds[51].

Un à un les avions franchissent le rivage et se retrouvent au-dessus de la Méditerranée. Les pilotes ont du mal à ralentir. Au

---

[50]. *1 150 km/h.*
[51]. *Alain Michel sera le premier à se présenter à l'appontage.*

briefing, il avait pourtant été prévu qu'une fois au-dessus de la mer, chacun réduirait sa vitesse à 450 nœuds[52]. En fait, personne ne descend en dessous de 500 nœuds[53]. Stress du combat ? Désir de rentrer rapidement à bord[54] ? Nul ne sait sauf qu'il en résulte que pendant le retour les consommations des Super Étendard sont plus fortes que prévu et que les arrivées au bateau sont un peu « juste ».

C'est pour Ramon Josa que les choses vont se révéler particulièrement critiques. Après le bombardement, il a pris un cap 280 en direction de la côte. Il est passé par le travers nord de la chaîne du Liban. Il a ensuite viré à gauche pour rejoindre Nousba avant de piquer direct vers la côte en direction d'Amioune. Lorsqu'il retrouve la mer, il met le cap vers le point où le bateau se trouvait cinquante minutes plus tôt. C'est à cet instant qu'il se rend compte que ses réserves de carburant sont basses. Vraiment très basses !

Les jaugeurs sont si pessimistes qu'il se demande même s'il parviendra à rejoindre le *Clemenceau*... Le cœur bat un peu plus vite. C'est d'autant plus stressant que le porte-avions n'est plus à l'endroit où il était au moment du catapultage. Comment le trouver sur la mer ? Il faut se dépêcher car la nuit ne va pas tarder à tomber. Pour l'instant, Josa navigue uniquement en se servant de sa centrale inertielle. Il n'utilise pas ses moyens de radio-navigation. Cela ne servirait à rien puisque le porte-avions est en silence radio. Sa balise Tacan a été momentanément coupée afin d'éviter tout repérage de position qui permettrait à la chasse syrienne de se placer sur la trajectoire de retour des Super Étendard.

Josa regarde ses jauges, elles sont presque à zéro.

– *Ce serait trop con,* murmure-t-il pour lui-même.

Pour se sortir de ce mauvais pas, il n'y a qu'une solution : il faut rompre le silence radio et demander au porte-avions de mettre sa balise de navigation en fonctionnement. Pour cela,

---

52. *833 km/h.*
53. *930 km/h.*
54. *La plupart des avions arriveront à 500 nœuds au break au-dessus du porte-avions alors que la vitesse normale préconisée est de 280 nœuds.*

Josa dispose d'un mot codé qui signale qu'un avion est en difficulté.

Il n'hésite pas une seule seconde :

– *Alpha Whisky*[55], *c'est strike Bleu 2 : Chocolat !*[56], *je répète « chocolat ».*

La réponse du *Clemenceau* est immédiate.

– *Ici Alpha Whisky. Allez-y, strike Bleu 2, on vous écoute.*

– *J'ai besoin du Tacan… Rapidement.*

– *Roger strike Bleu 2… On envoie tout.*

Une trentaine de secondes plus tard, le tableau de bord de l'avion s'anime. L'aiguille du Tacan lui indique le cap à suivre pour trouver le porte-avions. Dans le cerveau de Josa, les paramètres se bousculent. Depuis qu'il est au-dessus de la mer, il a adopté un régime réacteur économique. Maintenant qu'il connaît la position du porte-avions, il sait qu'il pourra le rejoindre. Ce sera juste mais ça passera.

Sur le bateau, on préfère jouer la prudence. « La Nounou » est envoyée à la rencontre de Josa. Le Super Étendard ravitailleur est équipé de deux bidons sous les ailes. Il apporte avec lui 4 500 kilos de carburant. Derrière lui, il tracte un long tuyau terminé par un panier dans lequel on peut emboîter une perche de ravitaillement. L'avion se tenait en attente entre le porte-avions et la côte afin de porter assistance aux avions à court de pétrole.

C'est le lieutenant de vaisseau Frémont qui pilote « la Nounou ».

– *Tu veux engager un « ravito » ?* interroge Frémont.

Josa calcule une nouvelle fois dans sa tête. Il examine ses débitmètres et ses jaugeurs. Il n'est plus qu'à deux minutes du *Clemenceau*. La météo est bonne… La mer est belle. Il est certain que l'appontage ne lui posera pas de problème.

– *Non, ça va aller comme ça.*

Quelques instants plus tard, Josa aperçoit la longue silhouette du *Clemenceau* qui fonce à près de 60 kilomètres à

---

55. *Indicatif radio du* Clemenceau.
56. *C'est le code secret exact en vigueur ce jour-là.*

l'heure contre le vent[57]. Il est temps d'appliquer la procédure d'approche. Elle est toujours la même, quelle que soit la mission qui vient d'être effectuée : le Super Étendard se présente au break à 600 pieds à droite du bateau. Sa vitesse est alors de 280 nœuds[58]. Étant donné le peu de carburant restant dans les réservoirs, Josa respecte parfaitement la vitesse préconisée. Le moindre litre a de l'importance. Une fois à la verticale, il réduit les gaz et part en virage à 60 degrés d'inclinaison par la gauche pour se placer en vent arrière. Sous les ailes, le sillage du *Clemenceau* déchire la mer sur plusieurs kilomètres.

Pour le pilote, c'est le moment de sortir les éléments : le train d'atterrissage, les pleins volets et la crosse d'appontage avec laquelle il va accrocher l'un des trois câbles tendus en travers du pont. Ils sont espacés de 8 mètres... L'idéal est de prendre le second brin, cela prouvera qu'il a effectué une approche parfaite.

Encore un coup d'œil aux jauges, cette fois, c'est dramatique... Les aiguilles sont à zéro.

Josa arrive en vent arrière. Lorsque l'avion est par le travers de la poupe du porte-avions, il commence la descente et part en virage vers le pont. En fin de virage, l'altimètre indique 350 pieds. C'est le moment de prendre un contact radio avec l'officier d'appontage.

Ce jour-là, c'est le lieutenant de vaisseau Raymond qui va guider le pilote jusqu'au pont. Si c'était un vol comme les autres, Josa devrait indiquer trois paramètres à la radio : il faudrait annoncer qu'il voit distinctement le miroir d'appontage, indiquer la quantité de pétrole restant dans ses réservoirs et donner son identité. En temps normal, un avion rentre avec 600 kilos de carburant. Or, ce jour-là, Josa n'a plus rien... Il ne donnera donc que deux éléments sur trois ! C'est une forme d'indiscipline mais aujourd'hui est un jour particulier et la Marine ne lui en tiendra pas rigueur.

---

57. *Au moment de l'appontage, le porte-avions se déplace à pleine vitesse contre le vent. Le but de cette manœuvre est d'augmenter la vitesse du vent relatif pour diminuer au maximum la vitesse relative de l'avion par rapport au bateau.*
58. *520 km/h.*

– *Miroir… Josa*[59].

Surpris, l'officier d'appontage réitère sa demande :

– *Ton pétrole ?*

Josa ne répond pas. Comment pourrait-il annoncer un chiffre ? Les jauges sont dans le coma. Il donnera des explications tout à l'heure lorsqu'ils seront en salle d'alerte ou dans le fumoir.

L'officier d'appontage n'insiste pas. Les deux hommes se connaissent bien. Ils volent ensemble depuis plus de vingt ans et Josa est également officier d'appontage. Raymond se contente de guider le Super Étendard vers le pont. Sa voix résonne dans le casque du pilote :

– *Un peu de pied à droite !*
– *Un peu de moteur.*

Josa obéit. Le règlement est formel. À cet instant, c'est l'officier d'appontage qui commande et lui seul. Josa doit suivre ses instructions quelles qu'elles soient. D'ailleurs, il sera noté en fonction de la qualité de son appontage. Même aujourd'hui ! Il s'applique donc à garder l'incidence à 14 degrés. Sa vitesse est de 126 nœuds. Pas de geste brusque, l'avion est tout prêt du décrochage. À partir de maintenant, plus question d'incliner le chasseur. Les corrections se font doucement au palonnier… Tout doucement !

– *Laisse descendre !*

Allégé de son armement, l'avion pèse à peine 8 tonnes et pourtant, il faut le manier avec beaucoup de précautions. Josa est maintenant à 200 pieds. Il est dans le *« groove »*[60]. Le pont du *Clemenceau* est tout proche. Il semble incroyablement court.

Le Super Étendard arrive dans la zone de turbulence générée par le bateau. Josa sent son avion se balancer de droite à gauche sous les rafales. Il est maintenant à 100 pieds. Pas question d'effectuer le moindre arrondi comme pour un avion normal. Josa va jusqu'à l'impact avec le pont.

Comme il se doit, le choc est dur.

---

59. *En fait, le pilote devrait dire : « Miroir… 2 x 3 (s'il avait 600 kilos de pétrole)… Josa ».*
60. *Le sillage.*

Sans réfléchir, Josa applique alors la procédure. Il pousse la manette des gaz vers l'avant pour mettre la poussée du réacteur au maximum. Il faut pouvoir disposer immédiatement de toute la puissance au cas où il aurait raté les trois brins d'arrêt. À la moindre erreur, l'aventure se terminera dans l'eau.

En fait, l'appontage de Josa est parfait. Sa crosse accroche le second brin exactement dans l'axe et l'avion se bloque en quelques dizaines de mètres.

C'est seulement à cet instant que le pilote réduit les gaz et commence à respirer.

Il est 17 h 23.

En remplissant son compte-rendu de vol au bureau de piste, De Linares écrit simplement « RAS » dans la case remarque... C'était une mission comme les autres. Malgré tout, il ne peut s'empêcher d'appeler un technicien :

– *Il faudrait quand même inspecter soigneusement l'avion parce qu'on s'est fait artiller.*

Ce jour-là, tous les pilotes rentreront sains et saufs à bord. La mission s'est parfaitement déroulée. Il reste maintenant à en assumer les conséquences sur l'opinion publique française.

Les retombées médiatiques du raid sont catastrophiques. Les journalistes apprennent rapidement que la caserne était vide. Ricanements et sarcasmes fusent de toutes parts. Personne ne cherche à savoir pourquoi ce camp du Hezbollah habituellement grouillant de terroristes a été évacué quelques heures avant le raid. *Le Canard enchaîné* s'en donne à cœur joie. Les titres des journaux sont incroyablement durs.

Les Français ont tiré sur des chèvres... Une opération ratée... La France ridiculisée...

Aucun journal ne procédera à une enquête sérieuse pour connaître le fin mot de l'affaire. Dans la Marine, les gorges sont nouées. On se pose des questions mais on se tait.

La vérité est découverte cinq mois plus tard. Presque par hasard... Afin de tenter une conciliation entre les différentes parties, l'amiral Klotz réussit à faire venir à bord du *Clemenceau* tous les chefs des factions libanaises en conflit. Les ennemis et les amis sont brusquement mis en présence les uns des autres.

Parmi eux se trouve Hussein Yatim, le responsable du parti Amal chiite. Au cours du déjeuner, l'homme est assis à la droite de l'amiral.

Bien évidemment, le sujet de la conversation arrive très rapidement sur le raid de Baalbek. L'amiral, qui a de sérieux soupçons, décide de faire un coup de bluff :

– *De toute façon, nous n'aurions pas pu vous faire beaucoup de mal puisque vous étiez déjà prévenus...*

Hussein Yatim croit alors que son interlocuteur était dans le coup et il lâche le morceau sans se méfier :

– *Bien sûr, M. Gutmann m'a prévenu de l'attaque par téléphone en fin de matinée...*

Immédiatement, l'amiral change de sujet de conversation. Il en sait suffisamment. Et surtout, il y a un groupe de pilotes assis à la même table.

Certains ont participé au raid de Baalbek et il n'a aucune envie que ces hommes apprennent qu'ils ont été trahis de cette manière.

De retour en France, l'amiral Klotz ne manque pas de rendre compte de ce qu'il sait à ses supérieurs.

Il rencontre Charles Hernu, alors ministre de la Défense, le chef d'état-major de la Marine et le président de la République en personne.

Au cours de cet entretien à l'Élysée, il se permet même de demander à François Mitterrand si ce coup de téléphone était une initiative personnelle ou si l'homme a agi sur ordre, au nom de la « raison d'État ».

Sans sourciller, François Mitterrand réplique qu'une telle action ne peut être qu'une initiative personnelle. Même le ministre des Relations extérieures, Claude Cheysson, n'aurait pas été au courant ! On pourrait alors logiquement penser que Francis Gutmann serait sanctionné pour une telle faute. Cela n'a pas été le cas.

Le fonctionnaire a poursuivi une carrière particulièrement brillante puisqu'il a été nommé rapidement ambassadeur à Madrid, un des postes les plus convoités dans la carrière diplomatique.

Il accédera même quelque temps plus tard à la distinction prestigieuse et rare d'ambassadeur de France[61]...

La Marine Nationale est une arme à part. On y entend souvent des mots comme Honneur, Patrie, Valeur et Discipline. Ce ne sont pas des expressions vides de sens comme on en prononce dans les cocktails. Ils ont une réelle signification chez ces militaires empreints de tradition et de respect. Au combat, on n'abandonne jamais un homme sur le terrain. Dans la vie quotidienne, on ne détourne pas les yeux devant un ami dans le besoin. On tient sa parole. Et bien évidemment, on ne trahit pas.

Même si l'opération de Baalbek n'a fait aucune victime dans les rangs français (elle n'en a d'ailleurs pas fait davantage chez nos ennemis), elle a provoqué des blessures graves chez les marins. Humiliés et meurtris d'avoir été roulés dans la farine de cette manière, ils en garderont longtemps les cicatrices.

Trois semaines après le raid sur Baalbek[62], les Américains lanceront une attaque similaire contre des objectifs iraniens. Ils iront seuls. Malgré la puissance de feu mise en jeu, cette opération se déroulera très mal puisque deux avions seront abattus.

---

61. *Contrairement au titre d'ambassadeur qui est attribué pour une fonction diplomatique temporaire dans un pays, la distinction d'ambassadeur de France est attribuée à vie.*
62. *L'opération a lieu le 4 décembre 1983.*

« FRIENDLY FIRE »

Dans les conflits modernes, les tirs en provenance des amis sont beaucoup plus fréquents qu'on ne pourrait le supposer. Même si les états-majors évitent de s'en vanter, les chiffres font parfois frémir. Ainsi pendant la première guerre du Golfe, les pertes américaines ont été relativement faibles. « Seulement » 367 morts... Pourtant, le Pentagone reconnaît officiellement que 167 d'entre eux ont été victimes de « friendly fire». En clair, ces GI ont été tués à la suite d'une erreur de tirs en provenance soit d'un allié, soit des Américains eux-mêmes. Cela représente tout de même 45 % des victimes !

17 avril 2002.
Kandahar, Afghanistan.

La guerre fait rage... À la suite des attentats du 11 septembre 2001 contre le World Trade Center, les États-Unis ont engagé une guerre sans merci contre les Talibans. Depuis plusieurs mois, l'aviation et les forces terrestres mènent des opérations simultanées à travers le territoire afghan. De très nombreux pays occidentaux sont engagés à leurs côtés.

Les événements qui suivent se déroulent à 18 kilomètres au sud de la ville de Kandahar.

Les acteurs du drame
– Un bataillon canadien d'infanterie légère.
– Deux chasseurs F-16 de l'US Air Force armés chacun de quatre bombes de type GBU-12 LGB guidées laser.
– Un avion de surveillance radar Awacs E-3B/C.
– Un avion ravitailleur KC-135.
– Le centre opérationnel des opérations aériennes combinées « CAOC »[1] qui dirige et contrôle tous les vols dans l'espace aérien de l'Afghanistan. Ce centre dépend directement du commandement central situé sur la base de MacDill à Tampa en Floride.

Les soldats canadiens
La nuit tombe... Il est 15 heures TU[2]. Les soldats canadiens quittent l'aérodrome de Kandahar. C'est là qu'ils sont basés. Ils se rendent dans le secteur de la ferme Tarnak à 4 kilomètres et demi dans le sud. C'est un convoi de véhicules militaires comprenant des canons antichars, des camions logistiques, une ambulance et cinq véhicules légers.

Les militaires appartiennent au 3e bataillon d'infanterie légère « Princess Patricia »[3]. La plupart des hommes n'ont jamais connu le combat réel et ils vont faire un exercice de nuit. La « ferme de Tarnak » est un ancien camp d'entraînement d'Al-Qaida qui a été abandonné par ses occupants dès le début des hostilités. Le village le plus proche est Sukhteh-Ye

---

1. *Combined Air Opérations Center. Après avoir été installé sur la base Prince Sultan AFB en Arabie Saoudite, le CAOC a été déplacé au Qatar. Il est en liaison directe avec le commandement général des opérations situé sur la base de MacDill.*
2. *Toutes les heures indiquées dans ce récit sont en « GMT » (temps universel). Pour obtenir l'heure locale en Afghanistan, il convient de rajouter 4 h 30 à chacune des heures indiquées. L'entraînement des soldats canadiens a donc commencé à 19 h 30 en heure locale.*
3. *Au Canada, cette unité est basée à Edmonton, au nord de Calgary dans l'Alberta.*

Muhammad à 11 kilomètres à l'ouest. Au cours de la matinée, les militaires ont soigneusement repéré le secteur. Il n'y a aucun Taliban dans les environs. Ils ont mis en place des cibles inertes sur lesquelles ils prévoient de tester leurs armes. Ce sont principalement des carcasses de véhicules abandonnées par l'ennemi : des chars T-52 et trois camions de fabrication soviétique.

Vers 18 heures, les Canadiens ont terminé d'installer leur matériel. Avant de commencer les exercices, le capitaine Jasper, responsable du dispositif, rentre en contact radio avec son commandant pour le prévenir de l'imminence des tirs. Puis il contacte le centre des opérations tactiques de Rakkasan et enfin la tour de contrôle de l'aéroport de Kandahar afin d'obtenir l'autorisation d'ouvrir le feu.

Autorisation accordée...

Les entraînements commencent... Les Canadiens effectuent alors des tirs à la mitrailleuse lourde et au canon antichar en direction des carcasses. Il est important de signaler que tous les obus sont tirés au ras du sol. Aucun ne part vers le ciel.

Ce n'est pas la première fois que les hommes du 3e BIL effectuent ce genre d'exercice dans la zone de Tarnak Farm. Cela fait plus de deux mois qu'ils s'y entraînent régulièrement au rythme de deux à trois séances par semaine. À chaque fois, les conditions sont semblables et les exercices de tirs s'effectuent de nuit sur des véhicules ennemis.

Les entraînements durent en moyenne six heures et se font par séries de trente-cinq à quarante minutes. Chaque série est entrecoupée d'une période de répit de quinze minutes pour vérifier les armes et procéder au réapprovisionnement en munitions. Bien évidemment, même s'il s'agit d'un exercice, les tirs se font avec des munitions de guerre.

Tous les soldats sont équipés de lunettes de vision nocturne.

Vers 20 h 30, la tour de contrôle de Kandahar demande aux Canadiens de cesser le feu à cause de l'arrivée imminente d'un avion de transport. Dans sa procédure d'atterrissage, l'appareil doit passer à environ 5 kilomètres de la ferme de Tarnak. Bien qu'il n'y ait pas vraiment de risques, le contrôleur préfère prendre toutes les précautions. L'avion se pose à 20 h 38 et les Canadiens reprennent aussitôt les tirs.

Entre 21 heures et 21 h 10, deux hélicoptères américains Blackhawk passent au sud de Kandahar. Ils sont à environ 12 kilomètres du secteur, pourtant les pilotes aperçoivent distinctement les lueurs des déflagrations dans la nuit. Le commandant de l'hélicoptère leader signale à la radio que les tirs ne lui paraissent pas très importants. Par curiosité, il demande quel type d'armes est utilisé.

– *Ce sont des canons antichars,* précise le contrôleur. *Je crois qu'ils tirent aussi à la mitrailleuse...*

Le commandant du Blackhawk ne peut s'empêcher de montrer un certain étonnement :

– *D'ici, on dirait des armes légères...*

Quelques instants plus tard, les deux hélicoptères passent à 6 kilomètres de la zone. Tous les occupants à bord ont bien conscience que ce sont des tirs sol-sol qui ne sont, en aucun cas, dirigés vers le ciel. C'est d'autant plus facile à vérifier que les tirs sont effectués avec des munitions traçantes qui matérialisent clairement les trajectoires des obus.

Bien évidemment, les explosions provoquent quelques projections vers le ciel mais celles-ci ne dépassent pas 150 mètres au-dessus du sol. À aucun moment, les pilotes des hélicoptères ne considèrent que l'entraînement des soldats au sol représente une menace pour leur sécurité.

Vers 21 h 20, les Canadiens commencent à être à court de munitions. Depuis le début de la soirée, ils ont utilisé plusieurs centaines d'obus de tous les types. Le rythme des tirs se ralentit et devient même sporadique.

Étrangement, c'est au cours de cette période de calme que le drame va se produire.

Le bruit des explosions diminuant, les Canadiens entendent un sifflement lointain au-dessus de leur tête. Ce sont des avions. Chasseurs ou appareils de transport militaire ? Personne ne sait. Malgré leurs lunettes de vision nocturne, aucun soldat ne parvient à apercevoir les nouveaux venus qui semblent très hauts dans le ciel.

La mission des chasseurs

Les deux avions qui viennent de passer sont des F-16 qui rentrent d'une mission dans le nord-est de l'Afghanistan. Au cours du vol, les pilotes n'ont pas utilisé leurs armes et peuvent encore attaquer une position ennemie, si on leur demande.

Ils étaient en mission de surveillance de nuit. Pour les pilotes, ces vols sont particulièrement longs. Ils durent près de dix heures car les avions décollent du Koweït et la route est complexe pour rejoindre l'Afghanistan. Impossible de venir en ligne droite. Il faut faire beaucoup de détours.

L'Iran interdisant le survol de son territoire aux Américains, ils n'ont d'autre solution que de descendre le long du golfe Persique (900 kilomètres). Ils passent à la verticale de Dubaï avant de franchir le détroit d'Ormuz (250 kilomètres). Puis ils prennent un cap au 090 pour longer le golfe d'Oman jusqu'au Baloutchistan (500 kilomètres). Pendant le transit le long de la côte sud de l'Iran, aucune erreur n'est permise... les pilotes doivent prendre garde à rester dans l'espace aérien international, sous peine de s'attirer les foudres des ayatollahs. Une fois au niveau de la frontière irano-pakistanaise, ils virent vers le nord pour pénétrer au Pakistan. Il n'y a alors plus de problème politique puisque les Américains entretiennent des relations privilégiées avec le président Pervaiz Musharaf.

La frontière afghane est maintenant droit devant (à 600 kilomètres tout de même). Notons qu'à cet instant, cela fait près de trois heures que les chasseurs ont décollé et qu'ils n'ont pas encore commencé leur patrouille. Leurs réservoirs sont presque vides. Avant de pénétrer sur le territoire des Talibans, ils procèdent donc à un premier ravitaillement en vol avec un KC-135 de l'US Air Force.

Une fois « refuelés », les deux F-16 franchissent la frontière. C'est à partir de là que la mission de surveillance commence réellement. Les chasseurs prennent un cap vers le nord-est jusqu'au travers sud de Kandahar (300 kilomètres) et ils poursuivent leur chemin vers Kaboul (500 kilomètres). Puis ils vont marauder sur les reliefs dans la vallée de Peshawar. Leur route les amène souvent à survoler les sommets de l'Hindu Kush jusqu'à la petite ville de Faizabada à la frontière du Tadjikistan (400 kilomètres).

Il est alors fréquent que le CAOC leur donne l'ordre de se déplacer vers l'ouest jusqu'à Mazar-é Charrif (300 kilomètres) où les accrochages avec les Talibans surviennent de temps en temps. Ils sont très rares la nuit. Les Talibans savent que les Américains maîtrisent parfaitement le combat dans l'obscurité et ils les évitent au maximum.

Ensuite, les chasseurs font demi-tour. Pour revenir vers le Koweït, ils empruntent une route pratiquement inverse, toujours prêts à intervenir à la moindre alerte. Avant de repasser la frontière pakistanaise, ils sont une nouvelle fois ravitaillés par le même KC-135 qui sert de « station-service » à tout ce qui vole dans la région.

Au total, le trajet parcouru par les avions représente une distance d'environ 7 000 kilomètres, sans compter les éventuels détours imposés par les circonstances.

Pour augmenter leur autonomie, les F-16 sont équipés de deux bidons largables sous chaque aile[4]. Chacun contient 1 400 litres de carburant.

Ces réservoirs supplémentaires sont extrêmement utiles, mais ils ne permettent pas de parcourir une telle distance sans aide extérieure. C'est la raison pour laquelle la mission se déroule toujours par tranche de trois heures entrecoupées d'un ravitaillement.

Ces vols n'ont pas d'objectifs précis. Ce sont en fait des rondes de police effectuées à l'échelon du pays. Les avions sont prêts à intervenir à la moindre demande du commandement. En cas d'attaque surprise, les F-16 peuvent apporter un appui feu aux troupes au sol, en attendant l'arrivée des renforts aériens. Le rôle des chasseurs est malgré tout limité. Ils ne sont que deux avions avec seulement quatre bombes chacun et un canon de 20 millimètres. Si un gros accrochage survenait avec les Talibans, ce sont alors les terribles B-52 qui viendraient « nettoyer le terrain ».

---

4. *Les réservoirs internes de l'avion contiennent plus de 3 tonnes de carburant.*

« FRIENDLY FIRE »

Ce 17 avril 2002, l'indicatif du leader des F-16 est « Coffee 51 ». Comme c'est souvent le cas pendant les contacts radio, cet indicatif sera utilisé pour désigner la patrouille elle-même.
L'indicatif du second appareil est « Coffee 52 ».
À 21 h 08, les deux chasseurs sont à 180 kilomètres de Kandahar. Ils volent aux environs de 30 000 pieds[5] avec un cap au 230. Leur vitesse de croisière est de 900 kilomètres à l'heure. Ils ont maintenant effectué plus de la moitié de leur mission. Tout s'est bien passé. Après avoir patrouillé jusqu'à Kaboul, ils suivent à présent la route qui va de Ghasni à Qalat. Il est temps pour eux de songer à prendre le chemin du retour en direction du Koweït.
Sur les tableaux de bord, les diodes des réservoirs annoncent que les réservoirs commencent à être vides. Il y a déjà près de trois heures que les pilotes ont effectué leur premier ravitaillement en vol. Il leur faut donc rejoindre le KC-135 pour refaire le plein.

Les pilotes des F-16
Ils appartiennent tous les deux au 170e escadron de chasse de l'Air National Guard de l'Illinois.
• L'avion leader...
Il est piloté par le major William Umbach. L'homme a 43 ans. C'est lui le commandant de la mission. C'est un navigant expérimenté mais ce n'est pas vraiment un militaire... Dans le civil, il est commandant de bord à la compagnie United Airlines. Comme de nombreux réservistes américains, il a été rappelé au moment du déclenchement des hostilités avec les Talibans. Pour cette mission, nous l'avons vu, il porte l'indicatif « Coffee 51 ». Lorsqu'il est au sol, tous ses amis l'appellent « Guido ». Le surnom lui a été donné par les pilotes de son escadron qui lui trouvent une allure de « bel Italien ». En plus des heures effectuées en tant que commandant de bord sur Boeing, William Umbach a effectué 3 100 heures sur des avions d'armes dont 1 700 sur F-16.

5. *Environ 10 000 mètres.*

• L'avion numéro 2…

C'est le major Harry Schmidt qui est aux commandes. Ce soir-là, son indicatif personnel est « Coffee 52 ». Il a 37 ans. C'est un homme qui a fière allure. Grand, très beau. Avec sa coupe de cheveux « *crew cut* », il fait partie des pilotes qui ne passent pas inaperçus lorsqu'il traverse un aéroport.

Harry Schmidt possède une expérience militaire beaucoup plus importante que celle de son leader. Même s'il n'a que 3 000 heures de vol, c'est un ancien pilote de l'US Navy. On dit de lui que c'est un chasseur tout à fait exceptionnel. Au cours de sa carrière, il a d'ailleurs été plusieurs fois décoré pour des missions au Kosovo et en Irak. Et puis, surtout, il a été instructeur à la célèbre école Top Gun, le nec plus ultra des pilotes de la Navy.

Harry Schmidt a la réputation d'être obsédé par l'action et la réussite. Tous ses amis le surnomment « Psycho »… Étrange pseudonyme qui lui a été attribué alors qu'il était tout jeune élève à l'académie et que ses instructeurs découvraient en lui une volonté farouche de réussir ses tests. Jamais le trac, jamais la moindre émotion, un caractère en acier trempé… « Psycho » avait un « psychisme » à toute épreuve !

Les rapports entre Harry Schmidt et William Umbach sont assez complexes. Les deux hommes se connaissent bien. Ce sont des amis, mais du fait de son expérience très importante, Schmidt exerce une influence étonnante sur son leader. Au cours des événements qui vont suivre, on se rendra compte que c'est toujours le numéro 2 qui prend les décisions. Le chef reste étrangement passif. Il obéit docilement sans jamais discuter… Dans une armée aussi hiérarchisée que celle de l'US Air Force, ce genre d'attitude est rarissime, pour ne pas dire unique…

La plupart du temps, les missions de nuit au-dessus de l'Afghanistan sont paisibles. Presque trop ! S'ils sont effectivement armés, les F-16 ont rarement l'occasion de bombarder quoi que ce soit.

Ce sont donc des vols interminables. La plupart des pilotes ne les trouvent pas intéressants car il ne s'y passe jamais rien… La seule crainte vient de rater le rendez-vous avec le tanker et de tomber en panne de carburant. Pour passer le temps pendant une dizaine d'heures, les hommes discutent entre eux sur la fréquence. Les sujets n'ont que peu de rapport avec la guerre. Ce soir-là, Umbach et Schmidt parlent des résultats de l'équipe de football de Saint Louis. Ils évoquent également les cours de Wall Street et la mauvaise météo qui s'est abattue la veille dans l'Illinois. Il y a eu un gros orage sur les rives du lac Michigan...

Tout en parlant, ils regardent distraitement ce qui se passe au sol. Malgré l'obscurité, les deux hommes voient correctement ce qui s'y passe car ils portent des lunettes de vision nocturne fixées sur leur casque de vol. Cet accessoire fait également office de jumelles ultra-puissantes. Elles permettent de distinguer parfaitement un avion à grande distance. Pour avoir une idée des performances de l'équipement, on peut citer le cas de ce pilote de F-16 du 170e ANG qui a réussi à apercevoir un avion en vol au-dessus de Saint Louis alors qu'il se trouvait lui-même à Springfield. C'est-à-dire à 150 kilomètres de distance ! Grâce à cet équipement, les pilotes américains peuvent voler de nuit à très basse altitude et attaquer un adversaire qui se croit protégé par l'obscurité.

Les F-16

Ce soir-là, Umbach et Schmidt sont aux commandes de F-16 Fighting Falcon.

C'est un appareil capable de voler à près de deux fois la vitesse du son. Équipé de commandes de vol électriques, motorisé par un réacteur Pratt & Whitney F100-PW-229, il est incroyablement maniable et nerveux. Aujourd'hui, seuls des appareils plus modernes comme le Rafale ou le F-22 parviennent à le surclasser.

Le F-16 est équipé des perfectionnements électroniques les plus pointus. Parmi les nombreux systèmes à bord, il en est un qui va jouer un rôle déterminant ce soir-là : le « *lantirn* » AN/AAQ-13 qui permet au pilote « d'illuminer » n'importe quelle cible à l'aide d'un rayon laser. Une fois l'objectif marqué, le pilote peut envoyer une bombe guidée avec une précision de l'ordre du mètre[6]. Pour le bombardement, les avions sont équipés de quatre bombes GBU-12 LGB à guidage laser. Ces engins pèsent 500 livres chacun[7].

L'Awacs[8]

Quelque part au-dessus du Pakistan se trouve un Awacs. C'est un E-3B/C, en fait un Boeing 707 équipé d'une énorme antenne radar sur le toit. Cet avion guide tous les appareils en vol ce soir-là. C'est lui qui transmet les ordres du commandement et prévient les pilotes s'ils doivent se diriger vers un point particulier. Parmi les avions pris en charge par l'Awacs, il y a bien évidemment les deux F-16 pilotés par Umbach et Schmidt.

Au moment des faits, l'Awacs se trouve à 400 kilomètres au sud-est de Kandahar.

Les amphétamines

Le lecteur s'en étonnera mais pour tenir le coup pendant cette longue mission nocturne, les deux pilotes ont absorbé des amphétamines. Leur but : être plus vigilant, plus performant, plus réactif et ne pas céder à la fatigue. La substance qu'ils ont absorbée est de la Dexedrine, également appelée Dextro-amphétamine. C'est un stimulant du système nerveux central. Il est important de souligner que Schmidt et Umbach n'ont pas pris ces drogues de leur propre initiative. C'est l'US Air Force qui incite régulièrement ses pilotes à prendre de la Dexedrine avant les vols. Cette prise de médicaments fait partie d'un « programme de gestion de la fatigue » expérimenté depuis la fin de la Seconde Guerre mondiale et toujours appliqué à l'heure où ces lignes sont écrites. La Dexedrine est utilisée depuis plus de trente ans dans l'armée de l'air américaine et elle y est considérée comme indispensable dans les longues missions de nuit.

---

6. Outre le marquage laser d'une cible, le système « lantirn » permet au pilote de disposer d'un suivi radar du relief au sol (TFR) et d'une vision infrarouge du terrain Flir. Il est composé de deux pods situés sous l'avion.
7. 224 kilos.
8. Airborne warning and control system.

« FRIENDLY FIRE »

Dans sa notice d'utilisation, le laboratoire GlaxoSmithKline, qui commercialise cette substance, met en garde les utilisateurs contre les effets secondaires du produit : « *Ce médicament peut altérer l'aptitude du patient pour conduire des véhicules, ou utiliser certaines machines à risques.* » Apparemment, l'US Air Force ne considère pas que ses F-16 soient des machines à risques. Ce n'est qu'un chasseur supersonique qui peut être armé de toutes sortes de bombes et de missiles !

Difficile d'imaginer que ces machines complexes, exigeant la plus grande vigilance, soient pilotées par des navigants sous amphétamines et pourtant c'est le cas.

Pour justifier cette pratique surprenante, le colonel Alvina, porte-parole de l'US Air Force, précise qu'à sa connaissance il n'y a jamais eu aucun accident causé par la consommation de cette drogue mais qu'il y en a eu des milliers provoqués par la fatigue[9]. En outre, il ajoute que cette prise de drogue n'est pas obligatoire. Elle est laissée à l'appréciation de chacun. En réalité, sous le couvert de l'anonymat, beaucoup de pilotes affirment qu'ils n'ont pas le choix : « *Vous avez intérêt à prendre vos "go-pills". Si vous ne les prenez pas, vous resterez au sol.* »

Les faits
Il est 21 h 12 lorsque les deux F-16 arrivent à 64 milles[10] nautiques au nord-est de Kandahar. Ils sont en train de prendre le chemin du retour vers le Koweït qui n'est plus qu'à 2 500 kilomètres. À cet instant précis, ils se dirigent vers leur point de rendez-vous avec le tanker.

Ils volent toujours au cap 230...

La météo est très bonne ce soir-là. Il n'y a aucun nuage et le ciel est clair. La visibilité nocturne est excellente.

Afin de préparer le ravitaillement, les pilotes changent de fréquence. Ils délaissent la « *strike control* »[11] pour passer sur « *tanker control* »[12]. En fait, ils quittent le contrôleur qui est

---
9. *Propos rapportés par l'agence Reuter.*
10. *Environ 120 kilomètres.*
11. *Fréquence sur laquelle ils sont avec un contrôleur d'attaque.*
12. *Fréquence de guidage vers le ravitailleur.*

chargé de les guider vers des cibles potentielles pour basculer avec un de ses collègues qui va les amener jusqu'à l'avion ravitailleur.

Pour les pilotes, c'est une sorte de pause dans la routine du vol. Ils étaient prêts à intervenir à la moindre alerte. Maintenant, ils vont s'arrêter à la « station-service », discuter quelques instants avec le « boomer »[13] et se changer les idées en remplissant leurs réservoirs. Certes, l'opération est délicate à effectuer de nuit, mais les deux hommes ont l'habitude. Et puis de temps en temps, les « boomers » réservent quelques surprises aux arrivants. Il n'est pas rare de trouver la page centrale de *Play Boy* collée contre la vitre du poste d'observation. C'est un bon moyen de changer les idées des pilotes et réveiller leur ardeur au combat !

À 21 h 16, les chasseurs arrivent dans le secteur de la ferme de Tarnak. La ville de Kandahar n'est qu'à 20 kilomètres. Umbach et Schmidt peuvent apercevoir les lumières dans la plaine. Ce ne sont que quelques lueurs faiblardes qui scintillent dans l'obscurité mais on ne peut pas se tromper. Seule l'agglomération est éclairée. Tous les villages alentour n'ont pas d'électricité.

Un peu nostalgique, Harry Schmidt remarque sur la fréquence que cela n'a rien à voir avec la féerie de Chicago la nuit !

Et puis soudain, il aperçoit les éclairs provoqués par les tirs des troupes canadiennes. C'est vers le sud de la ville... Cela ressemble à un feu d'artifice mais les deux hommes savent bien que cela ne peut pas être le cas. L'Afghanistan n'est pas le lieu de ce genre de manifestation. Surtout en ce moment.

De manière inattendue, Harry Schmidt annonce aussitôt que ces tirs leur sont destinés. Des types au sol les ont repérés et essaient de les descendre !

Étrange interprétation pour des professionnels du combat car les tirs sont très éloignés de leur position. En outre, comme

---

13. *Technicien à l'arrière de l'avion. Il est chargé de stabiliser le panier de ravitaillement pour permettre au pilote de connecter sa perche.*

il l'a été précisé, les obus sont tendus au ras du sol. Aucun n'est dirigé vers le ciel. Rien à voir avec des barrages de DCA comme on a pu en voir au-dessus de Bagdad...

Schmidt se sent pourtant très sûr de lui. L'idée que ce soit un entraînement ne lui vient pas à l'esprit. Il est conforté dans son assurance par ce qu'il sait sur les opérations en cours. Dans les documents qu'il a consultés avant le vol[14], il n'y avait aucune information concernant la présence d'exercices de tirs dans les environs de Kandahar.

Schmidt se sent donc dans son droit de demander à l'Awacs l'autorisation de « marquer » les coordonnées géographiques du lieu d'où partent les tirs. À l'aide du système « *lantirn* », il veut illuminer la ferme Tarnak au laser. Nous l'avons vu, ce marquage pourra lui permettre par la suite d'attaquer avec une précision parfaite.

De manière étrange, personne dans l'avion radar ne semble au courant des exercices effectués par les Canadiens.

L'autorisation de « marquage » est donc accordée...

Il ne s'agit évidemment que d'une autorisation d'illumination laser, pas de bombardement. Le pilote a le droit de rentrer dans son ordinateur les coordonnées géographiques du point d'où partent les tirs. Rien de plus...

De manière assez inexplicable, nous allons voir que ce soir-là, les deux hommes aux commandes des F-16 n'ont aucune envie d'en rester là.

Il faut environ une minute à Harry Schmidt pour prendre les coordonnées de Tarnak Farm. L'opération est assez simple. Il place son F-16 dans l'axe de Tarnak Farm, illumine la cible au laser, puis vérifie que les coordonnées du point ont bien été enregistrées par le calculateur du « *lantirn* ». Cette opération l'oblige à s'approcher de l'objectif. Elle pourrait se révéler dangereuse si les hommes au sol étaient effectivement des hostiles. Par chance pour Schmidt, ce n'est pas le cas et l'opération de marquage se déroule paisiblement.

---

14. *Avant de partir, les pilotes consultent les Air Tasking Order (ATO) et Airspace Control Order (ACO). Dans les ACO, il est écrit que la zone de Tarnak Farm peut être une zone d'entraînement mais que celle-ci n'est pas continuellement active.*

Puis les deux pilotes se séparent... Le leader part vers le nord-est et le numéro 2 vers le sud.

Les conversations qui suivent sont exactement celles qui ont été enregistrées sur la fréquence entre les deux pilotes : « Coffee 51 », le leader (William Umbach) et « Coffee 52 », l'ailier (Harry Schmidt).

21 h 22 mn et 38 sec (leader « Coffee 51 ») : *Est-ce que tu as les coordonnées correctes ou est-ce que tu veux que je les reprenne ?*

Pour bien comprendre la signification de ce message, il faut savoir que les F-16 sont équipés d'un système qui permet de transférer très rapidement certains paramètres d'un avion à l'autre. C'est une sorte de « data link » qui fonctionne lorsque les deux avions sont relativement proches. Lorsqu'un pilote a marqué une cible au sol, il peut facilement donner les coordonnées à son équipier. Le transfert entre les deux ordinateurs se fait en quelques secondes. Cette fonction est particulièrement pratique si un des pilotes n'a plus de munitions et qu'il souhaite que son équipier passe à l'attaque à sa place.

Dans son message, William Umbach souhaite vérifier si son ailier a bien noté les coordonnées des « agresseurs » car il voudrait bien récupérer ces informations.

Si les coordonnées ne sont pas bonnes, il peut alors effectuer lui-même un marquage...

21 h 22 mn et 42 sec (ailier « Coffee 52 ») : *Heu... Stand by... Je vais les avoir tout de suite.*

La réponse d'Harry Schmidt est ambiguë. Il prétend ne pas avoir terminé le marquage et demande encore un peu de temps. En fait, le pilote veut être absolument certain que ses paramètres sont corrects et il va refaire lui-même un second passage au-dessus de la ferme de Tarnak.

Encore une fois, on ne peut que s'étonner de ce comportement. Lorsque des avions sont confrontés à une menace de tirs, la priorité est d'essayer de s'échapper. Pour cela, ils n'ont qu'un moyen : s'éloigner le plus rapidement possible. Si possible en rase-mottes. S'il n'est pas possible de voler bas, il faut alors reprendre rapidement de l'altitude en montant le plus haut possible à une altitude de sécurité où les obus ne pourront pas les atteindre. Or les deux F-16 font exactement le contraire ! Alors qu'ils viennent d'annoncer qu'on leur tirait dessus, ni l'un ni l'autre n'effectue de manœuvre évasive. C'est même pire en ce qui concerne « Coffee 52 », il descend et se rapproche tranquillement de Tarnak Farm.

Quant à « Coffee 51 », il se met à effectuer paisiblement des « *patterns* »[15] dans les environs en attendant que son équipier ait terminé son marquage laser. En fait, les deux chasseurs sont en train d'évoluer au-dessus de ce qu'ils affirment être un agresseur comme des petits avions de tourisme en train de faire des photos souvenirs.

Aberrant et incompréhensible !

Les secondes passent...

En prenant tout son temps, Harry Schmidt se met en léger piqué à basse altitude pour fignoler sa seconde désignation laser de la ferme.

Quid des tirs menaçants ? Il n'y fait même pas mention lorsqu'il donne sa position :

21 h 22 mn et 47 sec (ailier « Coffee 52 ») : *J'arrive par le sud-ouest.*

Cinq secondes plus tard, Schmidt stabilise son F-16 en vol horizontal. L'opération de marquage est terminée. Son ordinateur a enregistré les coordonnées géographiques de l'endroit.

Pendant ce temps-là, dans l'avion ravitailleur, on commence à se poser des questions sur l'évolution de la situation... Actuellement, le KC-135 vole en ligne droite. De ce fait, il est en train de s'éloigner de la zone prévue pour le rendez-vous. Si rien ne se passe, les deux F-16 vont être trop éloignés de lui. Or ils n'ont plus beaucoup de carburant. Le tanker doit donc en tenir compte afin de rester à proximité.

Consciencieusement, le pilote du KC-135 contacte donc le contrôleur de l'Awacs chargé de guider les F-16 vers lui. Il sait que ce n'est jamais plaisant de courir après le tanker avec des réservoirs à sec.

21 h 23 mn et 29 sec (pilote du tanker) : *Heu... Je suppose que*

---

15. *Trajectoire standard en forme d'hippodrome.*

ce serait mieux si on faisait un virage à gauche pour rester dans la zone jusqu'à ce que « Coffee 51 » ait terminé.

Le pilote du tanker vient de s'adresser à l'Awacs... Or, de manière incroyable, c'est Harry Schmidt qui va répondre. C'est tout à fait contraire aux procédures du vol en patrouille. Dans toutes les armées de l'air, c'est toujours le leader qui parle à la radio. Éventuellement, les ailiers ont la possibilité de répondre lorsqu'on leur pose des questions précises ou quand ils reçoivent un ordre. Mais les messages doivent être brefs et précis afin de ne pas occuper inutilement la fréquence.

Dans le cas présent, non seulement le leader est totalement absent des contacts radio mais son ailier va prendre une décision à sa place. Pire... Dans le message qui suit, Schmidt parle à la première personne. Pour tout leader de patrouille, ce qui suit est inacceptable[16].

21 h 23 mn et 34 sec (ailier « Coffee 52 ») : *Heu... D'accord. J'ai actuellement un « Tally » dans les environs. Heu... je demande l'autorisation d'envoyer quelques œufs de 20 Mike Mike*[17]...

« Tally »[18] est le terme conventionnel des pilotes de chasse pour signifier que leur cible est en vue et qu'elle a été identifiée. En fait, Harry Schmidt a effectivement un objectif en visuel mais il ne l'a absolument pas identifié. Est-ce que ce sont des Talibans ou des troupes amies ? Rien ne permet de se prononcer avec certitude. Cela n'empêche pas le pilote de demander une autorisation de tir. Encore une fois, sans même en référer à son leader ! Car les « œufs » qu'il souhaite envoyer sont des obus de 20 millimètres.

Sur ce point, on ne peut que s'interroger sur l'état d'esprit de Schmidt. Certes, son F-16 est équipé d'un canon à barillet Vulcan M61A1 qui peut tirer six mille coups à la minute, mais compte tenu des instructions spéciales Spins[19], cette demande va à l'encontre de toute logique d'attaque. Plus tard, les enquê-

---

16. *L'auteur de ce livre est lui-même leader de patrouille. En aucun cas, il n'accepterait de voir un ailier se comporter de la sorte.*
17. *Des obus de 20 millimètres.*
18. *Abréviation de Tally Ho.*
19. *Spins* : Special Instructions. *Instructions qui définissent certaines procédures de combat, en particulier celles qui concernent les tirs.*

teurs jugeront cette requête extrêmement suspecte. Pourquoi tirer au canon de nuit dans ces conditions ? D'autant que malgré le temps qui passe, aucun des deux avions ne procède à la moindre manœuvre d'évasion pour se protéger de la menace annoncée. Contre toute logique, les deux F-16 continuent à faire des virages tranquilles au-dessus de Tarnak Farm. On leur tire dessus et ils tournent en rond au-dessus de leurs adversaires ? C'est incompréhensible !

Certains experts émettront l'avis que les pilotes s'ennuyaient. Ils ont simplement eu envie de passer le temps en faisant un carton sur quelque chose. Besoin de se distraire ! D'autres diront que leur jugement a été altéré par les doses d'amphétamines absorbées avant le vol.

Les fameuses *« go-pills »* permettent de résister à la fatigue mais elles rendent également euphoriques et poussent les hommes à surpasser leurs performances. Il est impossible d'être affirmatif. La seule chose que l'on peut dire avec certitude, c'est que l'attitude des deux hommes comporte des contradictions troublantes...

Au sol, les Canadiens viennent tout juste de reprendre les exercices. Ils tirent maintenant des obus antichars sur une carcasse située à 200 mètres de leur position. Le rythme est d'une déflagration toutes les quarante-cinq secondes. Cette activité est appuyée par des armes légères.

Les malheureux sont loin de se douter de la menace qui pèse sur eux. Car les événements se précipitent... Au moment même où Harry Schmidt demande l'autorisation de tirer au canon, il part en virage serré par la droite et se place exactement dans l'axe de la ferme de Tarnak.

Il bascule son *master arm* en position « *gun* » et fait sauter les sécurités. La main droite bien calée sur le manche latéral, la gauche sur l'imposante manette des gaz, il se laisse descendre à basse altitude...

La cible est devant lui à moins de 4 milles nautiques. Il est prêt à faire feu. Il ne lui manque que l'autorisation de l'Awacs.

Malheureusement pour lui, la réponse du contrôleur n'est pas vraiment celle qu'il attendait :

21 h 23 mn et 42 sec (contrôleur de l'Awacs) : *Stand by*[20] « Coffee 51 ». *Stand by...*

Le contrôleur dans l'avion radar a parfaitement raison d'ordonner au pilote de patienter. Il ne peut pas donner une autorisation de tir sur un objectif dont il ne connaît même pas l'identité.

Malaise...

D'ailleurs, William Umbach, le leader, doit ressentir le même malaise puisque, trois secondes plus tard, il appelle Harry Schmidt :

21 h 23 mn et 45 sec (leader « Coffee 51 ») : *Il faudrait qu'on soit certains... euh... que ce ne sont pas des copains, hein...*

Même si la voix est mal assurée, le leader a raison. C'est tout de même la moindre des choses ! D'autant qu'il ne sait toujours pas à quel endroit son ailier va tirer. Il n'a pas encore reçu les paramètres de la cible *via* la transmission air-air entre les avions. Va-t-il placer ses obus au bon endroit ?

À supposer qu'il y ait un bon endroit, cette nuit-là !

21 h 23 mn et 51 sec (leader « Coffee 51 ») : *Si tu peux, envoie-moi les données... Si tu as un bon marquage de la position... Donne-la moi.*

Pas de réponse... Visiblement, la timide demande du leader reste sans effet. Harry Schmidt semble vouloir se réserver le plaisir de faire le carton tout seul.

Le leader n'insiste pas. En fait, le commandant de la mission n'a pas la situation en main. Les coordonnées ne lui arrivent toujours pas et Schmidt continue à se taire.

Confronté à une telle attitude, n'importe quel leader au monde pousserait un violent coup de gueule contre son équipier et le débriefing serait sévère. William Umbach ne proteste même pas.

Ce n'est que quarante-huit secondes plus tard (une éternité !), que l'ailier va le rappeler pour l'informer vaguement de ce qu'il est en train de faire. Mais il ne transmet toujours pas les coordonnées de la cible :

---

20. *Attendez.*

21 h 24 mn et 39 sec (ailier « Coffee 52 ») : *Je vais perdre un peu d'altitude vers le sud-ouest.*

À cet instant, Schmidt est à 9 kilomètres de la position des Canadiens. Il perd effectivement de la hauteur pour faire une « passe canon ». Au premier passage, il y a cinq minutes, les deux F-16 étaient à 30 000 pieds. Maintenant, Schmidt arrive à 5 000 pieds. Il est prêt à faire feu. Grâce au système « *lantirn* », il « voit » les collines et le relief autour de lui comme en plein jour.

Encore une fois, les enquêteurs s'étonneront que Schmidt prenne si peu de précautions pour sa propre sécurité. Si la menace au sol était réelle, l'avion serait très vulnérable à certains types de missiles sol-air.

Pendant ce temps-là, le leader continue à faire des cercles à 15 000 pieds tout en se rapprochant insensiblement de Tarnak Farm. D'où il se trouve, il aperçoit toujours les explosions qui déchirent la nuit. Puis tout à coup, le rythme des tirs diminue de nouveau d'intensité.

Les Canadiens recommencent à manquer de munitions.

21 h 24 mn et 42 sec (« Coffee 52 » appelant l'Awacs) : *Ici « Coffee 52 », est-ce que vous voulez qu'on bascule sur une autre fréquence ?*

Cette demande apparemment anodine ne l'est pas. En fait, Schmidt piaffe d'impatience... Il approche de sa cible et voudrait tirer. Il souhaite donc quitter la fréquence destinée au ravitaillement pour revenir sur la fréquence de combat sur laquelle il était initialement. C'est un appel du pied pour inciter le contrôleur à l'autoriser à faire feu.

Le contrôleur de ravitaillement ne répond pas immédiatement. Il est en contact avec le CAOC pour demander des instructions. Et la tournure que prennent les événements ne lui plaît pas... La voix de « Coffee 52 » paraît étrangement nerveuse. Presque excitée. Une chose est sûre, le contrôleur ne veut pas prendre la responsabilité d'ordonner un tir sans avoir reçu lui-même des ordres clairs. D'ailleurs, ce n'est pas son travail. Son job, c'est de guider les F-16 vers le tanker, pas de les mener au combat.

21 h 24 mn et 48 sec (leader « Coffee 51 ») : *Est-ce que tu peux vérifier mon retour ? Vérifie mon retour pour voir si c'est bon.*

Cette fois, William Umbach a reçu les paramètres de Schmidt. Il est donc en possession des coordonnées géographiques des « hostiles ». Prudent, il les renvoie à son ailier pour que celui-ci vérifie s'il n'y a pas d'erreurs. Visiblement, il cherche à calmer le jeu. Il a compris que son copain voulait en découdre, mais il n'a pas la volonté de s'imposer. Alors il biaise en demandant si le retour des paramètres est correct. C'est un moyen pour gagner quelques secondes.

Entre-temps, Schmidt est passé pratiquement à la verticale de l'objectif sans tirer. Puis il a repris de l'altitude jusqu'à 7 000 pieds. Nerveusement, il a ensuite effectué un virage serré vers le sud-ouest pour se remettre en position. Pendant cette manœuvre, il a changé d'avis. Pourquoi tirer au canon alors qu'il peut taper beaucoup plus fort pour anéantir l'ennemi. Il a donc sélectionné « *bombs* » sur son *master arms*. S'il reçoit l'autorisation de tir, il va bombarder ceux qui sont censés l'agresser.

21 h 24 mn et 55 sec (leader « Coffee 51 ») : *Ouais, c'est bon, j'ai aussi ton retour.*

Techniquement, à cet instant, tout est OK pour une attaque. Les illuminateurs laser des deux F-16 sont bien braqués sur la même cible au sol. Il suffit que l'un ou l'autre des pilotes appuie sur la détente pour que la cible soit atteinte[21]. Les bombes GLB-12 qui se trouvent sous les ailes sont des engins d'une précision étonnante. Elles font partie de ces armes modernes dont la précision est « chirurgicale ».

Il ne manque que l'ordre de tir !

Malheureusement, une fois de plus, l'Awacs rappelle les chasseurs et ce n'est pas une bonne nouvelle pour Schmidt :

21 h 25 mn et 00 sec (contrôleur de l'Awacs) : *« Coffee 51 ». Vous ne tirez pas... J'attends des informations... J'attends des informations...* (le reste du message est incompréhensible).

---

21. Il faut également que l'avion soit dans une configuration qui corresponde au « domaine » de la bombe : distance suffisante, altitude, vitesse de largage...

Il est bien évident qu'au COAC, on a bien compris que la situation était critique. À toute vitesse, les officiers de permanence font des recherches pour vérifier s'il y a des troupes alliées dans le secteur. Il faut être certain qu'on a affaire à des Talibans qui tirent sur les avions américains.

Pour le moment, les ordres sont très clairs : les F-16 ne doivent pas faire usage de leurs armes.

Malheureusement, Harry Schmidt ne l'entend pas de cette oreille. Cela fait plusieurs heures qu'il s'ennuie aux commandes. Il a envie de se dégourdir la gâchette. C'est la seconde fois en trois minutes qu'il arrive en position de tir. S'il attend encore, il va sortir du « domaine » de largage de sa bombe et être obligé de refaire un tour... Pas question ! Il veut attaquer.

Pour arriver à ses fins, il dispose d'un moyen parfaitement réglementaire. Il lui suffit de déclarer à la radio qu'il est en état de légitime défense. Si sa vie est en jeu, il peut riposter sans avoir à attendre une quelconque autorisation.

Et c'est évidemment ce qu'il fait :

21 h 25 mn et 04 sec (ailier « Coffee 52 ») : *Okay, je vois des types sur la route. Et il y a quelque chose qui ressemble à une pièce d'artillerie qui est en train de nous tirer... Je passe en légitime défense...*

À partir de cet instant, tout change... Les mots « légitime défense » ont été prononcés. C'est une sorte de laissez-passer qui annule toutes les procédures en vigueur. Plus besoin d'autorisation ni de discours ou d'explications. Le contrôleur de l'Awacs n'a plus qu'à accuser réception du message.

C'est ce qu'il fait d'une voix... légèrement inquiète.

21 h 25 mn et 04 sec (contrôleur de l'Awacs) : *Heu, bien reçu, « Coffee 52 »...*

Cette fois, la machine infernale est enclenchée. Le F-16 de Harry Schmidt est à 7 000 pieds. Sa vitesse est de 450 nœuds. Il accélère encore. Le cow-boy a dégainé son colt, il ne lui reste plus qu'à presser la détente.

Quelque part à 15 000 pieds, le leader continue à faire des cercles comme un spectateur inutile. Il est très loin de son fougueux ailier. Est-il fatigué ? Inconscient de ce qui se prépare ? Les amphétamines le rendent-elles amorphes ? C'est pourtant un professionnel, il voit bien que les tirs des Canadiens ne sont pas orientés dans leur direction... Qu'importe. Une fois de plus, William Umbach cède. Depuis son avion, il valide les paramètres de tir de son ailier, donnant implicitement son consentement. Puis il annonce d'une voix morne.

21 h 25 mn et 17 sec (leader « Coffee 51 ») : *Vérification du master arms... Laser armé...*

Au sol, les soldats canadiens continuent leurs entraînements. Aucun d'eux ne se doute que le sifflement du réacteur qu'ils viennent à nouveau d'entendre au-dessus de leur tête est un très mauvais présage. C'est la mort qui se précipite sur eux.

21 h 25 mn et 25 sec (ailier « Coffee 52 ») : *J'arrive du sud-ouest.*

Soigneusement, Harry Schmidt stabilise son avion. Pendant ce temps, Umbach compare ce qu'il voit sur son écran de tir et ce que son ailier vient d'annoncer. Il serait encore temps de donner un ordre pour l'arrêter...

C'est lui le chef. Malgré sa morgue, Schmidt obéirait. Mais Umbach ne dit rien. Il n'est que le témoin impuissant de ce qui va être une terrible tragédie.

Pire, il pose une question qui le rend complice.

21 h 25 mn et 37 sec (leader « Coffee 51 ») : *Tu vas la coller sur le pont ?*

Harry Schmidt ne se donne même pas la peine de répondre... Parfaitement stabilisé en descente, il perd rapidement de l'altitude. Lorsque les paramètres sont bons, il appuie sur le poussoir de son manche et la BLG-12 se détache de son aile droite. La bombe pèse 224 kilos. Elle plonge vers le sol en se dirigeant inexorablement vers le point désigné par le laser. Guidée par son propre système de vol, elle ne peut plus manquer sa cible[22]. Sa précision est de l'ordre de 50 centimètres.

---

22. *En fait, la bombe de « Coffee 52 » est larguée à l'extrême limite de son enveloppe de tir.*

Au même moment, la caméra embarquée sur le F-16 filme la trajectoire de l'engin sans la perdre de vue une seule seconde.

21 h 25 mn et 39 sec (ailier « Coffee 52 ») : *Bombe larguée !*

Schmidt redresse son avion et revient en vol horizontal. De manière étonnante, il se rapproche même très près du sol sans chercher à reprendre de l'altitude. S'il avait vraiment conscience que les tirs lui étaient destinés, il reprendrait de l'altitude pour se mettre en sécurité.

Il n'en fait rien...

Dans vingt secondes, la bombe atteindra son objectif.

21 h 25 mn et 49 sec (leader « Coffee 51 ») : *On va vérifier en direct...* (suite incompréhensible)...

Les secondes passent. Les yeux rivés vers la zone, Schmidt décrit une succession de virages serrés par la droite. Sans crainte d'être abattu, il reste juste au-dessus de Tarnak Farm en attendant l'explosion de son engin.

Encore une fois, c'est une attitude inexplicable pour un pilote qui se croit sous la menace d'un tir ennemi. D'où vient alors le sentiment de légitime défense annoncé ? Cela fait plus de cinq minutes que les deux avions tournent au-dessus d'une hypothétique menace.

Au même moment, le sergent Lorne Ford lève la tête vers le ciel. Entre deux tirs, il vient d'entendre à nouveau le sifflement d'un réacteur dans le ciel. L'avion semble tout proche.

La bombe chute vers lui à près de 1 000 kilomètres à l'heure.

21 h 25 mn et 52 sec (ailier « Coffee 52 ») : *Ce coup-là, je le sens bien...*

21 h 25 mn et 54 sec (leader « Coffee 51») : *Le laser est dessus...*

Puis tout à coup, un énorme éclair déchire l'obscurité et Schmidt ne peut retenir un cri de victoire :

21 h 26 mn et 01 sec (ailier « Coffee 52 ») : *Shack !!!!!*

Au sol, le caporal René Flaquette était allongé à côté de sa mitrailleuse. Il a tourné la tête vers le canon antichar à quelques mètres de lui lorsqu'il a soudain entendu un sifflement aigu suivi d'un éclair aveuglant.

La bombe vient de percuter son canon.

Contrairement à une bombe classique, la BCG-12 est un engin conçu pour produire un effet de souffle – fragmentation spécifique. Les éclats ne sont pas répartis uniformément dans l'espace. Ils partent de façon aléatoire au ras du sol. Il y a d'abord un énorme flash qui aveugle les hommes. Puis une fraction de seconde plus tard, c'est l'effet de souffle. L'air brusquement accéléré par l'explosion bouscule tout sur son passage avec la puissance d'un train. Enfin, il y a les éclats métalliques.

Les ravages sont épouvantables...

Le caporal René Flaquette est brusquement projeté en l'air. Alors qu'il tournoie comme un pantin, il a une pensée folle.

– *Pourquoi est-ce que je ne touche pas le sol ?*

Puis il retombe et tout devient noir dans sa tête. Il est très grièvement touché. Ses tympans sont déchirés, sa poitrine est brisée, ses poumons se remplissent de sang. René Flaquette survivra miraculeusement à ses blessures. Quatre soldats canadiens auront moins de chance. Ils seront tués sur le coup.

Ce sont :
– le sergent Marc D. Leger (29 ans, natif de Lancaster, Ontario) ;
– le caporal Ainsworth Dyer (25 ans, Montréal, Québec) ;
– le soldat de 2ᵉ classe Richard A. Green (24 ans résidant à Edmonton, Alberta) ;
– le soldat de 2ᵉ classe Nathan Smith (27 ans résidant à Tatamagiouche, Nouvelle-Écosse).

Parmi les nombreux blessés, huit seront très gravement touchés et resteront handicapés à vie comme le sergent Loren Ford qui perdra un œil et une jambe.

Cinq secondes exactement après que la bombe a explosé, le contrôleur de l'Awacs appelle la patrouille. Le ton est autoritaire car il vient de recevoir un message urgent de la part du CAOC...

Cinq secondes !!!

21 h 26 mn et 11 sec (contrôleur de l'Awacs) : « *Coffee 51* », *vous dégagez du secteur... Il y a des troupes alliées près de Kandahar. Je répète, vous dégagez le secteur !*

Il est hélas trop tard !

C'est comme si le ciel tombait brusquement sur la tête d'Harry Schmidt. Il n'est pas encore certain d'avoir commis une gaffe, mais il se dit que sa vie vient peut-être de basculer.

21 h 26 mn et 16 sec (ailier « Coffee 52 ») : *Euh, compris, on dégage... vers le sud...*

21 h 26 mn et 18 sec (contrôleur de l'Awacs) : « *Coffee 51 », est-ce que vous pouvez confirmer la réception du message ?*

En fait, l'information est tellement importante que le contrôleur veut être certain que le leader du F-16 l'a bien reçue. Car, encore une fois, c'est Schmidt qui a répondu et Umbach n'a rien dit.

21 h 26 mn et 21 sec (ailier « Coffee 52 ») : *On a bien compris... Euh, vous pouvez me confirmer qu'ils étaient bien en train de nous tirer dessus ?*

Cette fois, la demande de Schmidt n'a absolument aucun sens... Comment l'Awacs pourrait-il répondre à une telle question ? Il est en vol à plus de 400 kilomètres de l'endroit. En outre, il ne possède aucun détecteur qui pourrait permettre de noter la direction des tirs. Du coup, le contrôleur n'y comprend plus rien. C'est la confusion la plus totale.

21 h 26 mn et 31 sec (contrôleur de l'Awacs) : « *Coffee 51 », vous êtes autorisé à la légitime défense mais on vous demande de rejoindre le sud...* (inaudible)... *Kandahar.*

21 h 26 mn et 42 sec (leader « Coffee 51 ») : *OK. On fait demi-tour. Cap au 082.*

C'est vraiment n'importe quoi ! L'Awacs vient de demander au F-16 de partir vers le sud et William Umbach annonce qu'ils partent vers le 082. C'est-à-dire vers l'est. Le pauvre, pour une fois qu'il parle ! De toute évidence, on est en situation de crise et la panique n'est pas loin.

Du coup, le contrôleur de l'Awacs s'énerve.

21 h 26 mn et 44 sec (contrôleur de l'Awacs) : « *Coffee 51 », foutez le camp vers le sud !!!*

Le ton est si violent que le pilote répète les instructions en employant exactement les mêmes termes.

21 h 26 mn et 46 sec (leader « Coffee 51 ») : *Roger... on fout le camp... « Coffee 51 ».*

Au même moment, en Floride, c'est le branle-bas de combat dans les salles d'opérations. Il est actuellement 3 h 26 de l'après-midi sur la base de MacDill. Les lignes directes sonnent de toutes parts. On tremble à l'idée que l'irréparable ait été commis. Deux questions reviennent en permanence : à quel endroit exactement l'incident a-t-il eu lieu ? Une bombe a-t-elle été vraiment larguée ?

C'est l'Awacs qui relaie les communications satellites pour transmettre les messages aux pilotes.

Dans leur cockpit, les deux hommes tremblent en entendant les questions qu'on leur pose...

21 h 27 mn et 15 sec (contrôleur de l'Awacs) : « *Coffee 51* », *j'ai besoin des coordonnées quand vous pourrez me les passer. Et j'ai besoin de savoir si vous avez vraiment tiré ?*

Les coordonnées géographiques demandées sont celles où la bombe a été larguée.

21 h 27 mn et 23 sec (leader « Coffee 51 ») : *Vas-y...*

Étrange encouragement de la part de William Umbach vis-à-vis de son ailier. La réaction est presque enfantine. Il n'ose pas parler : « *C'est toi qui as tiré alors explique-toi...* ».

21 h 27 mn et 25 sec (ailier « Coffee 52 ») : *Ouais... J'ai largué une bombe... Dans les environs du 31 24 Nord, c'est le point 78 et 65 43 Est... C'est le point 522... C'est, euh... enfin... une estimation... C'est à peu près dans les environs où on se trouve...*

La voix est incertaine... Schmidt est en plein désarroi. C'est la panique. Il cafouille lamentablement. Les coordonnées qu'il vient de fournir à l'Awacs ne sont pas celles où la bombe a été larguée mais sa position actuelle. Il est au-dessus du village de Qazi Kalay à 12 kilomètres de la ferme de Tarnak. En fait, contrairement à ce qu'on lui a demandé, il n'a pas encore « foutu le camp » et tourne piteusement dans les environs de la zone.

21 h 27 mn et 45 sec (contrôleur Awacs) : « *Coffee 51* », *vous pouvez répéter les coordonnées « est »*.

Il y a un long moment de silence sur la fréquence. Schmidt ne répond pas. Si seulement il avait pu se tromper dans le calcul du point d'impact de la bombe !

Au bout de seize secondes, il bredouille.

21 h 28 mn et 01 sec (ailier « Coffee 52 ») : *Euh... Je ne suis pas sûr que ce soit exact... J'ai pas les coordonnées exactes maintenant... Euh... Est-ce que vous voulez que je retourne là-bas et que je vous les envoie ?*

21 h 28 mn et 07 sec (contrôleur de l'Awacs) : *Négatif !*

La réponse du contrôleur a claqué comme un coup de fouet. Les liaisons satellites transmettent la nouvelle à l'autre bout du monde. En Floride, on sait déjà qu'il y a eu un drame. On commence même à avoir des précisions. Sur le terrain, les Canadiens appellent au secours pour qu'on leur envoie des dizaines d'ambulances.

21 h 28 mn et 13 sec (leader « Coffee 51 ») : *Rentrons...*

C'est bien la première fois depuis le début de la mission que William Umbach prononce une parole qui ressemble à un ordre.

Pour toute réponse, Schmidt se met à parler seul sur la fréquence. Il se cherche des excuses pour se convaincre qu'il a bien agi :

21 h 28 mn et 26 sec (ailier « Coffee 52 ») : *Ouais... Ils étaient vraiment en train de nous tirer dessus.*

21 h 28 mn et 29 sec (ailier « Coffee 52 ») : *C'est sûr qu'on aurait dit qu'il cherchait à tirer quelque chose et qu'ils essayent de...*

21 h 28 mn et 35 sec (leader « Coffee 51 ») : *Ouais. On avait les feux de positions allumés. Et ça n'aide pas beaucoup. Je le crois pas...*

Difficile de comprendre l'argument que William Umbach essaie de développer. En fait, les deux hommes sont en train de réaliser que ce qu'ils viennent de faire peut avoir des conséquences dramatiques pour leur carrière. Les cow-boys surexcités ne sont plus que deux gamins maladroits qui tentent de se convaincre qu'ils n'ont pas tué des innocents.

21 h 28 mn et 42 sec (ailier « Coffee 52 ») : *Je voyais un groupe de mecs sur la route autour d'un canon. Et ils ne semblaient pas organisés comme les gars de chez nous.*

L'argumentation est de plus en plus pauvre. Comment analyser à 5 000 pieds si les servants d'un canon travaillent comme des Américains ou des Talibans.

21 h 28 mn et 49 sec (leader « Coffee 51 ») : *On aurait dit qu'ils étaient sur une sorte de pont. C'est ça qu'on aurait dit...*
21 h 28 mn et 52 sec (ailier « Coffee 52 ») : *Ouais, pas tout à fait... J'espère que c'était la bonne chose à faire...*
21 h 28 mn et 53 sec (leader « Coffee 51 ») : *Moi aussi, j'espère...*

Puis soudain les réflexions des deux pilotes sont interrompues par le contrôleur de l'Awacs.

21 h 29 mn et 02 sec (contrôleur Awacs) : « *Coffee 51 », vous me recevez ?*
21 h 29 mn et 03 sec (leader « Coffee 51 ») : *Oui, allez-y.*
21 h 29 mn et 04 sec (contrôleur Awacs) : *J'ai besoin de savoir le type de bombe que vous avez larguée ? Il me faut aussi le résultat et le type de Safire[23].*
21 h 29 mn et 10 sec (leader « Coffee 51 ») : *C'était une seule GBU-12 qu'on a larguée... On a mis un coup au but directement sur, heu... une pièce d'artillerie qui était en train de tirer... En ce qui concerne le Safire. Heu... heu... 52 de 51, qu'est-ce que tu peux dire là-dessus ?*

Bien évidemment, Umbach n'a pas grand-chose à révéler pour expliquer le type d'armes avec lesquelles ils ont été menacés depuis le sol.

Par ailleurs, les contradictions commencent à apparaître. S'ils donnent des détails sur les armes avec lesquelles on leur a tiré dessus, il va falloir expliquer quelles manœuvres défensives ils ont effectuées pour éviter ces tirs. Or il n'y en a eu aucune... Umbach vient donc de repasser la « patate chaude » à son ailier.

21 h 29 mn et 27 sec (ailier « Coffee 52 ») : *Je dirais... euh... la même chose... C'était une sorte... euh de feu continu. Il semblait dirigé vers nous... au moment où on est passés à côté et puis... quand on a tourné autour.*

En fait, le drame a eu lieu il y a tout juste trois minutes et l'enquête est déjà en train de commencer. Les questions fusent.

---

23. Surface to Air Fire : *tir en provenance du sol dirigé vers le ciel. Le contrôleur veut savoir par quel type d'armes antiaériennes les pilotes ont été menacés.*

Le contrôleur de l'Awacs a plusieurs interlocuteurs en ligne. Les gars des « ops » veulent tout savoir.

21 h 29 mn et 46 sec (contrôleur de l'Awacs) : *Est-ce que vous êtes montés à une altitude de sécurité pour éviter les tirs ?*

21 h 29 mn et 52 sec (leader « Coffee 51 ») : *Négatif. Ils étaient déjà en train de tirer avant qu'on soit sur place.*

21 h 29 mn et 55 sec (ailier « Coffee 52 ») : *J'estimerais qu'on est allés jusqu'à 10 000 pieds. Et je vous fais savoir qu'on a fait une séparation en azimut. 51 est parti vers le sud et 52 vers le nord-est. Et... euh... un des canons s'est orienté vers l'est pour tirer sur 52... euh... aussi...*

Bien évidemment, tous ces arguments ne sont que des suppositions sans réels fondements. En fait, Schmidt cherche à se disculper. Et il n'y arrive pas.

21 h 30 mn et 15 sec (contrôleur de l'Awacs) : *Bien reçu. Et si vous pouviez me donner une longitude approximative ?*

La question du contrôleur est logique... Tout à l'heure, il a demandé de préciser les coordonnées « est » du point bombardé et il n'a pas compris les chiffres annoncés. Comme Schmidt n'a pas répondu à sa demande, il insiste une fois de plus pour avoir la longitude.

21 h 30 mn et 24 sec (ailier « Coffee 52 ») : *Ouais... Je les ai pas notées tout à l'heure.*

21 h 30 mn et 36 sec (ailier « Coffee 52 ») : *Est-ce qu'on était tout près de l'aéroport ?*

21 h 30 mn et 40 sec (leader « Coffee 51 ») : *Ouais...*

Comme Schmidt n'a toujours pas donné les coordonnées géographiques demandées, le contrôleur de l'Awacs revient à la charge.

21 h 30 mn et 40 sec (contrôleur de l'Awacs) : *Est-ce que vous pourriez me répéter les coordonnées que vous m'avez passées il y a un moment ?*

21 h 30 mn et 43 sec (leader « Coffee 51 ») : *Hey, il veut que tu lui redonnes les coordonnées !*

À présent, les dialogues n'ont plus rien d'une conversation aéronautique.

Les pilotes ne sont plus que deux contrevenants à qui la

police pose des questions et qui se renvoient la balle pour éviter de répondre... Harry Schmidt a bien compris que s'il fournit ses coordonnées de tir, cela revient à reconnaître automatiquement son erreur.

21 h 30 mn et 45 sec (ailier « Coffee 52 ») : *Ouais, j'ai pas les bonnes coordonnées.*

21 h 30 mn et 49 sec (contrôleur d'une voix peu convaincue) : *D'accord. D'accord...*

Du coup, le pilote tente de donner une vague information sur sa position au moment du tir.

21 h 30 mn et 52 sec (ailier « Coffee 52 ») : *Est-ce que tu estimerais... J'estimerais environ 5 kilomètres vers le sud... Peut-être un 150.*

Pas très claire comme position... On peut logiquement supposer que Schmidt annonce qu'il se trouvait sur le radial 150 de l'aéroport de Kandahar pour une distance de 5 kilomètres. Quoi qu'il en soit, c'est faux. Ce n'est pas le point exact où il a lâché sa bombe.

Comme le contrôleur n'est pas certain que Schmidt lui dise la vérité, il s'adresse alors au leader.

21 h 31 mn et 00 sec (contrôleur de l'Awacs) : *Coffee 51, et pour vous, ça donne quoi ?*

21 h 31 mn et 05 sec (leader « Coffee 51 ») : *Ouais... euh... il n'y avait pas de troupes amies dans cette zone d'après le briefing. Est-ce que vous êtes d'accord ?*

C'est la première fois depuis le début de ce drame que l'un des pilotes évoque la possibilité d'une erreur de tir sur des troupes amies. Pourtant, le contrôleur de l'Awacs évite soigneusement de donner son avis. Il n'est pas là pour ça. Son boulot maintenant est de servir d'intermédiaire entre le CAOC et les pilotes. Il fait donc comme s'il n'avait pas entendu la question.

21 h 31 mn et 05 sec (contrôleur de l'Awacs) : *Bien reçu...*

Quelques minutes plus tard, les F-16 se dirigent vers leur point de rendez-vous avec l'avion ravitailleur. Puis, lorsque c'est terminé, ils prennent une route plein sud pour rejoindre le golfe d'Oman.

Il n'y a plus d'autres incidents jusqu'à leur arrivée.

« FRIENDLY FIRE »

Vers 6 heures du matin, en heure locale, les deux appareils atterrissent sur leur base. Le jour se lève lorsque leurs grandes verrières monobloc s'ouvrent lentement. Les hommes retirent leur casque et signent les « *form* » que leur présentent les mécaniciens. Tous remarquent qu'il manque une bombe sous l'aile droite d'un F-16.

Les pilotes semblent sereins lorsqu'ils traversent le parking en direction des vestiaires. Mais ce n'est qu'une apparence. Les techniciens au sol savent déjà qu'un drame s'est produit pendant la nuit. Les regards se tournent vers eux. On attend des explications. Schmidt et Umbach font comme si de rien n'était.

– *C'était comment votre mission ?* demande un pilote qui rentre de la zone d'exclusion irakienne[24] et qui n'est pas au courant.

Aucun des deux hommes ne répond...

Le jour même, la nouvelle fait la « une » des journaux télévisés. Les reportages sont d'autant plus terribles que le Pentagone décide de jouer la transparence. On ne peut pas en effet traiter le voisin canadien comme une vulgaire république bananière. La vidéo enregistrée par les caméras des F-16 est donc livrée à la presse. Les images sont terribles. On y voit les soldats quelques secondes avant l'impact, puis la bombe explose et les soulève de terre comme des pantins. Les dégâts sont effroyables. Au grand désespoir des familles, ce film sera diffusé des centaines de fois sur l'ensemble des chaînes nord-américaines.

Au Canada, c'est un véritable traumatisme... Les morts sont les premières victimes tuées au combat depuis la guerre de Corée. Le ton monte sensiblement entre les deux pays. Les politiques s'en mêlent au plus haut niveau. Toujours aussi habile, Georges W. Bush oublie tout simplement de faire une déclaration publique pour déplorer le drame et présenter ses condoléances aux familles. La presse canadienne est scandalisée. Les

---

24. *Les pilotes sont basés au Koweït, mais ils n'effectuent pas seulement des missions en Afghanistan. Il leur arrive très fréquemment d'aller en Irak pour faire des vols de surveillance dans la zone d'exclusion aérienne au sud du 32e parallèle.*

familles des victimes attaquent en justice. C'est une affaire d'État. Une commission d'enquête est nommée qui reconnaît la responsabilité des pilotes dans l'accident. Plusieurs dizaines d'avocats sont engagés, avec des exigences parfois surréalistes[25]. Les deux pilotes risquent jusqu'à soixante-quatre ans de prison pour homicide involontaire et manquement au devoir.

Des comités de soutien se forment aux États-Unis pour défendre les accusés. Juridiquement, la question est incroyablement complexe. C'est la première fois que des militaires risquent d'être jugés pour des homicides involontaires commis au cours d'une action de guerre. Le cas est délicat car il se produit régulièrement des dizaines de « *friendly fire* » dans les conflits en cours[26]. Un jugement trop sévère risquerait d'avoir des conséquences importantes dans l'avenir.

D'autant que les avocats des pilotes posent des questions gênantes : l'US Air Force n'est-elle pas la principale responsable de ne pas avoir informé ses pilotes de la présence des Canadiens à Tarnak Farm ?

L'absorption d'amphétamines n'a-t-elle pas joué un rôle dans la décision quelque peu aberrante des pilotes d'attaquer sans avoir de réelles informations ? Les experts ne se prononcent pas. S'ils le faisaient, ce serait alors un autre procès. Celui de l'armée.

---

25. *Au procès, certains avocats canadiens demandèrent que le F-16 de Schmidt soit considéré comme pièce à conviction et mis sous scellé. Avec 16 mètres d'envergure et un prix de 30 millions de dollars, cela aurait été la pièce à conviction la plus chère et la plus grosse jamais produite dans un tribunal.*
26. *Les exemples sont très nombreux :*
– *en Afghanistan, le 5 décembre 2001, un B-52 lâche une bombe sur un commando américain. Suite à une erreur de manipulation du GPS, le chef commando fournit ses propres coordonnées au bombardier. Il y a trois morts américains. Hamid Karzai, le chef du gouvernement provisoire afghan, est légèrement blessé ;*
– *en Irak, près de Bassora, le 30 mars 2003, un chasseur A-10 « tueur de char » attaque un convoi de troupes britanniques. Cette fois, c'est en plein jour. Le pilote ne semble pas remarquer les signes distinctifs caractéristiques qui sont dessinés sur les véhicules pour éviter ce genre de méprise. Il y a des blessés et des morts. Malgré les sentiments exceptionnels qui unissent les deux pays, la presse britannique sera très dure pour condamner l'auteur de ces victimes ;*
– *trois mois après le drame de Tarnak Farm, un C-130 Gunship mitraille un mariage dans un village au nord-ouest de Kandahar après que les invités eurent tiré des coups de fusils en l'air... Il y a plus de quarante morts parmi lesquels des femmes et des enfants. À la suite de cet accident, l'US Air Force publie un rapport de deux pages pour disculper le pilote du C-130 arguant que les tirs pouvaient prêter à confusion.*

Après plusieurs mois de procédures, le verdict tombe. Il est loin d'être sévère : les deux hommes sont remis à la disposition de l'US Air Force qui décide qu'ils ne seront pas présentés devant une cour martiale. William Umbach reçoit un blâme pour son manque d'efficacité en tant que leader de la patrouille. Il est autorisé à faire valoir ses droits à la retraite et peut retourner travailler comme commandant de bord à United Airlines.

Harry Schmidt est également blâmé. Mais il doit passer devant une commission militaire. Il risque trente jours d'arrêt de rigueur, la perte d'un mois de salaire et une suspension de sa licence de pilote.

Les sanctions infligées ne seront pas rendues publiques !

PRISONNIER EN ALGÉRIE

28 février 1977.

Le 14 novembre 1975, le Maroc récupère la totalité de ses provinces sahariennes[1]. Colonisées par l'Espagne depuis 1884, ces régions grandes comme la moitié de la France reviennent enfin au pays. Pour arriver à ce résultat, il aura fallu des années de tractations diplomatiques et de manifestations pacifiques[2]. Dans le royaume chérifien, le peuple explose de joie. Partout, c'est la fête. Car tous les Marocains sont viscéralement attachés à « leur » Sahara. Le sentiment populaire est comparable à ce qu'il était en France en 1914 à propos de l'Alsace-Lorraine. Pour chaque citoyen, le Sahara fait partie intégrante du royaume.

---

1. *La restitution de la colonie a été décidée au cours des « accords tripartites de Madrid ». Trois pays étaient concernés : le Maroc, la Mauritanie et l'Espagne.*
2. *Le Sahara marocain a été récupéré sans faire aucune victime. À la demande des autorités marocaines, toutes les manifestations ont revêtu un caractère pacifique. Cela a notamment été le cas pour la « Marche verte » effectuée en plein désert par 350 000 Marocains pour demander la restitution du Sahara au Maroc.*

Malheureusement, les festivités sont de courte durée... Car tout le monde ne voit pas d'un bon œil cette décolonisation. C'est principalement l'Algérie qui grince des dents. Éternelle rivale du Maroc, elle voudrait pouvoir disposer d'un accès sur l'Atlantique et la récupération de la colonie espagnole lui ferme définitivement la porte vers l'ouest.

Les Algériens tentent alors de déstabiliser leur voisin par tous les moyens. Pour ne pas impliquer officiellement leur armée, ils apportent un soutien particulièrement actif au front de libération du Sahara : le Polisario[3]. Ce soutien se présente sous toutes les formes : financement, armement, soutien logistique et même hébergement des bases rebelles sur le territoire algérien. Des instructeurs cubains sont recrutés pour former les « guérilleros ». Ces mercenaires sont particulièrement indiqués puisque l'une des langues parlées dans le Sahara est l'espagnol[4]. Les bases des rebelles sont installées dans le désert à côté de la ville de Tindouf tout près de la frontière marocaine. Cela permet de procéder à des attaques sporadiques puis de revenir se mettre à l'abri en Algérie.

Politiquement, le mouvement bénéficie de solides appuis médiatiques. Quelques personnalités françaises prennent ouvertement partie pour le Polisario. La plus célèbre est l'épouse du Président de la République, Danielle Mitterrand. À plusieurs reprises, celle-ci n'hésite pas à se rendre dans les camps d'entraînement algériens pour assurer les Sahraouis de son soutien sans faille.

Les opinions publiques internationales connaissent mal la situation qui prévaut dans le Sahara. Les médias présentent bien souvent le Maroc comme la puissance occupante. On se garde bien de rappeler que la cour internationale de justice de La Haye a reconnu officiellement qu'il « *existait des liens historiques d'allégeance entre les nomades du Sahara et les souverains chérifiens* ». Qu'importe ! Dans les années 1980, il est de bon ton dans les salons parisiens de soutenir systématiquement les

---

3. Por La Liberacion del Sahara et Rio de Oro.
4. *On y parle en fait l'espagnol, le hassani (dialecte local) et l'arabe.*

« fronts de libération » : Angola, Mozambique, etc. Le fait que le Polisario soit un mouvement d'obédience marxiste pratiquant ouvertement l'esclavage ne semble gêner personne. L'avenir montrera que les choix de certains intellectuels ont parfois été peu réfléchis.

Très rapidement, les rebelles marquent des points décisifs dans le conflit. Bien armés et très mobiles, ils harcèlent une armée marocaine mal préparée et faiblement équipée. Les mercenaires cubains dont la plupart rentrent d'Angola sont parfaitement préparés à ce genre de guérilla. Ils portent des coups sévères aux forces du roi Hassan II. Le territoire à surveiller est immense. Les conditions climatiques y sont très dures. Rapidement, l'armée marocaine découvre qu'elle est incapable de verrouiller efficacement sa frontière sur plus de 1 500 kilomètres de désert.

Les soldats chérifiens peu nombreux doivent se contenter d'attendre les coups sans savoir où l'ennemi frappera. Lorsque cela se produit, la riposte est difficile car les distances à parcourir sont considérables. Seule l'aviation peut intervenir à temps pour défendre des positions situées à plusieurs milliers de kilomètres de la capitale.

Et quelle aviation !

À cette époque, le Maroc possède des vieux avions T-6[5]. Ce sont des appareils utilisés principalement dans les écoles de pilotage. Équipés de moteur à pistons, ils datent des années 1940. Très lent, peu armé, le T-6 ne fait pas le poids pour attaquer des colonnes d'assaillants bien défendues.

C'est dans ces conditions que les événements suivants sont arrivés.

Le 28 février 1977, Moulay Omar El Idrissi est chef d'un détachement aérien à Tan Tan. Cela fait deux ans qu'il est basé dans cette petite ville dans le désert au sud d'Agadir. Idrissi est sous-officier pilote dans l'armée de l'air marocaine. Il vole sur T-6 G. C'est un navigant parfaitement noté qui aime par-dessus tout être aux commandes de son avion. Un véritable

---

5. *Elle possède également six vieux F-5 Northrop à bout de souffle.*

passionné ! Au cours de sa formation, il a effectué plusieurs stages sur des bases aériennes françaises où il a obtenu des notes excellentes. Ses instructeurs l'ont trouvé particulièrement à l'aise en voltige et en vol en formation. Dans le langage aéronautique militaire on dit de lui qu'il a « une bonne patte » ! C'est un très bon pilote...

Lorsque les hostilités débutent avec le Polisario, Idrissi se porte volontaire pour aller défendre son pays en zone sud. À cette période, il a 28 ans, 1 600 heures de vol et la fougue des jeunes gens doués...

Le détachement qu'il commande à Tan Tan comporte quatre pilotes avec chacun leur T-6. Pour les liaisons aériennes, il y a également deux avions Broussard et quatre hélicoptères Bell 206.

Ce matin du 28 février 1977, tout commence par un banal vol de reconnaissance... Idrissi est aux commandes de son T-6. Il fait le tour de la ville de Tan Tan pour tenter de repérer des colonnes de véhicules suspects. Tout semble tranquille. Puis il survole longuement la route qui mène à Laayoune. Il la suit sur une cinquantaine de kilomètres. Cet axe de communication est vital pour ravitailler le grand sud marocain. C'est l'unique voie goudronnée qui traverse le désert. Elle longe d'abord la côte jusqu'à Tarfaya[6] puis bifurque vers le sud pour rejoindre Laayoune.

Ce matin-là, tout semble paisible. C'est ce que pensent également les soldats des deux compagnies qui effectuent une reconnaissance au sol dans le secteur. Comme d'habitude, Idrissi entre en contact radio avec les hommes. On se salue et chacun confirme qu'il n'y a rien à signaler.

Personne ne se doute qu'à cet instant précis les maquisards du Polisario sont cachés dans des trous au bord de la route. Ils se sont installés au niveau de l'oued El Ooar pour attendre un convoi de camions qui doit partir pour Laayoune en milieu de journée. Ils ont pris position du côté de la route opposée à la

---

6. *Autrefois nommée Cap Juby. C'est là que se posait Saint-Exupéry lors de ses vols pour l'aéropostale Toulouse-Saint Louis.*

mer. Cela leur permet de se ménager une possibilité de repli vers la « terre ». Suivant une technique bien rodée, ils sont arrivés sur place pendant la nuit. Les véhicules ont été éparpillés çà et là sous des bâches de couleur sable. Sans un bruit, les maquisards ont creusé des tranchées individuelles. Là encore, ils ont disposé des bâches sur chaque trou. Ils se sont recroquevillés à l'intérieur et ont attendu.

L'avion est passé pratiquement à la verticale de l'oued Ooar mais les rebelles étaient invisibles du ciel.

Idrissi atterrit à Tan Tan vers midi. Il descend du T-6, se débarrasse de son parachute et se dirige vers le véhicule qui va le ramener en ville. Malgré l'heure, la température est relativement agréable. Il ne fait pas plus de 26 degrés. On est au mois de février, c'est la belle saison au Maroc. Idrissi laisse son avion aux mécaniciens afin qu'ils refassent le plein et il fonce en ville pour y prendre son repas au mess.

C'est là qu'il retrouve tous les pilotes de son détachement.

L'ambiance est bon enfant comme toujours au Maroc. On devise, on rit, on raconte les dernières blagues en vogue. Malgré une situation militaire qui se dégrade, les Marocains restent toujours souriants. Ce jour-là, il y a deux invités européens au mess et les militaires ont mis un point d'honneur à recevoir dignement leurs hôtes. Ce peuple pacifique possède un sens aigu de l'hospitalité et chaque nouveau venu doit être traité avec tous les égards.

Au moment où Idrissi rentre dans la salle à manger, une voix l'interpelle joyeusement. C'est Hammioui.

– *Tu viens manger à notre table. Il y a du tagine au citron*[7]...

– *Je me lave les mains et j'arrive.*

Mais Idrissi n'a pas le temps de se diriger vers les lavabos qu'on l'appelle d'un autre côté.

– *Hé... On te demande au téléphone, c'est les « ops ». Il paraît que c'est très urgent.*

Idrissi se précipite. Ce n'est jamais bon signe d'être appelé au moment de passer à table.

---

7. *Véridique. Malgré les années, Idrissi se rappelle parfaitement le menu de ce repas.*

Au bout du fil, la voix d'un colonel semble particulièrement anxieuse.

– *Laisse tomber ton repas... Nos gars viennent de se faire accrocher par le Polisario. Ils sont au niveau de l'oued El Ooar au sud de la ville. Ils ont besoin d'aide.*

Idrissi ne peut dissimuler son étonnement. Les compagnies qui viennent d'être attaquées sont celles-là mêmes qu'il a survolées il y a une demi-heure et avec lesquelles il a discuté par radio.

– *C'est pas possible, j'en arrive à l'instant. Il n'y avait rien.*
– *Pourtant, les gars ont été attaqués. Il faut faire vite !*
– *D'accord, j'arrive.*
– *Grouille-toi, ça tire de partout.*

Idrissi ne prend même pas le temps d'avaler une seule bouchée de son tagine. Il saute dans une jeep et retourne à l'aéroport où les réservoirs de son avion ont été remplis. Un autre pilote est à ses côtés. C'est Ouali. Il sera avec lui pour cette mission. Pas le temps de faire de longs discours techniques... Tout en courant, Idrissi fait son briefing à son équipier.

– *Une fois qu'on sera sur l'objectif, c'est pas la peine de faire une noria ni rien du tout. J'attaque le premier. Dès que j'aurai fait ma première passe, tu les engages derrière. Moi, je remonte et je bascule tout de suite pour les arroser une deuxième fois en sens inverse. Comme ça on change de cap... Ça sera plus difficile pour eux de nous tirer dessus. T'as compris ?*

– *Affirmatif...*

À cet instant, Idrissi est persuadé qu'il a affaire à un adversaire peu armé. Les services de renseignements marocains n'ont pas beaucoup d'informations. Chacun croit que les rebelles du Polisario ne possèdent que quelques Kalachnikov et des mortiers hors d'âge. On est loin d'imaginer qu'ils disposent des missiles SA-7 capables d'abattre les chasseurs à réaction les plus modernes.

Quelques secondes plus tard, les deux T-6 sont en l'air et prennent la direction de la côte. Il est environ 13 heures... Les avions montent très lentement. Le Harvard T-6 n'a rien à voir avec les chasseurs modernes tels que nous les connaissons aujourd'hui. Même pendant la Seconde Guerre, cet appareil n'aurait pas été de taille à affronter un Spitfire ou un Mustang. C'est avant tout un avion d'école. Son moteur de 550 chevaux est bien à la peine pour tracter les 2 500 kilos de la machine. Seule concession à la guerre, les Marocains ont décapé la peinture jaune citron d'origine pour repeindre leurs avions en couleur camouflée « sable » et ils ont rajouté des plaques de blindage autour du pilote pour le protéger des tirs (ce qui a encore alourdi l'appareil).

En fait, avec une vitesse maximum de 379 kilomètres à l'heure, le T-6 fait partie du club peu envié des « avions de guerre les moins rapides du monde ». Or, pour un pilote, la vitesse, c'est la sécurité.

– *On va suivre la route jusqu'à l'oued... Comme ça on va leur tomber dessus directement,* annonce Idrissi à la radio.

Au sol, le long ruban goudronné s'étire doucement vers le sud. C'est une bande grise rectiligne bien visible jusqu'à l'horizon. Le front collé à la verrière, Idrissi cherche les traces des agresseurs... Les paysages qu'il survole sont magnifiques. Un peu partout, on peut apercevoir des lacs asséchés qui donnent à la région un aspect lunaire. Il n'y a pas si longtemps, les tour-operators y organisaient des randonnées touristiques mais, depuis le début des hostilités, plus personne ne prend le risque de s'aventurer dans le secteur.

L'embouchure de l'Ooar est facile à repérer. C'est une petite échancrure dans l'océan. Bien que l'oued soit toujours à sec, il est le confluent de trois petits oueds dont le plus important est l'Ez Zahar.

Soudain, Idrissi avertit son équipier.

– *Je les vois. Ils sont à midi !*

Effectivement, au sol, on aperçoit une colonne de véhicules. Ce sont des Land Rover peintes de couleur ocre. Il y en a une vingtaine... Il y a également quatre camions logistiques. De toute évidence, ils transportent le carburant et les munitions de la colonne. En face, côté mer, les soldats marocains tentent de se protéger des tirs. Ils semblent plutôt sur la défensive. Incroyable, il y a une heure, on ne voyait rien.

Idrissi n'hésite pas une seconde. Il pousse la manette des gaz à fond et plonge vers les agresseurs.

– *J'y vais. Tu me suis,* lance-t-il à son équipier...

Il plonge à basse altitude à 350 kilomètres à l'heure... La vitesse est si faible qu'Idrissi peut prendre tout son temps pour se mettre en place. Avec calme, il enlève les sécurités armement, stabilise son T-6 dans l'axe de l'objectif et tire quatre roquettes sur des Land Rover alignées au bord de l'oued. Les roquettes sont des T 10 qui ont été abondamment utilisées par les Français lors de la guerre d'Algérie. Bien utilisées, elles sont assez efficaces. Et justement, le tir d'Idrissi est si précis qu'il atteint sa cible à la première passe. Au sol, quatre véhicules s'embrasent. Cris de victoire sur la fréquence.

– *J'en ai eu quatre. Vas-y... À toi.*

– *Bien reçu,* réplique Ouali en plongeant à son tour.

Malheureusement, l'équipier a moins de chance que son leader. Au moment où il appuie sur la détente, le système de tir ne fonctionne pas. Il appuie de nouveau mais les roquettes restent sur leurs rails.

– *Merde... Ça marche pas,* annonce-t-il en dégageant brusquement.

– *Bon je refais une passe immédiatement,* annonce Idrissi en basculant dans une chandelle serrée.

Détail insolite, au même moment, le chef d'état-major de l'armée de l'air marocaine assiste pratiquement en direct à la contre-attaque. L'homme s'appelle Mohamed Kabbaj, c'est un des meilleurs pilotes que l'armée marocaine ait connus[8]. Par un hasard étonnant, il se trouve à la verticale de Tan Tan aux commandes d'un King Air militaire[9]. Il est à moins de 30 kilomètres du lieu des combats.

En entendant Idrissi discuter sur la fréquence, il intervient à son tour pour encourager ses pilotes.

---

8. *J'ai rendu hommage à Mohamed Kabbaj dans les* Miraculés du ciel *(éditions Altipresse). C'est lui qui pilotait le Boeing 727 du roi Hassan II lorsque celui-ci a été attaqué en vol par des chasseurs F-5 au-dessus de Tétouan. Contre toute attente, les comploteurs n'ont pas réussi à abattre le Boeing. Jusqu'à sa mort, le souverain sera reconnaissant à son pilote de lui avoir sauvé la vie.*
9. *Avion de transport bimoteur d'une dizaine de places construit par Beechcraft.*

– *Tu en as eu quatre ?*
– *Oui, mon colonel...*
– *C'est bien les gars. Je crois que je vois la fumée. Faites attention à vous !*

Idrissi croit bon de mettre son supérieur en garde.
– *N'approchez pas trop, mon colonel, c'est dangereux.*

Avant de faire une autre passe de tir, Idrissi prend quelques secondes pour examiner soigneusement son objectif. Cette fois, il décide d'attaquer un des camions logistiques. Celui-ci semble vouloir prendre la fuite vers l'est. On aperçoit distinctement plusieurs dizaines de fûts de 200 litres sur son plateau. C'est du carburant ! S'il parvient à le toucher, la colonne du Polisario ne pourra plus retourner en Algérie. Avec souplesse, le pilote effectue une légère « baïonnette » sur la gauche. Quelques secondes plus tard, il place le camion exactement au centre de son viseur.

Et il appuie sur la détente.

Sous l'aile gauche, les quatre dernières T 10 se détachent en libérant leur long panache de fumée caractéristique.

Le problème, c'est que ces roquettes n'ont aucun rapport avec l'armement que nous connaissons aujourd'hui. Elles ne sont pas équipées de système de guidage. Une fois tirées, elles ne peuvent pas modifier leur trajectoire pour atteindre leur cible.

À la dernière seconde, le chauffeur du camion donne un violent coup de volant à droite et les quatre T 10 explosent dans le sable à une vingtaine de mètres du véhicule.

– *Merde, je l'ai raté,* annonce Idrissi sur la fréquence. *Tant pis, je vais y retourner...*

Malheureusement, cette fois, l'avion n'a plus de roquettes, il n'y en avait que quatre sous chaque aile. Qu'importe, Idrissi a encore ses deux mitrailleuses Browning de 12,7. C'est du petit calibre mais les chargeurs sont pleins.

– *Je passe sur straffing et je vais le tirer,* lance-t-il à l'attention de son équipier. *Après ça, on rentre à Tan Tan !*

Idrissi ne sait pas que le destin en a décidé autrement pour lui. À l'instant où il bascule son sélecteur d'armement en position « *guns* », un sergent chef de l'ANP[10], l'ajuste tranquillement avec son missile portable SA-7. Étant donné la lenteur de l'avion, c'est un jeu d'enfant pour le fantassin que de garder l'avion dans le viseur. L'homme vise soigneusement puis appuie sur la détente. Il y a une explosion sèche. Un plouf sourd... et une longue flamme accompagne le départ du missile.

Dans son cockpit, Idrissi entend brusquement un claquement sec. Étrangement, le choc est peu violent. On dirait une porte qui se ferme dans le lointain.

Mais ça se complique rapidement. En quelques secondes, l'avion se met à vibrer et un ronflement sonore retentit du côté du moteur.

Comprenant qu'il est gravement touché, il prévient aussitôt son équipier.

– *Bon sang, ils ont des missiles... Je crois que j'ai ramassé !*
– *C'est grave ?*
– *Affirmatif. J'ai des problèmes...*

Tout va alors très vite. Les instruments du tableau de bord tombent à zéro. Idrissi gardera toujours en mémoire l'image des aiguilles qui basculent toutes simultanément vers la gauche. Seul l'altimètre fonctionne encore. Il indique 1 500 pieds[11]. Une épaisse fumée jaillit de part et d'autre du fuselage. D'abord blanche, elle devient très rapidement noire.

Au moment où le moteur s'arrête, Idrissi se dit que ses chances de survie sont très faibles.

– *Je contrôle plus rien,* lance-t-il à la radio. *Je contrôle plus rien...*

Instinctivement, il tire sur le manche. Il lui faudrait gagner quelques mètres en utilisant ce qui reste de vitesse mais l'avion ne grimpe pas. C'est une brique. Les commandes ne répondent plus. Le manche vibre. Le sol se rapproche.

Vite... Sauter...

Malheureusement, le T-6 n'est pas équipé de siège éjectable. Le pilote doit se débrouiller par ses propres moyens pour sortir

---

10. *Armée nationale populaire.*
11. *Environ 500 mètres.*

de l'habitacle. C'est difficile. Dans des situations semblables, beaucoup n'ont pas réussi à se dégager. Avec l'énergie du désespoir, Idrissi fait coulisser la lourde verrière vers l'arrière. Une tornade envahit aussitôt l'habitacle. Il déboucle nerveusement son harnais. Les premières flammes commencent à lécher le capot.

Le sol se rapproche.

Aujourd'hui, Idrissi se souvient encore qu'au moment où il a enjambé la cloison latérale, l'altimètre indiquait 900 pieds[12]. Depuis des années, cette image est gravée dans son cerveau. Seulement 900 pieds... Une hauteur incroyablement faible pour sauter en parachute dans ces conditions. Il n'a pas le choix. C'est ça ou mourir dans l'explosion de sa carcasse. Le pilote bascule la tête la première et se laisse tomber dans le vide. L'oued paraît terriblement proche. Tirer la poignée du parachute... Vite... C'est si proche que la grande corolle se déploie au moment même où Idrissi touche le sol.

Le choc est dur.

Idrissi roule dans la rocaille mais ne sent pas la douleur. Il ne faut pas rester là... Le danger est présent tout autour de lui. Sur les bords de l'oued, les Land Rover des rebelles démarrent en trombe. Ces salauds veulent le capturer. Les balles sifflent. On veut lui faire la peau. À toute vitesse, le pilote dégrafe les sangles de son parachute. Fuir le plus vite possible. Pas question de se battre. Il ne peut que courir en espérant que ce sera dans la direction de la compagnie marocaine. Pour toute arme, il n'a que son pistolet Mac 50 réglementaire. Autant dire rien, comparé à l'armement lourd de ses adversaires. À la rigueur, il peut s'en servir pour se tirer une balle dans la bouche...

Haletant, le pilote détale sous le soleil.

Il ne fait pas plus de 500 mètres... Un bruit de moteur retentit sur sa droite. Un autre sur sa gauche... Deux Land Rover se rapprochent de part et d'autre de l'oued. On veut le prendre en tenaille.

Des hurlements retentissent un peu partout.

---

12. *Environ 300 mètres.*

— *Coupez-lui la route !*
— *Attrapez ce chien !*

Le pilote a l'impression que son cœur va exploser dans sa poitrine. Le désespoir l'envahit... Il y a quelques minutes, il était dans le ciel, libre de voler où il en avait envie. Maintenant, il n'est plus qu'un pauvre gibier poursuivi par des chasseurs ivres de victoire.

De nouveau, les impacts des balles font sauter la rocaille tout autour de lui... Idrissi a peur. La sueur inonde son visage. Les poursuivants se rapprochent alors qu'il tente de sortir du lit de l'oued asséché.

— *Arrête-toi !*

Le souffle court, il lève les mains. Des hommes l'entourent. À cet instant, il est persuadé qu'ils vont le tuer sur place.

Ils n'en font rien...

En découvrant ses adversaires, le pilote a du mal à dissimuler son étonnement. La plupart de ceux qui couraient derrière lui ne sont pas des Sahraouis. Ce sont des Algériens ! Les chefs sont parfaitement reconnaissables au sein du groupe. Ce sont des officiers de l'ANP. En plein territoire marocain, ces salauds sont en treillis et ne se sont même pas donné la peine de retirer l'insigne de leur unité.

Un ordre claque :
— *Attachez-le !*

Les hommes se précipitent sur lui. On le malmène. Couché sur le sol, il reçoit des coups de pied dans le ventre et au visage.

— *Salopard ! Tu nous as fait courir. Tu voulais te barrer, hein...*

Avant de le ligoter, on le dépouille.

— *Donnez-moi sa chaîne et sa montre,* ordonne le capitaine algérien... *C'est pour moi !*

Aussitôt, un Sahraoui lui arrache le bijou du cou. Puis, lentement, il récupère la montre et la tend à l'officier algérien.

Celui-ci examine le butin avec un sourire et enfourne le tout dans la poche de son treillis. Idrissi en pleurerait. Il adorait cette montre. Une Breitling Navitimer qui équipe systématiquement les pilotes marocains !

Puis Idrissi est retourné sans ménagement sur le ventre. On

lui enlève ses chaussures puis sa combinaison de vol. Le canon d'une Kalachnikov se pose sur sa nuque. Des pierres coupantes lui labourent la poitrine.

Vont-ils le tuer sur place ? Les yeux fermés, il attend. Mais rien ne vient.

Ses agresseurs sont occupés à se quereller pour savoir lequel gardera la combinaison de vol et les chaussures. Ce sont des hommes de troupe algériens. Idrissi reconnaît leur accent dialectal particulier. Comme les Marocains, ils mélangent régulièrement l'arabe et le français.

– *C'est pour moi !*
– *Non, pour moi !*
– *C'est moi qui y ai droit...*

Le dernier intervenant semble vouloir absolument récupérer les chaussures. C'est un sergent-chef. Il s'appelle Aziz et c'est lui qui a tiré le missile SA-7 sur l'avion. Comme il ne parvient pas à ses fins, l'homme se fâche.

– *C'est grâce à moi qu'il a été descendu. J'ai droit à ses godasses.*

La rixe ne dure pas longtemps. Le capitaine intervient d'un air mauvais.

– *Vous réglerez ça plus tard, on fiche le camp d'ici*, annonce-t-il. *Ils vont pas tarder à envoyer des renforts.*

On ligote Idrissi rapidement. Des cordes très serrées lui cisaillent douloureusement les articulations. Quelques instants plus tard, il est tiré sans ménagement en direction d'une Land Rover.

Autour de lui, les hommes ricanent en le voyant boitiller en slip et en chaussettes..

– *Si t'essayes de te sauver, t'iras pas loin dans cette tenue*, ironise un des gardiens.

– *T'as déjà couru pieds nus dans le désert ?*

Idrissi ne répond pas. Il sait parfaitement que les rochers acérés ne lui permettraient pas de faire plus d'un kilomètre. Il sait aussi qu'il ne reverra jamais ses superbes chaussures PN[13]. Il les avait ramenées d'un stage en France. Des belles chaus-

---

13. *Personnel navigant.*

sures en cuir noir avec deux fermetures latérales spécialement étudiées pour le vol en Mirage.

On jette le pilote dans un 4 x 4. Il est allongé sur le ventre. Sa joue vient se plaquer au plancher ondulé du véhicule. Malgré la situation, il remarque que la peinture est encore neuve. Ces gars-là ont des moyens importants. Leurs véhicules sont en parfait état, les Kalachnikov sont récentes et il y a encore trois missiles SA-7 posés sur le plancher juste à côté de lui.

Où sont les rebelles équipés de vieux fusils qu'il croyait attaquer ?

– *Yallah,* hurle le capitaine, *on traîne pas !*

Pour s'enfuir, les Algériens vont alors utiliser une tactique de guérilla classique dans le désert. Pendant une quinzaine de minutes, le convoi fonce à toute allure dans le lit de l'oued. C'est une véritable course-poursuite qui soulève d'énormes nuages de poussière. Ça n'a pas d'importance. Il faut s'éloigner au maximum du lieu de l'attaque. Chaque minute compte... Puis, soudain, un ordre bref claque à la radio. Les véhicules quittent alors le lit de l'oued et s'éparpillent dans toutes les directions. Pour ne pas laisser de traces, les chauffeurs évitent soigneusement de rouler sur le sable. Plus aucun nuage de poussière. Toujours à fond, ils parcourent encore quelques kilomètres au hasard et s'arrêtent individuellement lorsque chacun trouve un endroit qui lui convient.

Tout se déroule selon une stratégie bien rodée.

Pendant quelques minutes, la Land Rover d'Idrissi roule seule dans l'erg puis le chauffeur pile. Tout va très vite. Les hommes descendent comme des diables et déploient une grande bâche sur le véhicule. Quelques poignées de terre sont jetées sur les toiles. On se glisse à l'ombre et plus personne ne bouge.

Vus du ciel, les 4 x 4 ne sont plus que des rochers posés au hasard au milieu d'un erg rocailleux.

Les heures passent lentement...

Sous les bâches il fait terriblement chaud mais personne ne semble s'en soucier. Tout le convoi est éparpillé au hasard sur les versants de l'oued Seguia. Le lieu de l'attaque est à moins de 20 kilomètres. De temps en temps, on entend le ronflement d'un moteur dans le lointain. C'est un avion... Les Marocains cherchent leur pilote. Ils ne le trouveront pas.

Au coucher du soleil, le convoi se reforme lentement. Tous les véhicules rejoignent le lit de l'oued. C'est le seul endroit sur lequel il est possible de rouler vite pendant la nuit.

Avant de repartir, on complète le plein des réservoirs. Quelques gorgées d'eau pour chaque homme. Seul Idrissi ne recevra rien... Il écoute et observe ses geôliers.

Dans la colonne, l'ambiance est morose. Apparemment, l'opération prévoyait d'attaquer le convoi de ravitaillement marocain. C'est un échec. Il fallait faire un maximum de prisonniers et Idrissi est le seul à être tombé dans les mailles du filet. Les rebelles se replient vers l'Algérie sans insister.

Lorsque la nuit est complètement tombée, la longue colonne de véhicules se remet en marche. Les chauffeurs connaissent parfaitement le chemin. Ils foncent malgré la nuit. La frontière algérienne est à 350 kilomètres vers l'est. À présent, ils ne risquent plus rien car les Marocains n'ont pas d'avions équipés pour les attaquer dans l'obscurité. La voie est libre.

La piste est épuisante.

On s'arrête juste vers 3 heures du matin pour faire une nouvelle fois les pleins des 4 x 4, puis le convoi reprend sa course folle dans l'obscurité. À 9 heures du matin, il franchit le *noman's land* qui sert de frontière. Une frontière qui n'existe que sur les cartes. Et encore[14] ! En réalité, aucun poste de douane ne permet de savoir à quel moment on change de pays. Le désert marocain fait simplement place au désert algérien.

À 10 heures, le convoi arrive dans la ville de Tindouf. Idrissi frémit. Il est en Algérie. On le sort brutalement du véhicule. C'est le début de son calvaire.

Première région d'Alger
Durée de détention : 2 mois.

---

14. *Par endroits, cette frontière est si vague qu'elle n'est même pas dessinée sur les cartes.*

Dans un premier temps, Idrissi va être détenu dans une prison au sud d'Alger. Pour lui, c'est une situation aussi insupportable qu'ubuesque. Que fait-il là ? Officiellement, le Maroc et l'Algérie ne sont pas en guerre. Les deux pays entretiennent des relations diplomatiques quasi normales. Or l'un d'eux attaque l'autre en se dissimulant sous le couvert d'un front de libération fantôme. Idrissi est un prisonnier de guerre capturé en temps de paix. Il n'existe donc pas réellement…

Pendant des nuits entières, le pilote va subir des interrogatoires féroces. Au fil du temps, il découvre avec horreur toute la panoplie des souffrances utilisées pour faire parler un prisonnier. Dans ce domaine, les militaires algériens sont des experts. Il s'agit avant tout de le briser physiquement aussi bien que moralement.

Cela commence comme dans un mauvais film d'espionnage. Le pilote est dans une pièce sombre, complètement insonorisée. Les murs sont peints en noir. On lui braque un puissant projecteur dans les yeux pour l'empêcher de voir ses interlocuteurs.

Les questions qu'on lui pose sont toujours les mêmes et ne présentent aucun intérêt stratégique réel.

– *Fais-nous une évaluation précise des moyens de l'armée de l'air du Maroc !*

Le plus terrible, c'est qu'Idrissi n'a pas grand-chose à révéler. À cette époque, l'armée de l'air de son pays ne possède pas d'avions sophistiqués. Pas de défenses antiaériennes. Pas de couverture radar. Aucun missile. À l'exception de quelques T-6 hors d'âge, il n'y a que des vieux Northrop F-5 poussifs, mal armés dont tout le monde connaît l'existence car ils ont été cédés à bas prix par les États-Unis. En fait, du point de vue stratégique, le Maroc est dépassé par les agressions que lui impose son belliqueux voisin. Malgré l'insistance de ses geôliers, Idrissi ne révèle donc rien parce qu'il n'a tout simplement rien à dire. Il n'empêche, les interrogatoires se succèdent… Derrière le projecteur, des hommes invisibles se relaient sans interruption. Ils commencent tous par la même question. C'est une sorte de litanie qui semble obséder les Algériens :

– Pourquoi as-tu attaqué le Polisario ?
Idrissi tente de protester.
– Mais ce sont eux qui nous ont attaqués. On n'a fait que se défendre !
Quels que soient les interlocuteurs, la réaction est toujours la même :
– Tu mens ! On va te faire parler...
Viennent alors d'autres supplices, tous plus terribles les uns que les autres. On le ligote sur une chaise renversée suspendue au plafond par des cordes. Il est immobilisé la tête à l'envers. Pendant une nuit entière, les gardiens se relaient pour pousser nonchalamment le dispositif comme s'ils jouaient avec une balançoire d'enfant. Ils ne posent même pas de question, se contentant de plaisanter tout en donnant une impulsion de temps en temps... Par chance, l'organisme d'Idrissi est habitué à la voltige et au vol inversé. Il parvient à résister là où d'autres prisonniers perdent connaissance ou font des syncopes. Ce sont surtout les cordes qui lui font souffrir le martyr car elles provoquent des blessures très profondes au niveau des cuisses.

Le lendemain, on lui fait subir le supplice du goutte-à-goutte. La tête immobilisée par des sangles, il reçoit une goutte d'eau sur le front. Il y en a une toutes les secondes. Terrible...

C'est un supplice d'origine asiatique qui arrache des hurlements aux victimes. Au bout de plusieurs heures, le liquide semble percer l'os du crâne. Idrissi crie, supplie qu'on l'achève. Il n'en peut plus. Personne ne vient à son aide. Cela dure toute la nuit. Chaque séance d'interrogatoire apporte son lot de souffrances. La seconde semaine de captivité, on lui plonge la tête dans une baignoire pleine d'immondices et de déjections. Ses bourreaux hurlent autour de lui.

– Il faut que tu parles !
En fait, ses tortionnaires savent parfaitement que le Marocain n'a rien à dire. On le fait souffrir pour le simple plaisir de le détruire.

Les jours passent... Idrissi a mal partout. On le laisse attaché sur le sol pendant plus d'une semaine. Il doit manger et boire en rampant. On ne l'emmène même pas aux toilettes.

– *Pourquoi as-tu attaqué le Polisario ?*
– *Ce sont eux qui...*
Idrissi a du mal à articuler. On l'empêche de dormir pour lui poser chaque fois les mêmes questions.

Malgré son épuisement, le supplicié trouve la force de répéter qu'il est un militaire. Il donne son nom et son grade et répète qu'il a été capturé sur son territoire. Il n'a fait que son devoir en défendant son pays. Il était dans son droit !

Les coups pleuvent...

C'est l'enfer.

Puis, au bout du soixante et unième jour, on vient le chercher pour le transférer dans une autre prison.

La cave
Durée de détention : 27 jours.

C'est une ancienne cave à vins datant de la colonisation française. Avec ses hautes voûtes de briques, l'endroit s'étire sur plusieurs centaines de mètres. C'est assez vaste pour s'y perdre. Lorsque le prisonnier découvre sa nouvelle prison, il est terrorisé. Personne ne viendra jamais à son secours dans un tombeau pareil. À plusieurs mètres sous terre, il y règne une humidité palpable qui colle à la peau. Le sol est en terre battue. Les murs sont noirs de moisissures. Commence alors une nouvelle série d'interrogatoires.

Idrissi est interrogé pendant vingt-sept jours... Coups, humiliation, menaces, il croit toucher le fond du désespoir sans imaginer que ses gardiens vont le faire descendre encore plus bas. Tout commence par une visite.

Un jour, la porte de sa cellule s'ouvre sur un officier supérieur algérien. L'homme n'est pas n'importe qui... c'est le colonel Omar Bel Ouachet, l'un des plus hauts dignitaires de l'état-major. On est en mai 1977... Les ailes dorées qui ornent son uniforme impeccable permettent à Idrissi de comprendre que c'est un aviateur. Le type est un ancien pilote ! Il reprend espoir. Ils sont un peu de la même famille ? Peut-être l'homme sera-t-il plus humain que ses geôliers. Le colonel Bel Ouachet

est accompagné par son second. Un militaire sinistre qui porte une prothèse à la place de la main.
— *Tu es pilote, n'est-ce pas ?*
— *Vous le savez bien...*
— *Je vais te faire une proposition. Il ne faut pas la refuser.*
Idrissi hoche la tête péniblement. Qu'est-ce qu'on va encore lui demander ?
— *Nous manquons de pilotes en Algérie. Tu vas venir travailler comme instructeur chez nous. Tu étais adjudant-chef dans ton pays ?*
Idrissi hoche la tête.
— *On te donne le grade de commandant. Tu seras basé à Arzeu ou à Tafaraoui. À toi de choisir ton affectation.*
Malgré la situation, Idrissi a envie de sourire... « Tafaraoui », il en a entendu parler ! C'est sur cette base militaire située à côté d'Oran que Daniel Blourde, un de ses amis, a travaillé comme pilote-instructeur en coopération militaire. Non seulement le Français s'y ennuyait à mourir, mais il travaillait pour rien car les impôts qu'il payait en Algérie étaient supérieurs à ce qu'il gagnait localement[15]. Pas vraiment intéressant comme job ! Malgré un contrat de quatre ans avec l'ANP, Daniel Blourde a rapidement abandonné.
— *Qu'est-ce que tu en penses ?* interroge Bel Ouachet.
Avant que le prisonnier ait eu le temps de répondre, le colonel poursuit d'un ton patelin.
— *Ne t'inquiète pas pour ta famille, on se débrouillera pour faire venir tes parents ici. On les fera transiter par Paris et on amènera tous ceux que tu nous désigneras.*
Idrissi n'en croit pas ses oreilles. Jamais il n'aurait imaginé que ses adversaires en arriveraient là. Ils lui proposent de trahir son pays... S'il fait ça, les journaux d'Alger vont s'en donner à cœur joie. Il imagine déjà les gros titres d'*Al Watan* : « *Un pilote marocain déserte pour rejoindre l'Algérie* ».

---

15. *Absolument véridique. L'Algérie a fait appel à des coopérants militaires français pour former ses pilotes. Des problèmes aberrants de fiscalité (les impôts payés en Algérie étaient très supérieurs aux revenus des pilotes) ont poussé les militaires français à demander à rentrer.*

Ces types le connaissent bien mal.

– *Je peux pas faire ça,* murmure-t-il.

Le colonel Bel Ouachet a du mal à dissimuler son agacement. Visiblement, le refus du prisonnier n'était pas une option. Après tant de souffrances, on croyait que le supplicié plierait sans discuter.

Pendant une dizaine de minutes, le militaire tente de lui montrer tout l'intérêt qu'il aurait à se rallier à la cause du Polisario.

Malgré tous ses efforts, rien n'y fait. Idrissi balance obstinément la tête de droite à gauche.

Alors le gradé tente un dernier argument.

– *On te trouvera une jolie fille de chez nous. Tu pourras l'épouser et lui faire des gosses. Tu seras mieux avec elle que dans ce trou. Est-ce que tu te rends compte que tu vas crever ici comme un chien ?*

Idrissi secoue toujours la tête.

– *Je peux pas faire ça. Je suis pas un traître,* murmure-t-il d'une voix faible.

Le colonel Bel Ouachet semble sincèrement désolé.

– *Réfléchis... Pour toi, c'est le seul moyen de sortir d'ici. Je te donne quarante-huit heures pour changer d'avis.*

Pendant deux jours, Idrissi bénéficie d'un traitement de faveur exceptionnel. Il ne subit aucun interrogatoire. C'est la première fois depuis tant de temps ! Il mange mieux. On lui donne à boire à volonté et il peut aller aux toilettes chaque fois qu'il le demande.

Mais au bout de deux jours, un émissaire de Bel Ouachet revient chercher sa réponse.

– *Alors, tu as réfléchi ?*

Idrissi secoue obstinément la tête. C'est toujours non... Il refuse de trahir. Alors, les conditions de détentions exceptionnelles cessent immédiatement.

Le lendemain, on le transfère à Médéa.

Médéa
Durée de détention : 6 mois
(du 17 mai au 28 novembre 1977).

Médéa est une petite ville à 150 kilomètres au sud-ouest d'Alger. Culte du secret oblige, le déplacement des prisonniers se déroule avec un luxe de précautions incroyables. Les Algériens appliquent des techniques qu'ils ont apprises des Soviétiques. Bandeau sur les yeux, les prisonniers sont mis dans des cages individuelles grillagées soudées dans des camions. Les gardiens appellent ça les « cages à poules ». Elles sont si minuscules qu'il est pratiquement impossible de bouger. Pendant le voyage, les véhicules sont conduits successivement par quatre chauffeurs. Aucun d'eux ne connaît l'identité des détenus qu'il transporte, pas plus que la provenance du camion, ni sa destination finale. D'autre part, les gardiens n'ont absolument pas le droit d'adresser la parole à leurs passagers.

Idrissi n'est pas le seul à être transféré à Médéa. Les soldats marocains sont de plus en plus nombreux à être victimes de cette guerre qui n'est pas déclarée officiellement.

Après un voyage de deux heures à travers la campagne algérienne, les prisonniers arrivent au CIB[16], une école militaire où les nouvelles recrues algériennes viennent se familiariser avec les techniques d'interrogatoire les plus sophistiquées.

Les tortures reprennent. Nouveaux lieux... Nouveaux visages... Mêmes questions harassantes. Mêmes souffrances... Même épuisement perpétuel. Mêmes coups lorsque Idrissi refuse de répéter ce qu'il a déjà expliqué plusieurs centaines de fois. Il répète qu'il est pilote. Il n'ose pas dire qu'il a des droits et que la Convention de Genève devrait s'appliquer à son cas. Ses bourreaux lui éclateraient de rire au nez.

Au fil des jours, le nombre des prisonniers augmente. Ils sont maintenant trois cent quatre-vingt-sept que l'on interroge régulièrement. Dans la prison, on regroupe les Marocains dans des « dortoirs » minuscules. Ils sont entassés les uns sur les autres à quatre-vingt-sept dans une même pièce. Malgré la promiscuité, Idrissi est heureux de se retrouver en présence de compatriotes. Après l'isolement de la cave, c'est bon de pouvoir parler du pays.

---

16. *Centre d'instruction blindé.*

Les mois passent...

Le seul bon souvenir de cette période pour Idrissi vient des avions de chasse qui passent en permanence au-dessus du CIB. Le centre est situé près d'un aérodrome militaire. Tous les jours, on entend les MiG qui survolent la prison dans un bruit de tonnerre. Idrissi ne peut s'empêcher de penser que ce sont des types comme lui qui foncent dans le ciel. Ils volent sur des machines performantes. Ils aiment leur métier de pilote de chasse autant que lui.

Et ils sont libres !

Idrissi compte soigneusement les jours. Bien qu'il n'ait aucun repère particulier, le pilote connaît toujours avec précision le jour, le mois et l'année. Tout au long de sa captivité, la date sera parfois son seul repère pour rester attaché à un monde qui semble l'avoir oublié.

Semaine après semaine, son moral monte et descend au rythme des interrogatoires et des conditions de détention.

Au CIB, la nourriture ne varie pas. Tous les jours, ce sont des lentilles à l'eau, sans rien d'autre. Jamais de pain. Encore moins le plus petit morceau de viande... Un seul repas par vingt-quatre heures !

Tindouf
Durée de détention : 2 mois.

Un matin, on vient chercher la totalité des prisonniers pour les conduire à Tindouf, la petite ville du désert située près de la frontière marocaine. Ils vont y rester pendant deux mois. Il leur faut exécuter toutes sortes de travaux de terrassement destinés à la construction d'un camp situé à 23 kilomètres de la ville. Puis sans prévenir, ils sont tous ramenés au CIB de Médéa.

Médéa
Durée de détention : 2 mois.

L'hiver 1977-1978 est là. Les conditions de détention sont très dures. Il n'y a pas de carreaux aux fenêtres. La température est si basse que les serrures des portes gèlent pendant la nuit. Certains matins, on ne peut même pas les ouvrir. Les hommes ont froid... Il y a parfois de la neige qu'il faut dégager à la main.

La discipline ne se relâche pas pour autant. Le moindre signe de désobéissance est sévèrement réprimé. Le nouveau séjour au CIB est semblable au précédent. Étrangement, Idrissi n'a que peu de souvenirs de cette période. Il se rappelle simplement avoir souvent cédé à un sentiment de lassitude. Le monde ne sait même plus qu'il existe. On l'oublie. Peu à peu, le désespoir l'engloutit. Il a l'impression de descendre lentement dans un puits sans fond.

Boufarik
Durée de détention : 4 mois et 17 jours.

Un matin, on l'emmène à Boufarik, une petite ville à 25 kilomètres au sud-ouest d'Alger. Bien qu'il n'y ait qu'une quarantaine de kilomètres entre Médéa et Boufarik, les Algériens prennent, une fois de plus, des précautions incroyables pour transférer les détenus. Les camions changent cinq fois de chauffeurs. Personne ne doit connaître le lieu de détention des prisonniers marocains.

La prison de Boufarik est un endroit étrange. C'est un bâtiment d'aspect plutôt plaisant situé en plein centre-ville. Vu de l'extérieur, on dirait une immense villa cossue. Il y a même un grand jardin avec des parterres de fleurs et des allées bien entretenues.

L'intérieur du bâtiment est beaucoup moins agréable. Ce ne sont que des cellules séparées par des couloirs interminables.

Pour les prisonniers, la vie devient plus difficile à supporter, car ils ne sont plus en dortoirs mais dans des cellules individuelles. À Boufarik, les jours sont semblables aux nuits. Interminables !

Médéa
Durée de détention : un an (en cellule).

Sans explication, Idrissi et ses compatriotes se retrouvent encore une fois au Centre d'instruction blindé. Mais on ne les regroupe plus en dortoirs comme auparavant. Cette fois, ils sont en cellules. Pendant un an, c'est la routine de la vie carcérale. Le temps passe... Idrissi pense qu'il va rester définitivement à Médéa lorsque survient un incident grave qui va transformer sa vie.

Tout commence un matin lorsque les Algériens décident d'organiser une cérémonie militaire en l'honneur du Polisario. Les soldats marocains doivent saluer le drapeau de la « République arabe sahraouie démocratique » devant des photographes.

On dispose les hommes sur une place d'armes au centre de laquelle se trouve un grand mât. Les prisonniers sont soigneusement mis en cercle autour du drapeau et un soldat hisse les couleurs de la RASD. Les photographes se préparent à faire des clichés. Visiblement, on a monté une véritable mise en scène pour montrer des Marocains saluant le drapeau de leur adversaire. Il fait froid... Les prisonniers sont à peine vêtus. Ils grelottent.

Dans le silence du petit matin, un officier ordonne :

– *Balkoum*[17] !

Et c'est le clash.

Personne ne bouge... Malgré les souffrances endurées depuis des mois, les Marocains refusent de saluer un drapeau qu'ils ne reconnaissent pas.

L'officier hurle encore une fois :

– *Garde à vous !*

Il n'y a pas plus de résultat.

Très vite, le ton monte. Pour la première fois, les détenus refusent d'obéir. Ils restent immobiles, les bras le long du corps. L'alerte est donnée. Des officiers supérieurs arrivent. Le regard noir, un commandant algérien choisit un prisonnier au hasard. C'est Idrissi...

– *Tu salues immédiatement ce drapeau ou tu vas le regretter.*

---

17. *Garde à vous.*

Idrissi ne répond pas. Pire, il refuse de baisser les yeux devant son interlocuteur. L'officier comprend qu'il y va de sa crédibilité vis-à-vis de ses hommes. Il faut que ce soit le prisonnier qui cède.
– *Salue vermine !*
Idrissi va alors prononcer un mot. Un seul ! Mais il va lui coûter très cher.
– *Non.*
Cette fois, il est allé trop loin. L'officier se rue vers sa voiture.
– *Tu vas me le payer !*
Le lendemain, Idrissi est transféré au grand pénitencier d'Alger, le terrifiant Serkadji.

Grand pénitencier d'Alger Serkadji
Durée de détention : 57 jours.

C'est le voyage au bout de l'enfer... Idrissi est emmené dans une immense bâtisse sombre construite au bord de la Méditerranée[18]. Les cellules y sont toutes semblables. Chacune d'elles est une sorte de placard qui mesure 170 centimètres de long sur 60 centimètres de large. Le prisonnier ne peut pas s'y déplacer. Il ne peut que rester allongé ou tourner sur lui-même comme un derviche fou. La cellule n'a pas de fenêtre car le détenu ne doit jamais apercevoir la lumière du jour. On l'éclaire artificiellement vingt-quatre heures sur vingt-quatre à l'aide d'un puissant projecteur accroché au-dessus de la porte. Il faut qu'il perde la notion du temps.
Ambiance d'épouvante, on entend des pleurs qui résonnent dans les couloirs. Et puis, il y a les hurlements de ceux qui sont battus. De temps en temps, Idrissi croit même entendre des femmes qui appellent à l'aide. Psychologiquement, la détention au Serkadji est un cauchemar permanent. Chaque bruit de pas devant la cellule est une source d'angoisse : on vient chercher

---

18. *C'est là qu'éclateront en 1995 une série d'émeutes qui seront réprimées avec une violence inouïe.*

un détenu pour un interrogatoire. C'est toujours un soulagement de comprendre que c'est un autre qui va souffrir. Le Serkadji d'Alger est l'exemple le plus tragique de ce que la barbarie des hommes a su inventer. Tout y respire la terreur et la souffrance. La vie du prisonnier n'y tient qu'à un fil[19].

Le bâtiment est creusé dans le rocher sous la colline au bord de la Méditerranée. La rumeur dit que les gardiens apprécient particulièrement la disposition des lieux car elle permet de se débarrasser sans difficulté des détenus qui meurent pendant les interrogatoires. Il suffit de les jeter directement à la mer.

La cruauté du système carcéral algérien est poussée à l'extrême jusque dans des détails parfois étonnants : ainsi, le projecteur destiné à aveugler les prisonniers a tendance à réchauffer les minuscules cellules. Pour éviter que cette chaleur ne devienne une source de confort, celles-ci sont « climatisées ». Dès que la température remonte d'un degré, un thermostat se déclenche pour refroidir l'endroit. Régulièrement, une sorte de claquement électrique retentit et de l'air glacé est pulsé sur le prisonnier. Il fait si froid dans la prison que, même en plein été, les gardiens portent toujours un gros manteau de laine... Étrange pays où les citadins souffrent de coupures d'électricité quotidiennes, mais où l'on dépense des sommes considérables dans le seul but de faire souffrir des prisonniers[20].

Le Serkadji a été conçu pour briser les détenus. Il faut qu'ils aient peur... Ils ne doivent pas dormir... Ils doivent avoir froid et tomber malades rapidement.

Et sur tous ces points, c'est une réussite.

---

19. *Quelques années plus tard, le Serkadji d'Alger sera le théâtre d'une liquidation massive de prisonniers. Ces faits terribles se produiront le 22 février 1995 pour répondre à un simulacre de mutinerie. Ceux qui comme Idrissi ont connu ce pénitencier savent que toute rébellion est absolument impossible. La presse parlera de monstrueuse liquidation destinée à faire de la place et à éliminer certains détenus encombrants. La technique de nettoyage est aujourd'hui connue. Dans la nuit, des individus cagoulés ont pénétré dans la prison et ouvert les portes de toutes les cellules pour amener les détenus à se rendre dans la cour de la prison. Depuis les miradors, les gardiens ont alors « mâté la mutinerie » en tirant sur les prisonniers.*
20. *Les coupures de courant sont très fréquentes en Algérie. Les 2 et 3 février 2003, trente-huit willayas ont été privées simultanément d'électricité pendant la nuit, provoquant des rumeurs folles sur un éventuel attentat de grande envergure ou un bombardement américain sur la ville.*

Idrissi souffre comme les autres. Personne ne tient compte qu'il est un soldat. Le mot « prisonnier de guerre » n'est même jamais prononcé devant lui. Il est considéré comme un droit-commun. Pour se réchauffer, il ne dispose que d'un minuscule drap jaune de crasse. Il n'y a pas de sanitaires dans sa cellule. Les prisonniers n'ont droit qu'à une sortie par jour pour aller aux toilettes.

Le jour de l'arrivée, un gardien a prévenu Idrissi :

– *Si tu ne peux pas te retenir, t'as qu'à chier par terre. Mais on te fera bouffer ta merde.*

Comme dans les prisons précédentes, la nourriture est innommable. Elle ne comprend qu'un seul repas quotidien. Le menu est toujours le même : une louche de lentilles cuites dans l'eau. Rien d'autre. Jamais de pain.

Aveuglés par le projecteur, certains prisonniers souffrent de problèmes oculaires, mais c'est surtout du point de vue psychologique que les troubles surviennent rapidement. Privés de leur montre et de références horaires, beaucoup ne dorment plus. D'autant qu'on vient les chercher à toute heure du jour et de la nuit pour les interroger. Toujours les mêmes questions... Toujours des coups ! Toujours des insultes ! La folie les guette.

Malgré l'absence de repère horaire, Idrissi parvient toujours à compter les heures en se repérant sur les bruits de la prison. Il fait des marques sur les murs pour noter les jours. Quand la pierre est trop dure, il raye la peinture de la porte avec ses ongles... Tout est bon pour connaître la date et l'heure. C'est tout ce qui le rattache à la vie. À cette période, il n'a qu'une idée en tête : tenir le coup... ne pas mourir... Résister à la souffrance jusqu'aux limites du supportable. Pour cela, il ferme les yeux et ressasse en permanence le même rêve. Il est aux commandes de son avion et vole très haut dans le ciel. Ne pas craquer... Ne pas avoir d'idées suicidaires. C'est très dur. Les hurlements de démence dans les couloirs autour de sa cellule le terrifient. Pourvu qu'il ne crie jamais comme ça !

Idrissi reste cinquante-sept jours au grand pénitencier d'Alger. Aujourd'hui encore, il a l'impression d'y avoir passé plusieurs années.

Court séjour à Tindouf
4 jours.

Le 19 mai 1978, on vient le chercher pour l'emmener une nouvelle fois à Tindouf. Il y a fait un premier séjour fin 1977 pendant deux mois pour commencer la construction d'un camp. Celui-ci est aujourd'hui terminé et les Algériens veulent y organiser la fête nationale du Polisario qui doit avoir lieu le 20 mai.

Le voyage des prisonniers jusqu'à Tindouf se fait en avion. Pour la première fois, on ne leur mettra ni cagoule ni bandeau pendant le transfert. Après l'enfer du Serkadji, Idrissi a l'impression de renaître lorsqu'il peut enfin revoir quelques rayons de soleil. Dans le camion qui l'emmène à l'aérodrome militaire, il parvient à apercevoir quelques bribes de la vie extérieure. La bâche se soulève un instant et il voit un peu de goudron sur la route... Des gens s'interpellent sur un trottoir... Il les entend. Une odeur furtive d'orangers. Quelque chose qui ressemble au printemps. Ces détails insignifiants le soulagent comme un calmant.

Puis c'est la découverte de l'avion garé sur le parking au pied de la tour de contrôle : c'est un Antonov de fabrication russe. Malgré sa situation de prisonnier, Idrissi éprouve un bonheur intense à remonter à bord de cette machine volante. Après tous ces mois de souffrance... Même s'il n'est qu'un détenu parmi une centaine de pauvres bougres, il se sent heureux comme un enfant qui reçoit un cadeau. Au moment où il embarque dans l'Antonov, il parvient même à apercevoir l'intérieur du poste de pilotage. L'équipage en train de faire sa check-list. Ce sont des Russes. Ils portent une combinaison bleu ciel et une casquette plate caractéristique des pays de l'Est. Il a le temps de reconnaître certains instruments sur le tableau de bord. L'horizon artificiel, le variomètre, l'altimètre... C'est comme une bouffée d'oxygène. Une foule de souvenirs remontent brusquement dans sa tête.

Lui aussi, il volait !

Au moment de l'installation à bord, on lui enchaîne les mains au niveau des chevilles dans une position particulièrement inconfortable. Les gardiens prennent un luxe de précautions à son égard. Visiblement, ils ont peur qu'une mutinerie se produise pendant le vol. Idrissi fait partie des détenus particulièrement surveillés. On le craint parce qu'il est pilote. Il pourrait se mettre aux commandes et fuir avec l'avion. Pour couper court à toutes velléités de rébellion, un grand gardien s'approche de lui. L'homme a une tête de brute épaisse. Le regard est mauvais, il fixe Idrissi et, sans avertissement, il lui donne un coup de poing dans chaque œil. Le prisonnier hurle. Les larmes jaillissent. C'est terriblement douloureux.

– *Qu'est-ce que j'ai fait ?* interroge Idrissi les yeux gonflés.

La brute ricane méchamment.

– *T'as rien fait mais c'est juste pour faire un exemple. Ne joue pas au petit malin avec moi !*

Il y a 1 700 kilomètres entre Alger et Tindouf. Le vol se déroule sans aucun incident. Malgré ses yeux gonflés, Idrissi apprécie de se retrouver en l'air pendant près de trois heures.

Dès l'arrivée à Tindouf, les prisonniers apprennent qu'ils vont participer à la cérémonie qui commémore le tir de « la première cartouche » contre les Marocains. Ils sont une sorte de trophée de guerre qu'on va exhiber fièrement pour attester des succès militaires remportés par le mouvement.

Le lendemain à 11 heures, c'est le défilé... Dans la tribune, se trouve l'un des ministres algériens les plus importants de l'époque : Chérif Msadia. Il y a aussi des responsables militaires du Polisario, des mercenaires cubains et des journalistes venus du monde entier. Le programme des festivités comprend la présentation de matériel militaire flambant neuf, un défilé des combattants sahraouis et bien évidemment un passage des prisonniers devant la foule.

Avec ses compatriotes, Idrissi va défiler lentement devant la tribune officielle. Pour la circonstance, on les a habillés d'une grande gandoura sahraouie. Autour du cou, chaque détenu porte une pancarte sur laquelle on a inscrit en gros caractères : « Prisonniers de guerre marocains ».

L'humiliation est à son comble lorsque les prisonniers passent devant une haie de badauds déchaînés. On les fait défiler très près de la foule afin que le public puisse les insulter. Il faut que les crachats puissent les atteindre.

Étrangement, aucun journaliste présent ne semble remarquer que ce genre de parade humiliante est strictement interdit par la Convention de Genève...

Retour à Médéa
Durée de détention : 1 an et 2 mois.

Le lendemain du défilé, les prisonniers sont ramenés directement au CIB de Médéa. Ils rentrent dans un Fokker 27 militaire. Les conditions de transport sont les mêmes qu'à l'aller avec le même luxe de précautions pour enchaîner Idrissi. Cette fois pourtant aucun gardien ne le frappe à titre préventif, ce qui lui permet d'apprécier encore mieux le trajet.

Le nouveau séjour à Médéa dure jusqu'à l'été 1979... Idrissi est en cellule. Les jours passent. Les interrogatoires sont moins nombreux et la vie carcérale défile lentement à un rythme désespérément lent. Cela fait maintenant deux ans et demi que le pilote a été capturé. Il a fêté son trentième anniversaire seul. Ce jour-là, un cadeau inattendu lui a été offert : un gardien a rajouté discrètement une pincée de sel sur sa pitance. Le goût lui semble extraordinaire.

Idrissi ne sait absolument rien de ce qui se passe dans le monde. Le Maroc et l'Algérie sont-ils maintenant en conflit ouvert ? Qui est le nouveau président des États-Unis ? Qu'en est-il de l'Europe ? Et sa famille ? Savent-ils seulement qu'il est encore vivant ?

Par moments, le désespoir l'envahit comme une coulée de plomb.

Le 29 juillet 1979, il est ramené à Tindouf.

Tindouf
Durée de détention : 24 ans.

Pour Idrissi, les années qui vont suivre seront les plus longues. Elles se diviseront en deux périodes bien distinctes :

1. Période avant 1992 : les travaux forcés

Le retour dans le grand sud algérien se fait en camion. Dans un premier temps, les prisonniers sont emmenés en plein désert à 800 kilomètres de la ville. Ils sont maintenant plus de mille sept cents à être rassemblés dans un camp. Il serait plus exact de dire dans un futur camp. Car, une fois de plus, lorsque les détenus arrivent sur les lieux, il n'y a rien... C'est le désert dans toute sa splendeur. Pas un bâtiment, pas une tente... C'est aux prisonniers de bâtir leur prison. Ils doivent dresser les murs d'enceinte, creuser des puits et construire les bâtiments. La tâche est harassante. On est en plein été au milieu du Sahara. Il faut travailler sous le soleil en buvant un minimum. Le travail commence à 4 heures du matin pour profiter de la fraîcheur et se termine à 19 heures... Beaucoup ne résistent pas à ces conditions inhumaines. Il y a des morts par dizaines qu'on enterre sans une prière dans une fosse commune. Étant donné la distance jusqu'à Tindouf, il est impossible d'imaginer la moindre évasion. Malgré tout, Idrissi se sent moins seul depuis qu'il est dans le sud. Parmi les détenus se trouvent treize navigants dont plusieurs pilotes de Mirage F1[21]. Les hommes parlent de leur métier. Ils ont la même passion du vol et les mêmes centres d'intérêt.

La construction du camp demande plusieurs mois... Étrangement, aucune cellule n'est prévue pour les prisonniers... Les hommes doivent creuser des fosses rectangulaires de 4 mètres cubes dans lesquels ils seront « logés » par groupes de dix. Le trou reste à ciel ouvert. Rien n'est prévu pour eux.

Pas de matelas, pas de toit pour s'abriter du soleil, pas la moindre couverture pour se protéger du froid. Il est pourtant vif la nuit dans le désert. C'est juste un trou collectif dans lequel quelques cailloux délimitent l'emplacement où chacun doit dormir à même le sol.

Pour les gardiens, la technique des fosses est idéale pour surveiller les prisonniers. Lorsque ces derniers sont à l'inté-

---

21. *Les T-6 se révélant incapables de lutter efficacement contre le Polisario, le Maroc a acheté des Mirage F1 à la France. Certains seront abattus par des missiles de fabrication soviétique.*

rieur, ils n'ont pas le droit d'en sortir sans autorisation. Le premier dont la tête dépasse est immédiatement abattu. C'est une sorte de fête foraine qui amuse beaucoup les geôliers. Pour aller aux toilettes, il faut crier et attendre l'accord.

Étrangement, parmi tous les travaux effectués par les bagnards, c'est le creusement des puits qui posera le moins de problème car, bien qu'on soit dans le désert, l'eau n'est qu'à 2 mètres de profondeur. Miracle de la nature ! Elle est saumâtre mais reste potable.

De temps en temps, certains prisonniers sont ramenés à Tindouf pour servir de main-d'œuvre gratuite à certains notables de la ville. En fait, toute l'économie locale est basée sur la présence des prisonniers marocains dans la région. Ils travaillent sur certains chantiers, construisent des routes et font du terrassement. En outre, ils sont à l'origine des aides humanitaires envoyées par les ONG. C'est une véritable manne qui arrive régulièrement à Tindouf : nourriture, vêtements, médicaments, journaux et même postes de télévision... Idrissi découvrira rapidement que ces aides ont des effets terriblement pervers sur leurs conditions de détention. Après avoir terminé la construction du camp dans le sud, Idrissi fait partie de ceux qui sont ramenés dans le camp situé à seulement 25 kilomètres de l'agglomération. On est alors en septembre 1980. Au fil des jours, le prisonnier découvre le monde étrange qu'il va devoir servir pendant plusieurs années. En fait, la société de Tindouf se divise en trois catégories de populations qui ne se mélangent pas.

1. Les Algériens de souche. Ce sont pour la plupart des militaires. Ils sont perpétuellement en uniformes et sont les véritables maîtres des lieux. Ils ont une attitude particulièrement dure avec les prisonniers. Seule concession au fait que les détenus soient des soldats, ils tolèrent les regroupements par affinités et par grades dans le camp. Idrissi peut ainsi habiter dans la même fosse que ses amis pilotes.

2. Les Sahraouis de base. Ce sont les gardiens du camp. Ils parlent l'espagnol, le hassani ou l'arabe. Étrangement, ils ne sont guère plus libres que les prisonniers qu'ils sont chargés de surveiller. Pour la plupart, ce sont des nomades enrôlés de force par l'ANP. L'Algérie a un besoin impératif de leur présence. Ce sont eux qui attestent de la « volonté inébranlable » des Sahraouis de libérer leur territoire. Suivant les cas, ils ont été capturés au Mali, en Mauritanie et parfois même au Maroc. Ce sont de pauvres bougres, d'une pauvreté désolante. Souvent très maigres, ils ont pourtant une constitution physique parfaitement adaptée aux conditions du désert. Ces hommes sont capables de survivre avec un minimum d'eau et de nourriture dans des conditions de chaleur exceptionnelle.

3. Les chefs sahraouis. Le plus connu est Bachir El Ouali. Il a pris la place de son frère disparu au combat. Il est très riche et ne s'occupe pas vraiment du Polisario. Il est avant tout la caution morale des Algériens qui voient en lui l'un des futurs dirigeants de la RASD. Les prisonniers ne le voient pratiquement jamais. Celui qui les terrorise véritablement se nomme Kchandoude. Il est le responsable de la sécurité du camp. C'est un homme riche et puissant qui vit dans une immense maison à Tindouf. Régulièrement, il effectue des inspections dans les fosses. Pour les prisonniers, ce sont des moments de terreur car chacune de ses visites est ponctuée de sanctions et de punitions diverses. Il se déplace dans une superbe Mercedes conduite par son homme de main, une brute qui se fait appeler « Salazar » mais dont personne ne connaît le véritable nom.

Les chefs du Polisario sont peu nombreux à Tindouf. Une dizaine tout au plus. Tous vivent avec leur famille dans une opulence indécente qui contraste avec la pauvreté des gardiens. Leur richesse provient avant tout des aides humanitaires qu'ils revendent systématiquement dans le nord de l'Algérie. Cette aide est très importante car des dizaines d'associations européennes récupèrent des fonds... La plupart envoient de la nourriture, des vêtements et des médicaments. Certaines font même parvenir des « camions-citernes » jusque dans le Sahara[22].

22. *Au Havre, une association « Un camion citerne pour les Sahraouis » a été créée. Après un bref séjour à Tindouf devant les caméras, le camion sera remonté à Alger où le carburant sera revendu discrètement en « trabendo » (contrebande).*

En plus de la main-d'œuvre gratuite que constituent les prisonniers marocains, les chefs sahraouis perpétuent une coutume digne du Moyen Âge. Ils disposent d'esclaves... Ce sont des Noirs généralement capturés au Mali ou au Niger. Ces hommes et ces femmes appartiennent corps et âme à leurs propriétaires qui ont sur eux un droit absolu de vie et de mort. À Tindouf, un esclave peut être vendu ou échangé contre des marchandises sans qu'aucune association ne vienne dénoncer ces mœurs d'un autre âge. Certains usages font frémir. Ainsi, lorsqu'un couple d'esclaves a un enfant, celui-ci appartient d'office au propriétaire. Jamais à ses parents... Il est d'ailleurs fréquent qu'un jeune enfant sevré soit séparé de ses parents pour être vendu. Certains responsables sahraouis, comme Brahim El Ouali, possèdent jusqu'à quatre esclaves.

Prisonniers de guerre et esclaves constituent une profusion de main-d'œuvre gratuite qui est évidemment à l'origine de richesses considérables. Les chefs du Polisario peuvent donc investir beaucoup d'argent à l'étranger. Du fait de la langue, c'est principalement en Espagne que les dix grandes familles de Tindouf font des affaires. La plupart possèdent des boîtes de nuit à Marbella et des restaurants en plein cœur de Madrid.

D'autres ont des activités moins légales qui s'exercent principalement au sein de réseaux d'immigrés clandestins en direction de l'Europe. Le trafic se développe à partir de la côte ouest du Sahara. Des bateaux viennent des Canaries afin de récupérer des pauvres bougres. Ceux-ci pénètrent en Europe par la brèche espagnole que constituent les îles au large du Maroc. Ils travaillent ensuite pendant plusieurs années dans des ateliers clandestins afin de rembourser leur dette. Une manne pour ces trafiquants d'esclaves.

Les travaux forcés

Dès son arrivée au camp de Tindouf, Idrissi est mis au régime du travail obligatoire. La discipline est incroyablement dure. Comme tous les autres prisonniers, il commence à 5 heures du matin et ne s'arrête qu'au coucher du soleil. Les travaux qu'on lui demande d'exécuter sont plutôt surprenants.

Dans un premier temps, il doit décharger des camions d'aide humanitaire. Ce sont souvent des semi-remorques de 38 tonnes. Il en arrive plusieurs convois par mois. Les cargaisons les plus pénibles à transporter sont celles en provenance de l'Inde. Elles sont la hantise des prisonniers car, contrairement à ce qui se fait en Europe, les conditionnements se font dans des sacs de 100 kilos. Les colonnes vertébrales des détenus sont durement mises à l'épreuve sous de tels poids.

Il y a également des bouteilles de gaz. Idrissi se souvient avoir un jour déchargé avec ses codétenus quatorze camions. Chacun contenait huit cents bouteilles !

Comme toujours, les prisonniers n'ont droit qu'à un seul repas journalier. À Tindouf, il n'y a pas de lentilles. C'est du riz... Idrissi tient pourtant à dire la vérité : les gardiens sahraouis sont logés à la même enseigne que les prisonniers. Ils mangent et boivent aussi peu. Leur repas se compose de riz à l'eau sans jamais la moindre trace de sel, ni aucune épice[23].

On pourrait penser que la similitude des conditions de vie créerait des liens entre les Sahraouis et leurs prisonniers. Il n'en est rien... Au fil des années, les gardiens resteront toujours aussi impitoyables. La moindre incartade donne lieu à des punitions d'une sévérité extrême. Quelles que soient les circonstances, ils font preuve d'une brutalité étonnante. Idrissi ne rencontrera jamais la moindre trace de pitié ou de compassion chez un gardien.

Le second travail imposé aux prisonniers de Tindouf est le « démaquillage ». Même si cette corvée exige moins d'effort physique que le déchargement des camions, elle n'en est pas moins terriblement pénible. « Démaquiller » consiste à effacer les inscriptions se trouvant sur des boîtes de conserve ! Ce sont essentiellement des boîtes de sardines offertes par la Communauté européenne. Elles portent le sigle caractéristique avec des étoiles jaunes en cercle.

À l'aide d'une pierre, les prisonniers doivent gratter le cou-

---

23. Pour résister à la chaleur, les sahraouis évitent systématiquement le sel dans la nourriture.

vercle jusqu'à le rendre parfaitement brillant. Les conserves peuvent ainsi être revendues sur le marché d'Alger sans que personne ne soupçonne qu'il s'agit d'aide humanitaire. Moins pénible que le déchargement des camions, la corvée de démaquillage occupe pourtant les hommes pendant près de quinze heures par jour. Elle est à l'origine de violentes douleurs dorsales et de lumbago.

Le soir, les détenus sont à bout de forces lorsqu'ils rejoignent leur fosse.

– *Si seulement, ces cons d'Européens pouvaient arrêter de nous envoyer leur putain d'aide humanitaire,* soupire régulièrement Idrissi en s'allongeant dans son trou...

Le troisième travail confié aux prisonniers est le « retournement ». Encore une fois, il s'agit de faire disparaître le sigle de la Communauté européenne. Cette fois, c'est sur des sacs de céréales. Pour cela, les prisonniers sont enfermés dans un entrepôt. Ils vident le contenu du sac sur le sol... Ils le retournent pour mettre l'inscription à l'intérieur et le remplissent à nouveau sans oublier un seul grain de blé sur le sol. La pièce est parfaitement close et le moment le plus pénible est celui où le sac est vidé car il se dégage une poussière étouffante. Idrissi ne sait plus combien de sacs il a retourné en une seule journée, mais il pense qu'il y en avait souvent plusieurs centaines.

Tout en travaillant, le pilote rêve toujours qu'il est aux commandes de son avion. Il s'imagine en train de jouer avec les nuages. Il plonge dans la masse de coton blanc... Il jaillit comme une flèche dans le ciel bleu. Un jour peut-être, il repartira là-haut. Quand ? Il n'en a aucune idée. Les jours passent et il n'a toujours aucune nouvelle du monde extérieur.

Le poste de radio
En 1990, Idrissi a un coup de chance. Alors qu'il est en train de décharger un camion, un caporal-chef algérien oublie un minuscule poste radio dans la cabine de son véhicule. Idrissi le chaparde et réussit à le dissimuler sous une pierre dans sa fosse. Pour lui, c'est une immense bouffée d'oxygène. Cela faisait treize ans qu'il n'avait pas eu la moindre information...

La vie change d'un seul coup. Chaque soir, il se blottit dans l'obscurité et écoute en cachette ce qui se passe dans le monde. Le journal de RFI lui donne des nouvelles du Maroc. C'est la vie qui revient à lui. Il profitera du poste radio pendant près d'une année. Malheureusement, à la suite d'une altercation avec un gardien (voir plus loin), le poste radio est découvert.

La punition est très dure : Idrissi est enfermé pendant un mois et demi dans une « cage à poule » de 60 centimètres sur 60 centimètres. Il doit y rester accroupi, jour et nuit. Il n'y a *jamais* de sortie… Pour ses besoins naturels, il doit utiliser un trou découpé sous la cage. La nourriture reste toujours la même poignée de riz quotidienne, mais sa ration d'eau est considérablement diminuée. Elle est limitée à un quart d'eau le matin, un autre le midi et un dernier le soir.

Souvent, Idrissi pense qu'il ne va pas pouvoir résister. Même les animaux ne sont pas traités avec une telle cruauté par les Sahraouis. Certains jours, le pilote croit devenir fou. Il a besoin de bouger. Ses membres sont complètement engourdis. Et pourtant, il tient le coup…

Au cours de cette détention, Idrissi est piqué à l'épaule par un scorpion noir. Il tombe aussitôt malade. Tremblant de fièvre, il appelle ses geôliers pour leur montrer l'animal qu'il a conservé dans un morceau de sa chemise. Par chance, il s'agit d'une espèce qui n'est pas mortelle. À sa grande surprise, le lendemain, il est conduit à l'infirmerie où on lui donne deux comprimés de paracétamol avant de le ramener dans sa cage.

En tout, il y passera quarante-six jours… Lorsqu'il sort enfin de sa prison minuscule, il ne parvient pas à se redresser. Il se déplace comme un vieillard. Il lui faut plusieurs jours avant de pouvoir marcher de nouveau normalement.

La nourriture
Ce sont les détenus qui doivent faire cuire leur pitance eux-mêmes. Chaque début mois, ils reçoivent chacun :
– 1 kilo de riz,
– 1 kilo de sucre,
– une poignée de thé vert.

Rien d'autre... Jamais de pain, de sel, ou autre nourriture. Avec ces rations, ils doivent se débrouiller pour manger pendant trente jours... Pour tenir avec des quantités aussi faibles, ils n'ont qu'une solution : mettre leur riz et leur sucre en commun et se répartir par groupes de trente pour la cuisson journalière. Le lecteur pensera qu'il n'y a pas de différence entre manger 1 kilo de riz individuellement par mois et 30 kilos pour trente personnes. Pourtant, les prisonniers comprennent vite que c'est la seule façon de survivre. En grande quantité, il est possible de contrôler très précisément la quantité de nourriture distribuée. Seul, c'est impossible.

Pendant les vingt-quatre ans de la détention à Tindouf, Idrissi et ses compagnons mangeront seulement une minuscule poignée de riz par jour et un verre de thé. L'eau, même si elle est saumâtre, ne sera pas limitée (sauf pour les prisonniers en cage). Il est facile de comprendre qu'avec un tel régime les hommes sont d'une maigreur extrême. Tous souffrent de carences graves en vitamines. Comme ses codétenus, Idrissi n'a que la peau sur les os. Originaire de Taroudant, au sud de l'Atlas, il est pourtant d'une résistance physique étonnante. De petite taille, plutôt râblé, le manque de nourriture n'est pas le pire souvenir de ses années de détention.

Comme il a déjà été dit, les gardiens sahraouis n'auront rien de plus que les détenus.

Les punitions

Il n'y a pas de fouet à Tindouf... Pendant les travaux forcés, les gardiens poussent les prisonniers au travail en les frappant avec des câbles électriques. Et c'est tout aussi douloureux ! Beaucoup ont le dos profondément tailladé et certains garderont des cicatrices impressionnantes. Un jour de juin 1980, un détenu perd un œil après avoir été atteint au visage par une flagellation. En cas d'indiscipline, les sanctions vont jusqu'à la mort.

En juillet 1981, un gardien nommé Moussa tue Aziz Marrakchi pour lui avoir volé une cigarette.

Quelques mois plus tard, un autre Marocain, le caporal Zebta, est également tué pour le vol d'une cigarette.

Un jour de septembre 1982, pour une raison qu'Idrissi ignore, un prisonnier est ligoté et abandonné nu en plein soleil toute une journée. Il est brûlé au troisième degré par le sable brûlant. On le croit perdu mais, à la surprise générale, il parviendra à se remettre de ses blessures au bout de plusieurs semaines.

En mars 1990, Mahjoub El Mataoui, un pilote de Mirage F1, tente de s'évader du camp. Il réussit à rejoindre l'aérodrome de Tindouf et se cache parmi des containers entreposés sur le parking. Malheureusement, il est écrasé par la chute de sacs de ravitaillement. Même si les circonstances de sa mort sont mal élucidées, il semble que ce soit un accident.

Il en va tout autrement du lieutenant Mouzoun pendu par les pieds et tué à coup de rangers dans la tête pour avoir couvert une tentative d'évasion.

Idrissi ne souhaite pas s'étendre davantage sur la mort de ses camarades de détention. Visiblement, il en a été profondément traumatisé.

Les journalistes

Aussi étrange que cela paraisse, pendant leur détention à Tindouf, les prisonniers reçoivent très souvent des visites de journalistes européens. Les Algériens les transportent à grand frais depuis Paris. Les entretiens avec la presse sont obligatoires. Ils ont toujours lieu en présence d'un observateur du camp. Pendant l'interview, le détenu est étroitement surveillé et la « conversation » peut être stoppée au moindre dérapage.

Étrangement, les journalistes ne font pas preuve d'une grande compassion à l'encontre des prisonniers. Certains arrivent avec des idées préconçues. Idrissi a l'impression qu'ils ont été soigneusement briefés avant de franchir la porte du camp. Certains se montrent même carrément agressifs à son égard.

Les questions posées sont toujours les mêmes... Ce sont souvent celles qu'on lui posait pendant ses interrogatoires. L'une d'elle revient comme une litanie : « *Pourquoi avez-vous attaqué le Polisario ?* » La plupart des journalistes appartiennent à des organes de presse réputés pour le sérieux de leur information. Au fil des années, Idrissi va ainsi rencontrer Jacqueline Pape *(Le Monde)*, Éric Leroux *(Le Monde)*, Daniel Ginka *(Le Monde)*. Avec ce dernier, la conversation prendra d'ailleurs une tournure incroyable :

– *Pourquoi êtes-vous allés massacrer ces malheureux Sahraouis ?*

– *Je n'ai massacré personne, j'ai défendu mon pays ! Ce sont eux qui nous ont attaqués.*

– *Ce n'est pas votre pays ! Vous occupez leur terre...*

Idrissi se fâche. Il ne supporte pas ce langage.

– *Vous n'y connaissez rien. Regardez dans un livre d'histoire avant de parler.*

– *Je lis plus que vous !*

– *Ça, c'est certain... Personne ici ne m'a apporté le moindre livre depuis des années.*

– *Vous n'avez pas répondu à ma question. Pourquoi avez-vous attaqué le Polisario ?*

– *Je suis un militaire. J'ai obéi aux ordres de mes supérieurs, mais je l'ai fait sans contrainte. J'ai défendu mon pays.*

– *Vous êtes bien traités ici !*

Ce n'est pas une question, c'est une affirmation. Idrissi bondit...

– *Est-ce que vous avez seulement la moindre idée de la façon dont on nous traite ?*

– *...*

Idrissi paiera très cher cette rébellion « médiatique ». Le soir même, sa fosse est fouillée. C'est à cette occasion que le petit poste radio est découvert sous la pierre. On l'a vu, la sanction sera de quarante-six jours dans une cage à poules...

Idrissi rencontrera également Karmen Bader de RFI Alger. Celle-ci restera toujours très correcte avec lui, mais elle lui donnera toujours l'impression de poser des questions systématiquement orientées dans le sens du pouvoir algérien.

Idrissi ne garde pas que des mauvais souvenirs des journalistes qui l'ont interviewé, loin s'en faut. Certains comme Dominique Charon[24] du journal *La Croix* montreront beaucoup

---

24. *Pseudonyme de Julia Fricati.*

de compassion à l'égard des prisonniers. Étrangement, il a du mal à se souvenir des noms de ceux qui ont été humains avec lui. Après toutes ces années, il ne revoit que leur visage. Ce sont deux femmes canadiennes qui l'ont le plus soutenu. À plusieurs reprises, elles lui ont apporté des petites boîtes de gâteaux. Les confiseries ont été aussitôt confisquées par les gardiens mais l'intention lui a fait chaud au cœur.

Et puis un jour un journaliste du *Figaro* lui fait un cadeau extraordinaire. Il apporte deux livres : *Le Tour du monde en 80 jours* et *Z* dont a été tiré le film de Costa-Gavras. C'est d'autant plus génial que, contrairement aux gâteaux, les livres n'intéressent absolument pas les gardiens. Fou de bonheur, Idrissi lira et relira ces deux ouvrages plusieurs dizaines de fois.

Et puis, il y a les journalistes qui acceptent de passer discrètement du courrier à destination du Maroc. Pour les familles dans l'angoisse, ces lettres seront des messages de réconfort irremplaçables.

Les oiseaux

Idrissi aime les avions, mais il est également passionné par les oiseaux. Or, le ciel de Tindouf est un carrefour migratoire pour certaines espèces. Au printemps et en automne, on peut apercevoir des milliers d'oiseaux qui descendent vers le centre de l'Afrique. Le pilote rêve en les regardant passer. Ces animaux le fascinent. Ils sont libres de voyager et volent très loin : deux choses qu'Idrissi ne peut plus faire depuis des années.

À trois reprises, il découvre des volatiles posés dans le camp. Les animaux sont épuisés et se laissent capturer aisément. C'est un véritable événement dans sa vie. Aujourd'hui encore, il se souvient avec précision de tous les oiseaux et de la date où ils sont arrivés dans le camp.

La première fois, c'est le 11 avril 1982... Ce sont des petits oiseaux noirs. Il y en a quatre. Ils ont la taille de moineaux, mais Idrissi ne saurait dire avec certitude à quelle espèce ils appartiennent. Il leur donne à boire, partage quelques grains de riz et les met dans sa fosse à l'abri du froid de la nuit.

Les oiseaux reprennent des forces et repartent au petit matin. Pour le pilote, c'est un grand moment d'émotion que de voir ces êtres minuscules suivre leur d'instinct pour rejoindre leur destination.

Le 24 mai 1983, Idrissi découvre d'autres « moineaux ». Cette fois, il y en a une dizaine. Deux mourront pendant la nuit, mais les autres repartiront au petit matin. Avant d'enterrer les corps, le pilote récupère les minuscules bagues argentées qui marquent les pattes des oiseaux.

Enfin, un an plus tard, le 21 mai 1984, Idrissi découvre une « sorte de canard » blotti entre deux rochers. Il recueille le malade, le place à l'ombre et lui donne à boire. Il tente de lui faire avaler quelques grains de riz. Ça ne sert à rien. Le volatile est très faible et ne peut pas repartir au petit matin. Malgré tous ses efforts, il meurt au bout de quelques jours. Avant de l'enterrer à côté du mur d'enceinte, Idrissi récupère une fois de plus la bague qui est fixée à sa patte[25]. L'oiseau a été marqué en Angleterre, près de Londres. Le pilote se promet que, si un jour il recouvre la liberté, il écrira une lettre pour fournir des précisions sur la route migratoire que le canard a suivie.

2. Période après 1992 : la vie s'améliore

C'est la meilleure partie de la détention…

Avec l'effondrement du bloc soviétique, les mouvements révolutionnaires perdent peu à peu leurs soutiens les plus actifs. Le monde se rend compte que la cause du Polisario n'existe pas. Les États d'Afrique qui avaient reconnu la RASD comprennent qu'ils ont fait fausse route. Par ailleurs, des rapports jusqu'ici confidentiels commencent à dénoncer les conditions de vie des prisonniers marocains. L'esclavage des noirs en provenance du Mali est révélé. La Croix-Rouge et le Croissant-Rouge demandent à intervenir pour examiner les prisonniers régulièrement. Des visites médicales doivent avoir

---

25. *Idrissi souhaiterait connaître la provenance et le trajet suivi par les trois oiseaux qui sont morts dans son camp. Ceux-ci portaient des bagues qu'il a conservées avec précaution. Les « moineaux » étaient bagués 373968 Museum Paris et C255287 British Museum London SW7. Le canard portait une bague jaune numérotée DV 08593/84/107.*

lieu deux fois par an. À partir de 1992, les conditions de vie changent radicalement. Cela commence un matin de printemps. Sans un mot d'explication, un gardien apporte un poste de télévision qu'il installe au milieu d'une fosse. Il est offert par le Croissant-Rouge. Les détenus croient d'abord à une mauvaise blague de leurs geôliers. En temps normal, le poste aurait dû être volé pour finir chez un ponte de Tindouf ! Peut-être est-il en panne ? Mais non, il fonctionne. Mieux... Comme il n'y a pas d'électricité dans le camp, la Communauté européenne a fait livrer des panneaux solaires avec des batteries sèches. Il y a même une parabole et un démodulateur !

Peu à peu, d'autres « cadeaux » arrivent. On apporte des médicaments, des lunettes de vue et parfois même des prothèses pour les prisonniers amputés. Les Marocains ont maintenant une existence semi-officielle. Si l'Algérie refuse encore de reconnaître leur présence (alors qu'ils sont sur son territoire !), les détenus sont dûment répertoriés comme prisonniers de guerre par le Croissant-Rouge et les ONG. À chaque fois que des cas de maltraitance sont découverts, des lettres de protestations sont envoyées. Les Sahraouis se moquent complètement des courriers officiels, mais ils craignent les menaces de diminution d'aide humanitaire ! Alors ils cèdent...

La vie change pour les prisonniers. Les travaux forcés sont supprimés et les rations alimentaires sensiblement améliorées. Elles sont doublées...

Et puis surtout les portes du camp sont ouvertes à 7 heures du matin et fermées le soir au coucher du soleil. Les hommes peuvent se promener à leur gré dans le désert. Du fait de l'éloignement, il est toujours impossible d'envisager une évasion mais la sensation de liberté est enivrante.

Chaque matin, Idrissi fait plusieurs kilomètres de footing dans un oued asséché. C'est le meilleur endroit pour courir. L'eau n'est pas loin sous la surface et le sable y est dur. Pour la première fois de sa vie, le prisonnier apprécie le désert. L'air qu'il respire lui fait du bien... Ce n'est pas encore la liberté mais cela en a le goût... De temps en temps, un avion de ligne passe dans le ciel. Ses traînées déchirent le ciel jusqu'à l'horizon.

Idrissi lève les yeux et ne quitte plus le point brillant jusqu'à ce qu'il disparaisse. Et si un jour il remontait là-haut lui aussi ?

Les années passent...

Un jour de l'an 2000, alors qu'il court, il découvre une jeune gazelle couchée au milieu de l'oued. Blessée au flanc, elle vient tout juste de mourir. Elle a certainement été tirée par un gardien qui voulant améliorer son ordinaire l'a laissé échapper. La vue de cet animal recroquevillé au creux d'un rocher cause une peine immense à Idrissi. Peut-être finira-t-il comme ça...

À partir de 2001, il consacre beaucoup de son temps à la lecture. Les livres envoyés par les Canadiens sont de plus en plus nombreux. On lui en apporte parfois plusieurs cartons absolument intacts... Entre le jogging et la lecture, il parvient à donner un sens à ses journées.

Et puis en 2002 arrive une autre bonne nouvelle. C'est un matin de novembre... Une rumeur court dans le camp. Elle enfle rapidement... Danielle Mitterrand ferait un geste en faveur des prisonniers. Celle qui a toujours soutenu ardemment le mouvement Polisario offrirait un cadeau aux Marocains. Une fois encore, on croit à une mauvaise blague. Comment cette femme crainte par tous pourrait-elle leur offrir quelque chose ? Pourtant, peu à peu, la rumeur se confirme... L'épouse de l'ex-président de la République française offre mille deux cents chameaux et cinq mille moutons pour que les hommes mangent de la viande régulièrement. De la viande... Idrissi n'en croit pas ses oreilles. Cela fait vingt-cinq ans qu'il n'en connaît plus le goût.

Et le miracle arrive... Les chameaux et les moutons sont effectivement livrés à Tindouf. Ils arrivent par camions entiers. Les prisonniers exultent. Malheureusement, la joie est de courte durée... Les animaux repartent le jour même pour être revendus dans le nord. Il y aura quand même un geste des gardiens. Après bien des tergiversations, on apporte aux détenus un énorme quartier de chameau. Les détenus le cuisineront eux-mêmes. Ce sera un grand moment ! Le goût de la viande paraîtra tellement étrange que certains ne l'apprécieront pas. Quelques-uns seront même malades.

Août 2003... Idrissi lève toujours les yeux au ciel pour regarder son rêve passer. Les traînées blanches des avions lui montrent la direction des villes vers lesquelles ils se dirigent. Celui-là fonce vers le nord. Peut-être Paris ou Marseille ? D'après son cap, celui-là pourrait bien aller à Rabat ! Un cap vers l'ouest ? C'est sûrement vers les Canaries... Étrangement, dans l'esprit du prisonnier aucun avion ne va jamais à Alger. Il y a connu tant de souffrances que la simple évocation de la capitale le fait frémir.

La libération
Le matin du 1er septembre 2003, on vient le chercher. Les gardiens ne donnent pas d'explications. Il faut simplement vider les fosses et se préparer à partir.
Pour tout bagage, Idrissi n'a qu'un briquet, deux livres qu'il tient à garder avec lui, un morceau de corne de gazelle et les trois bagues des oiseaux attachées par une ficelle. Toutes ces années tiennent dans un minuscule sac en plastique.
Il n'est pas seul à se préparer. Une centaine de détenus se retrouvent au centre du camp... On murmure qu'il va y avoir des libérations. Personne n'y croit... Les prisonniers sont trop rentables à leurs geôliers pour qu'on les laisse partir aussi facilement. Plus de prisonniers, plus d'aide humanitaire... plus de commerce... plus d'argent.
Pourtant, un camion les emmène à l'aéroport de Tindouf. Pas de cagoule sur la tête, pas de chaînes. Un DC-9 de nationalité croate attend sur le parking. Personne n'ose y croire. Pire, à mesure que les minutes passent, la terreur s'installe lentement parmi les prisonniers. Et si c'était une ruse pour les emmener dans un nouveau camp ? Peut-être va-t-on les éliminer discrètement. Ce sont des témoins encombrants... Certains prisonniers se mettent à trembler !
Pourtant l'avion décolle et se pose à Agadir quarante-cinq minutes plus tard.
Idrissi ne peut retenir ses larmes lorsqu'il voit flotter son drapeau sur le toit de l'aérogare. Il est chez lui. Enfin.
Après vingt-six années...

À l'heure où ces lignes sont écrites, il reste six cent quatorze prisonniers de guerre marocains dans les geôles algériennes. Parmi eux se trouvent cinq pilotes. En vingt-six ans, un seul prisonnier a réussi à s'évader des camps de Tindouf.

Note de l'auteur : *pour écrire les différents récits de cet ouvrage, j'ai entendu des dizaines de pilotes et de navigants. J'ai discuté longuement avec eux pour recueillir un maximum de détails et vérifier l'authenticité de leurs propos. Aucun témoignage ne m'a marqué comme celui d'Idrissi Moulay Omar. Je l'ai rencontré trois semaines après sa libération. Nous avons passé de longs moments à parler. Malgré sa maigreur extrême, il faisait preuve d'une vivacité d'esprit et d'une clairvoyance rares. De petite taille, il reconnaît pourtant avoir une constitution physique assez résistante qui lui a permis de ne pas avoir trop de séquelles. Il souffre malgré tout de déchaussements des dents dus à des carences alimentaires graves. Ces entretiens m'ont profondément bouleversé et j'ai toujours eu beaucoup de mal à m'endormir le soir en imaginant les souffrances qu'il avait endurées. Ce texte est bien évidemment un résumé des années de détention d'Idrissi. Un livre tout entier pourrait lui être consacré. Cet homme a quitté sa famille à l'âge de 28 ans. Il en a 54 aujourd'hui. De toutes ces années, il n'a ramené que trois bagues d'oiseaux et un petit fragment de corne de gazelle. On aurait pu comprendre qu'il soit profondément aigri. Étrangement, il n'y a aucune trace de haine ou de ressentiment chez lui. Idrissi m'a décrit son calvaire calmement comme on raconterait des faits ordinaires. Fatalisme oriental, il ne semble pas en vouloir à ses tortionnaires de lui avoir volé toutes ces années.*

Lors de notre dernier entretien, Idrissi écrivait une lettre pour le British Museum de Londres pour indiquer à quel endroit il avait enterré ses oiseaux. Lorsqu'il l'a eu terminée, il m'a demandé si je pouvais l'emmener dans un aéro-club pour le faire voler de nouveau...

CRUSADER CONTRE MIG 21 !

7 mai 1977. Océan Indien.

Avec seulement cinq cent mille habitants, Djibouti a toute juste la superficie de la Bretagne. Pourtant, de par sa position privilégiée dans la corne de l'Afrique, ce territoire occupe une importance stratégique considérable et suscite bien des convoitises de la part de ses voisins les plus proches. En 1977, la situation se tend... Ce sont principalement la Somalie et le Yémen[1] qui lorgnent sur le territoire français. Le monde a compris que des bouleversements décisifs allaient se produire. Colonie de la République depuis 1949, Djibouti a été le cadre de manifestations indépendantistes impressionnantes[2]. Un cycle infernal émeutes répressions est enclenché. C'est la raison pour laquelle le gouvernement de Valéry Giscard D'Estaing décide de proposer l'indépendance aux Djiboutiens.

---

1. *L'Éthiopie, la Somalie, l'Érythrée et le Yémen.*
2. *La plus importante a eu lieu le 26 août 1966 alors que le général de Gaulle était en visite sur le territoire. La répression, particulièrement dure, a fait plusieurs dizaines de morts et de blessés.*

Il y aura un référendum le 8 mai 1977.

Afin de garantir le bon déroulement de la consultation électorale et protéger les nombreux ressortissants français présents sur le territoire, le porte-avions *Clemenceau* est envoyé en mission dans le golfe d'Aden. C'est la mission Saphir dont le commandement est confié au contre-amiral Ménettrier[3]. Le bâtiment est commandé par le capitaine de vaisseau Bernard Capelle[4]. Il est accompagné par l'escorteur d'escadre *Bouvet* commandé par le capitaine de vaisseau Yves Goupil[5].

La tâche n'est pas simple car la tension est grande dans la région. À mesure que la date fatidique du référendum approche, la Somalie et le Yémen se montrent de plus en plus agressifs vis-à-vis des forces françaises. Fin avril, un Breguet Atlantique est pris pour cible par des tirs d'artillerie dans le détroit de Bab el Manden qui donne accès à la mer Rouge. Les tirs proviennent de la côte est du Yémen. Le lendemain, un Neptune P2V7 est attaqué au canon par un MiG 17 somalien. Le Neptune n'a rien d'un chasseur. C'est un gros avion bimoteur de patrouille maritime. Il est peu manœuvrant. C'est uniquement grâce à l'habileté de l'équipage que les choses ne tournent pas à la catastrophe. L'avion réussit à échapper au MiG en effectuant des évolutions serrées et en plongeant au ras de la mer. Conscient que les risques d'accrochages sont importants, l'état-major ordonne que les avions de défense aérienne soient équipés d'armements réels. Sur le *Clemenceau*, les appareils chargés de cette mission sont les Crusader F8FN.

Le « Crouze » est un avion mythique qui a laissé un souvenir inoubliable chez les pilotes de l'aéronautique navale. C'est un chasseur véritablement supersonique pouvant voler à Mach 1,8. Équipé d'un réacteur Pratt & Whitney J-57 avec postcombus-

---

3. *Le contre-amiral Ménettrier est un ancien pilote de Corsair. Il a été le commandant de la première flottille armée de Corsair qu'il a amenée au combat en Indochine, au-dessus de Dien Bien Phu et du delta.*
4. *Bernard Capelle est pilote de chasse, il a volé sur Hellcat Corsair Aquilon et Crusader et commandé le « Gan Crusader » constitué des deux flottilles 12F et 14F, de 1966 à 1968.*
5. *Le Bouvet est commandé par le capitaine de vaisseau Yves Goupil, pilote de chasse qui a volé sur Aquilon et Crusader. Pilote d'essai, il a également été pilote de marque pour le Crusader. Commandant de la flottille 14F, il a terminé sa carrière comme major général de la Marine.*

tion, il est puissant et maniable. Bien que mis en service en 1957, il a longtemps été considéré comme le seul chasseur réellement efficace de l'US Navy. Pendant la guerre du Vietnam, c'est lui qui a eu le plus grand nombre de victoires aériennes, il en est d'ailleurs revenu auréolé du titre de « MiG Master », celui qui tue les MiG ! Grâce à un plafond de 58 000 pieds et un taux de montée initial de 21 000 pieds par minute[6], c'est un avion taillé pour le combat aérien. Il est beau et puissant à la fois... Avec son énorme entrée d'air située juste sous la pointe avant et sa gueule de squale, c'est une véritable bête de guerre ! Ce sont les Crusader qui sont chargés de la protection du ciel dans le golfe d'Aden. Jusqu'ici, les missions ont été principalement des escortes de Breguet Atlantique ou des passages dissuasifs au-dessus du territoire de Djibouti. Il s'agissait surtout de montrer que les Français étaient toujours là. Mais les choses se compliquent à mesure que le référendum approche. Suite aux agressions répétées des Somaliens, l'état-major de la marine décide de passer à un stade supérieur. Les Crusader sont armés d'un missile air-air Sidewinder 1A et les boîtes à munitions des quatre canons sont remplies à ras bord d'obus de 20 millimètres.

Sur les bateaux, c'est l'effervescence. Les hommes murmurent qu'il va falloir se battre pour de vrai... On rêve d'en découdre. Malgré tout, les pilotes restent mesurés. Pas question de jouer au cow-boy en tirant sur tout ce qui vole. L'état-major a précisé qu'en cas d'engagement avec un autre avion, il fallait adopter un comportement respectant certaines règles. C'est la « riposte à niveau ». Cela signifie que l'usage des armes ne peut être fait que si l'adversaire fait usage des siennes.

Afin de préciser clairement les règles, les pilotes sont réunis pour un briefing préparatoire en salle d'alerte. C'est l'amiral Ménettrier qui leur indique le comportement à adopter.

– *Messieurs, attention... Contre un avion présumé hostile, votre attitude ne doit jamais être perçue comme agressive. Vous ne devez*

---

6. *Ce chiffre est à rapprocher des faibles performances du Jaguar indiquées dans le récit* « Première attaque contre les Irakiens ».

en aucun cas tirer les premiers. La situation actuelle ne le justifierait pas.

Tous les pilotes écoutent les instructions avec application. Les mains ouvertes bien à plat, l'amiral poursuit son explication. Il accompagne ses paroles avec les gestes classiques du pilote de chasse en train de décrire une attaque.

– *Si vous devez exécuter un « cheese »[7] avec un avion somalien ou yéménite, ce ne sera pas pour l'impressionner mais pour le tirer définitivement. Attention, ce sera pour de bon !*

Pour les pilotes, ce genre de situation est particulièrement inconfortable. Il n'est jamais facile de se placer en face d'un adversaire en attendant qu'il dégaine. À quel moment se sent-on réellement menacé ? Si on se défend trop tôt, on risque l'incident diplomatique et les sanctions disciplinaires qui vont avec. Si on riposte trop tard, c'est le cimetière. Lorsque l'amiral quitte la salle d'alerte, les pilotes savent déjà qu'il va leur être difficile de rester parfaitement dans les clous sans prendre de risques.

Quelques instants plus tard, le capitaine de corvette Alain Witrand[8] les réunit pour préciser une nouvelle fois les règles d'engagement. Les consignes techniques sont précises :

– *Messieurs, en ce qui concerne la riposte à niveau, la règle est donc claire… Cependant, je vous demande si un avion hostile se présente derrière vous, dans un secteur inférieur à 45 degrés et à une distance inférieure à 1 000 mètres, de lancer un « contre » pour vous dégager de cette posture dangereuse. Dans ce cas, vous devez immédiatement prévenir Alpha Whisky[9] de la situation.*

Les pilotes se sentent rassurés par ces précisions… Le mot « cependant » leur ouvre une porte pour se défendre en cas de besoins. Même si chacun pense que lorsque l'ennemi est à 45 degrés derrière vous à moins de 1 000 mètres, vous êtes déjà très mal… En outre, il faut avoir un bon coup d'œil pour savoir s'il s'agit effectivement d'un avion hostile ou d'un ami.

Songeurs, les hommes retournent dans leur flottille. Chacun y va de son commentaire. Toujours prêts à se battre, Patrick

---

7. *Manœuvre de combat aérien permettant de se placer en position de tir.*
8. *Commandant de la flottille 12F.*
9. *Le* Clemenceau.

Manaud et Ramon Josa font confectionner des pochoirs représentant des silhouettes de MiG 21 et de MiG 17. Grâce à ces plaques découpées dans de l'aluminium, ils pourront peindre leurs futures victoires sur les fuselages des Crusader. Cette anticipation fait sourire les copains de la flottille d'Étendard IV. On se demande si c'est bien sérieux. À la 12F, on n'en tient pas compte, le plus important c'est d'être efficace.

Quoi qu'il en soit, les pilotes sont sur le fil du rasoir. Secrètement, ils rêvent de voir des MiG venir les asticoter.

Contre toute attente, rien ne vient... Dans un premier temps, les vols restent relativement paisibles. Les Crusader font surtout des missions d'escorte. De temps en temps, ils survolent la capitale à basse altitude pour bien montrer la présence des Français, mais rien de bien méchant. Pourtant, les services de renseignements signalent une certaine agitation du côté de la Somalie. Les stations de radios gouvernementales se déchaînent à longueur de journée contre la présence des Français à Djibouti. On y parle de « colons maltraitant leurs esclaves », « d'exploiteurs » et de « profits gigantesques »[10]. Même si la réalité est tout autre, les commentateurs enflammés promettent que les colonisateurs seront chassés très bientôt.

C'est le lundi 7 mai 1977 que les choses atteignent un point critique. On est à la veille du référendum et l'état-major a décidé de procéder à un exercice de défense aérienne : le Damex[11]. C'est un excellent moyen pour mettre tous les effectifs sur le pied de guerre. Le but de l'exercice est de simuler une attaque du *Clemenceau* par des avions ennemis. Le porte-avions est protégé par l'escorteur antiaérien le *Bouvet* qui dispose de défenses antiaériennes importantes. C'est un entraînement de routine qui met en œuvre les propres forces du groupe aéronaval.

Dans un tel exercice, il y a les « gentils » et les « méchants » : le groupe des méchants est composé de six Étendard IVM[12] qui

---

10. *La présence française à Djibouti est avant tout stratégique. Le territoire ne possède aucune richesse minière ou pétrolière caractéristique.*
11. *Défense aérienne à la mer exercice.*
12. *Quatre avions sont en version d'assaut et deux en version d'escorte de protection.*

vont faire semblant de chercher à couler le *Clemenceau*. Le groupe des gentils comporte le porte-avions, le navire escorteur antiaérien et deux Crusader qui assurent la défense aérienne à grande distance et sont contrôlés par les radars des deux bâtiments.

Ce jour-là, il y aura d'autres invités à la fête mais personne ne le sait encore…

L'armée de l'air française est également présente à Djibouti. C'est l'escadron 4/11 qui est basé sur place pour défendre les intérêts de la France. Elle est équipée de chasseurs F-100 Super Sabre basés sur la base aérienne d'Ambouli. Les militaires partagent leurs installations avec l'aéroport international de Djibouti. Les pilotes de l'armée de l'air s'entendent très bien avec ceux de la marine et il arrive fréquemment que tout ce beau monde se retrouve en vol pour des simulacres de combat aérien.

Bien évidemment sans jamais passer à l'action !

Quelques jours plus tôt, les pilotes de l'armée de l'air ont fait une promesse sur la fréquence :

– *Faites bien gaffe les mecs, un de ces quatre, on va venir attaquer votre porte-avions et on va l'envoyer par le fond.*

La réponse des marins ne s'est pas fait attendre.

– *C'est quand vous voulez… On vous attend.*

Il faut préciser qu'à cette époque Djibouti est encore un espace aérien privilégié. Pas de règle stricte pour le survol des zones habitées. Pas de limitation d'altitude. Pas d'autorisation administrative pour effectuer un simulacre d'attaque sur un porte-avions. Pour des pilotes de chasse, c'est le rêve à l'état pur. Une seule règle prévaut : les avions ne doivent jamais franchir les frontières des pays voisins sous peine de déclencher de violentes protestations diplomatiques. Pour l'exercice Damex du 7 mai, la couverture de l'espace aérien est assurée par l'escorteur d'escadre *Bouvet*. Ce bateau est équipé de missiles Tartar SM1, des engins de fabrication américaine qui sont capables d'abattre un avion à 50 kilomètres[13]. Le navire est

---

13. *Un missile pèse 520 kilos et est propulsé par un moteur à poudre à double poussée.*

équipé d'un « barillet » vertical de quarante missiles et d'une rampe de lancement. Les missiles sont guidés jusqu'à la cible par les radars du bateau[14].

Il est prévu de mettre deux Crusader en vol dans la matinée. Pour les pilotes, ce sera à la fois un excellent entraînement et un jeu de guerre permettant à chacun de se mesurer à un adversaire.

Les deux chasseurs sont pilotés par Patrick Manaud[15] et Ramon Josa[16]. Dans l'aéronautique navale, les deux hommes sont considérés comme des pilotes d'exception. Tous ceux qui se sont frottés à eux en combat aérien les ont trouvés redoutables.

À 10 heures du matin, Ramon et Patrick s'installent aux commandes de leur appareil. Casques... Masques... Anti-g... Check-list... La préparation va très vite. Ces hommes-là connaissent leur machine sur le bout des doigts. Les yeux fermés, ils pourraient désigner chacun des interrupteurs sur les consoles. Il faut dire que le cockpit du Crusader est caractéristique avec son gros écran radar situé juste en dessous du viseur de tir et son imposant horizon artificiel au centre du tableau de bord. Pour un avion dessiné à la fin des années 1950, le Crusader est très en avance sur son temps. Tout à bord y est conçu avec intelligence et rationalité. Il fait appel à des innovations quasi révolutionnaires[17].

Mise en route du réacteur... Les voilures se lèvent. Mise en place dans les marques. Salut à l'officier de lancement...

Le catapultage des deux chasseurs a lieu à 10 h 30. Les PC sont enclenchées à la sortie du pont...

---

14. *Le système comprend deux radars de poursuite SPG51C et un radar tridimensionnel DRBJ11.*
15. *Lieutenant de vaisseau à l'époque, Patrick Manaud était un pilote exceptionnel. Tous ceux qui ont volé avec lui disaient qu'il avait une vision parfaite du combat en trois dimensions. C'est une qualité très rare qui le rendait redoutable en combat. Patrick Manaud est mort en service aérien le 11 mars 1979.*
16. *Officier technicien, Ramon Josa a piloté tout ce qui pouvait apponter sur un porte-avions. Il avait la réputation d'être un pilote d'assaut préférant les missions de combat aérien, discipline dans laquelle il faisait partie des meilleurs.*
17. *Le Crusader a ainsi été le seul appareil embarqué doté d'une aile à incidence variable. Au moment de l'appontage et du catapultage, l'angle d'incidence pouvait varier entre 0 et 7 degrés, transformant l'aile tout entière en grand volet d'atterrissage.*

À plus de 800 kilomètres à l'heure, les Crusader rejoignent chacun leur position de part et d'autre du *Clemenceau*, car les deux avions ne vont pas voler en patrouille. Ils seront à 60 kilomètres de distance en plein milieu du golfe d'Aden.

Altitude prévue : 20 000 pieds[18].

En ce début de mai, il fait un temps superbe sur la corne de l'Afrique. Le ciel est bleu, la mer est calme. C'est tout juste si on peut apercevoir quelques rares cumulus de beau temps qui semblent flotter au-dessus de l'océan Indien. Rien qui pourrait poser problème pour l'appontage.

La visibilité est également excellente. Au sud, on voit les côtes somaliennes. C'est magnifique. À partir de Berbera, le rivage remonte en pente douce jusqu'à Djibouti. Vers le nord, c'est la côte du Yémen avec la ville d'Aden et les reliefs de la péninsule Arabique. La visibilité est si bonne qu'on pourrait presque deviner le sommet du djebel Al Nabi Shouaib dans le lointain[19]. Paysages de désert sublimes dans lesquels la famine et la corruption règnent sans partage depuis tant d'années !

Chacun dans leur secteur, les deux pilotes se mettent en attente de « l'ennemi ». Pour l'instant, il n'y a aucune trace des F-100 de l'armée de l'air ou des Étendard du porte-avions. Étrange sentiment de solitude. Il faut préciser au passage que Josa et Manaud ne peuvent pas se parler. Ils sont tous les deux en contact avec le *Bouvet* et le *Clemenceau* sur des fréquences différentes. Cela signifie que chaque pilote ignore tout du déroulement de la mission de son collègue.

Le temps passe... Planté à 20 000 pieds dans le ciel, Josa attend qu'on lui demande d'intercepter un éventuel agresseur. Pour économiser du carburant, il a adopté un régime économique pour son réacteur. À la vitesse de 300 nœuds[20], il décrit une trajectoire en forme d'hippodrome. À ce moment, sa consommation est de 3 000 livres à l'heure. Environ 23 kilos à la minute. Cela lui permettra d'avoir des réserves s'il doit aller au combat. Lorsqu'on se bat avec cet avion, la postcombustion

---

18. *Environ 7 000 mètres.*
19. *Le sommet du djebel Al Nabi culmine à 3 800 mètres.*
20. *Environ 540 km/h.*

devient un gouffre en carburant. Rappelons que tout ceci n'est qu'un exercice et que les ennemis attendus ne sont en fait que des copains.

Mais le temps passe et rien ne vient...

Pas le moindre agresseur ne pointe son nez sur les écrans des radars. Au bout de cinquante-cinq minutes d'attente, le temps prévu pour la mission se termine. Josa se dit qu'il va devoir bientôt mettre le cap vers le *Clemenceau*. Le problème, c'est qu'il a été trop économe avec son pétrole. L'avion est trop lourd. Pour l'appontage, il ne doit pas peser plus de 10 tonnes et demie et c'est loin d'être le cas. Il faut donc vidanger du carburant[21].

Avant de débuter le largage dans l'atmosphère, Josa décide de prendre contact une dernière fois avec le contrôleur du Bouvet. Il voudrait bien savoir si les radars du bateau ne voient rien venir dans sa direction :

– *Hôtel Oscar*[22] *de Cap Mike, tu n'as vraiment rien pour moi ?*
– *Non, pas de chance Cap Mike ! Rien du tout.*
– *Alors je vidange mon pétrole et je rentre ?*
– *Affirmatif.*
– *Et pour Cap Lima ?*
– *Alors pour lui, c'est pas pareil. Ça chauffe sérieusement. En ce moment, il est engagé avec deux « hostiles » qui déboulent plein pot dans sa direction...*

La voix du contrôleur est étrange. C'est comme s'il ne lui disait pas toute la vérité mais sur le moment Josa n'y prête pas vraiment attention. Apprenant que son copain est en train de se dégourdir les ailes, le sang du chasseur ne fait qu'un tour. Pourquoi resterait-il coincé dans son *pattern*[23] perdu au-dessus de l'océan ? Il faut absolument qu'il aille lui prêter main-forte.

– *Heu... Hotel Oscar... Je ne vidange pas mon pétrole. Est-ce que je peux aller donner un coup de main à Cap Lima ?*

---

21. Le Crusader est équipé d'un système de « vide-vite » qui permet de mettre les réservoirs en surpression et de se débarrasser rapidement du carburant en excédent. La sortie du pétrole se fait par un orifice situé près de la tuyère. Le débit dépend de la vitesse de l'avion puisque c'est la mise en pression qui éjecte le pétrole.
22. Indicatif radio de l'escorteur Bouvet.
23. Trajectoire en forme d'hippodrome dans lequel l'avion est en attente.

Il y a un moment de silence sur la fréquence. L'officier d'interception ne peut pas prendre seul la décision d'envoyer un chasseur en renfort dans un secteur qui n'est pas le sien. Il doit demander l'autorisation à ses supérieurs.

– *Stand by. Je vous rappelle...*

Quelques instants plus tard, la voix du contrôleur résonne de nouveau dans le casque de Josa.

Les dialogues qui suivent sont la retranscription exacte des paroles prononcées par les intervenants ce jour-là[24] :

Il est 11 h 35.

Officier d'interception du Bouvet : *Cap Mike, passez avec Alpha Whisky[25] sur Fréquence Cap 3.*

En une seconde, Josa bascule son UHF sur la fréquence qu'on vient de lui donner. Si on le fait passer avec le *Clemenceau*, c'est plutôt bon signe. On va lui donner l'autorisation de rentrer dans la bagarre.

Josa : « *Alpha Whisky* » *de Cap Mike pour rejoindre Cap Lima ?*

Officier d'interception du *Clemenceau* : *Autorisé Cap Mike... Prenez le cap 050 pour 35 nautiques.*

Cette fois, Josa jubile. Enfin, il va se passer quelque chose. Les chefs ont décidé de l'envoyer prêter main forte à son ami... Il pousse la manette des gaz à fond, enclenche la postcombustion et plonge dans la direction qu'on vient de lui donner. Très rapidement, le Crusader est en vol supersonique. Le machmètre indique 1,4... Descente vers 15 000 pieds.

Il confirme la réception de l'ordre d'attaque.

Josa : *Bien reçu... J'ai le contact radar à 18 nautiques Cap 050°. Les échos sont à droite.*

Puis il appelle Patrick Manaud sur la fréquence :

– *Cap Lima, c'est Cap Mike tu me reçois ?*

– *5/5. Vas-y...*

– *Je suis en rapprochement rapide. Je viens te filer un coup de main.*

---

24. Bien que les pilotes soient Français, cette procédure d'interception est effectuée en langue anglaise. Pour des raisons de commodités pour le lecteur, tout est traduit en français.

25. Clemenceau.

— *Bien reçu Mike. Mais j'ai perdu les « Bogey »*[26].
— *Tu les as pas au radar ?*
— *Négatif... Perdus !*
Soudain, Josa aperçoit deux échos lumineux sur son propre radar.
— *Moi je les ai... Ils sont à 15 nautiques à mes midi*[27].
— *Moi, j'ai toujours rien.*
— *T'inquiète... Je vais me les faire.*
Tout en stabilisant son avion droit devant, Josa se demande qui sont les gars qui sont venus les chatouiller. Est-ce que ce sont les types de l'armée de l'air ou ses copains de la flottille 17F ?

Après tout, on verra bien.

Un coup d'œil au machmètre ? Il indique toujours que Josa est en vol supersonique. À partir de cet instant, tout va aller vite car les deux nouveaux venus sont également en rapprochement rapide. À chaque balayage de l'antenne radar, les échos font un bond en avant sur l'écran. Visiblement, les agresseurs en veulent car ils foncent plein pot dans sa direction...

Quelques instants plus tard, le radar du Crusader est verrouillé sur les cibles. Josa en informe aussitôt son officier d'interception.

Josa pour l'OI : *Judy*[28] *à 12 nautiques au cap 120. Je mets le cap dessus.*

Puis soudain les échos disparaissent de son écran.

Josa pour l'OI : *10 nautiques... Je viens de perdre le contact...*

À 9 nautiques[29], les deux échos réapparaissent sur le radar de Josa qui se verrouille de nouveau sur les cibles. Tout va si vite que dans quelques secondes il devrait les voir dans son pare-brise.

— *Tu les as en visuel ?* demande Manaud.
— *Négatif mais ça va pas tarder... À la vitesse où ils déboulent.*

D'après le radar du Crusader, le rapprochement se fait à

---

26. Bandits. Terme familier utilisé pour désigner l'adversaire en vol.
27. 37 kilomètres droit devant.
28. Terme conventionnel pour annoncer que le radar est verrouillé.
29. 18 kilomètres.

près de 3 000 kilomètres à l'heure. Pour avoir une idée de ce que cela représente, il est simple de calculer qu'à cette vitesse un kilomètre relatif est parcouru en une seconde et deux centièmes !

Josa : *Judy et Tally Ho à 8 nautiques.*

En clair, ce dernier message signifie que le radar du Crusader est de nouveau verrouillé sur la cible (Judy)... et que le pilote a la cible en vue et qu'il l'a identifiée (Tally Ho).

À cet instant, Josa commet une légère erreur car s'il a bien le visuel sur deux avions, il ne les a pas encore formellement identifiés. C'est à cet instant que le « jeu de guerre » va prendre toute sa saveur.

Tout va très vite.

Josa plisse les yeux pour apercevoir ses adversaires. Il est mal placé par rapport au soleil. L'éclairage est un peu gênant... Tant pis, il faudra faire avec ! Soudain, alors que le radar indique que les attaquants ne sont plus qu'à 7 nautiques[30], Josa appelle Patrick Manaud.

– *Je crois que je vous ai en visuel !*

Josa a dit : « *Je vous ai en visuel* » parce qu'il croit reconnaître l'avion de son ami quelque part dans le lointain. Pas facile de distinguer l'identité des deux points qui grossissent à toute vitesse à l'horizon. L'un est brillant. Il est devant... Il doit s'agir du Crusader de Manaud. L'autre est noir ou peut-être gris foncé... C'est forcément un Étendard ou un F-100.

– *C'est ça, je vous ai en visuel,* confirme Josa. *Fais gaffe, il y en a un juste derrière toi.*

Et là, c'est le quiproquo !

En recevant cet avertissement, Manaud croit qu'il est suivi par un « hostile ». Il part donc brusquement dans une série de breaks et de renversements pour essayer d'apercevoir l'adversaire qui le suit.

Et il ne voit rien !

Il ne voit rien parce qu'il n'y a tout simplement personne derrière lui. En fait, il est seul dans son coin de ciel bleu...

---

30. *14 kilomètres.*

Les deux avions de chasse que Josa vient effectivement d'apercevoir n'ont aucun rapport avec ce qu'il croyait. Il ne s'agit pas de Manaud et d'un Étendard en exercice mais de deux MiG 21 en formation de combat... Quelques secondes plus tard, il les croise de très près.

– *Merde !*

Aussitôt, il appelle son officier d'interception.

Josa : *Tally Ho... deux MiG 21 à 1 heure !!!*

Bien évidemment, ces quelques mots déclenchent aussitôt un véritable branle-bas de combat dans les salles radars des bateaux. Pour la première fois depuis des années, un avion de chasse français se trouve confronté à des appareils ennemis. Des MiG... Ces chasseurs soviétiques qu'on connaît si mal à l'époque.

Josa a parfaitement identifié les agresseurs. Ce sont des Sud-Yéménites. Le numéro 2 suit son leader à 200 mètres. Les missiles électromagnétiques sont parfaitement reconnaissables sous les ailes. Ils sont de couleur blanche.

En quelques secondes, ce qui n'était qu'un banal exercice se transforme en un combat réel. C'est *Top Gun*... Une longue flamme apparaît derrière la tuyère des MiG. Postcombustion allumée, les deux MiG basculent violemment dans la direction du Crusader...

Dans la même seconde, Josa hurle sur la fréquence de Manaud :

– *Putain, c'est pas des F-100... C'est des MiG 21 !! C'est pas les copains !!!*

Josa n'oubliera jamais la réponse de son ami Manaud à cet instant :

– *Eh oui, papa, ce sont bien des MiG 21. Je m'en doutais un peu !*

À cet instant, Josa n'a pas le temps de flâner. Les nouveaux venus ont une attitude terriblement agressive. De toute évidence, ils veulent le descendre.

Dans les veines de Josa, l'adrénaline coule soudain à flots. Plus question d'entraînement avec des amis qui jouent aux méchants... Ce sont *vraiment* des méchants ! C'est brusquement la guerre et ces types ne vont pas lui faire le moindre cadeau. Le combat s'engage avec une rapidité stupéfiante. Josa attend que le numéro 2 des MiG soit à ses 3 heures pour contrer par un virage à droite en fort cabré… Au moment du croisement, il est toujours à Mach 1,4. Il prend garde à ne pas se mettre en *pitch up* au passage subsonique. Et c'est parti !

En haut du cabré, il a toujours les deux MiG bien en vue à l'intérieur de son virage. Ils sont beaucoup plus bas à ses 5 heures. Ces deux-là vont voir à qui ils ont affaire. Attention ne pas prendre trop de vitesse. Ce serait trop bête de les dépasser ! Josa coupe la PC et plonge sur l'arrière des MiG qui continuent à virer.

Il est déjà trop tard pour les deux agresseurs. En quelques secondes, le Crusader se retrouve dans la queue du deuxième MiG. L'engagement n'a duré que quelques secondes mais le type est fichu.

– *Toi, tu vas voir,* murmure-t-il en se stabilisant derrière sa cible.

Étrangement, Josa s'est mis en position de tir beaucoup plus facilement que lors des entraînements aériens qu'il effectue régulièrement contre d'autres Crusader, des Étendard ou des Mirage. Dans son cockpit, le Sud-Yéménite a compris que ça chauffait pour lui. Il essaie de partir en virage serré pour décrocher le Français, mais c'est peine perdue. En bon professionnel du combat aérien, Josa coupe à l'intérieur du virage et se rapproche de sa cible.

Malheureusement, le MiG numéro 2 ne parvient pas à suivre son leader et celui-ci commence à se retrouver à l'intérieur du virage. Josa comprend immédiatement qu'il y a danger s'il persiste dans sa manœuvre… Qu'importe, il sait comment s'en sortir. Sans hésiter, il décroche et relance une seconde manœuvre vers le haut. Puis il replonge sur ses adversaires. Bingo ! Quelques secondes plus tard, le Crusader se retrouve à nouveau en position de tir derrière le numéro 2. Les Yéménites n'ont pas eu le temps de réagir. Le MiG est plus léger que le Crusader mais il est aussi moins puissant. Son réacteur Tumansky ne délivre que 6,5 tonnes alors que le Pratt & Whitney pousse à plus de 9 tonnes. De toute évidence, le

CRUSADER CONTRE MIG 21 !

Crusader est très supérieur. Il a un meilleur rapport poids/puissance et vire plus serré...

À cet instant, Josa est parfaitement en position de tir. Il se rappelle les paroles de l'amiral pendant le briefing : « *Si vous êtes amenés à faire un « cheese », ce sera pour de bon.* »

Alors Josa ne se pose pas de question. Ces types l'ont attaqué. C'est pour de bon... La procédure de mise en œuvre de son missile se fait presque par réflexe. Console armement : le sélecteur est déjà basculé sur le point d'emport du Side-Winder situé sur le flanc du chasseur. La tête de guidage est alimentée électriquement depuis le catapultage.

Josa libère la sécurité armement... Aussitôt, un son aigu continu vient confirmer dans le casque que la tête infrarouge du missile est bien accrochée sur la tuyère du MiG. C'est gagné.

Pour Josa, il suffit maintenant d'appuyer sur la détente située sur le manche. Le Sidewinder AIM-1A va se détacher du Crusader et accélérer pour frapper l'ennemi. Enfin, avec un peu de chance[31] ! Mais Josa ne peut prendre seul la décision d'abattre le MiG 21. Il a besoin d'un ordre de tir de la part de ses supérieurs.

– *Alpha Whisky*[32] *de Cap Mike, confirmez le tir de destruction.*

Il y a comme un temps mort... Devant les écrans radars du bateau, les chefs ont suivi le combat comme s'il s'agissait d'un jeu vidéo en grandeur réelle. Visiblement, on ne s'attendait pas à ce que Josa soit aussi efficace.

– *Stand by, on vous rappelle.*

Il ne faut que quelques secondes pour que la réponse arrive dans le casque du pilote. Elle est surprenante :

– *Cap Mike d'Alpha Whisky. Vous ne tirez pas... Vous décrochez et mettez le cap sur le* Clemenceau.

---

31. *Le Sidewinder 1A est le premier missile de la génération des Side. C'est le missile air-air utilisé pendant la guerre du Vietnam. Il a une charge militaire d'un rayon d'efficacité de 9 mètres, il est équipé d'une fusée de proximité sensible à 10 mètres. Équipé d'un propulseur qui lui permet une accélération de 500 m/s par rapport au porteur, sa manœuvrabilité médiocre n'en fait pas un missile de combat rapproché. On est encore très loin des missiles modernes comme l'AIM9-L, le Magic II et encore moins du Mica français. En 1977, Le Sidewinder 1A est déjà un missile dépassé. D'ailleurs, il était bien écrit dans les manuels du Crusader : pendant un engagement, tirer d'abord le missile, si ça ne touche pas l'adversaire, ça allège l'avion pour continuer au canon.*
32. *Indicatif du* Clemenceau.

– *Mais, je l'ai dans le viseur…*
– *Vous décrochez !*

Malheureusement, pour Josa, les choses ne sont pas aussi simples. À cet instant, c'est lui qui tient en joue les deux MiG. Le Yéménite sait parfaitement que le missile de Josa est verrouillé sur lui. Sa vie ne tient qu'à un fil. Même si le combat se fait à plus de 600 kilomètres à l'heure, le gars a les bras levés. La sueur doit couler le long de sa visière. Il doit se demander à quel moment le Français va le descendre.

Problème… Si Josa ne tire pas et tourne le dos à l'adversaire pour rentrer au bateau, les rôles vont s'inverser. À deux contre un, c'est Josa qui se retrouve en position de faiblesse.

– *Ils vont en profiter,* proteste Josa.

Étrangement, sur le bateau, on n'avait pas prévu cette situation. Personne n'a envie de perdre un pilote de cette manière.

– *Stand by, on vous rappelle.*

En attendant des instructions précises, Josa se méfie et continue à maintenir ses adversaires sous la menace.

– *Je les lâche pas… Je continue à les marquer.*

Et la ronde infernale se poursuit. Cette situation pourrait durer un certain temps si Manaud n'arrivait à son tour dans le cirque. C'est un soulagement lorsque Josa l'aperçoit qui déboule comme une fusée. Du coup, il le guide pour qu'il vienne se mettre en place en autoprotection.

– *Je suis à tes 9 heures…*
– *Visuel.*

Cette fois, la donne change complètement. Ils sont deux contre deux. Il est possible de rompre le combat sans prendre de risques. Comprenant qu'ils ne pourront rien tenter, les MiG plongent vers la mer au cap 040 pour rejoindre Aden.

C'est fini.

– *On dégage par la gauche,* annonce Josa.
– *Roger.*

Prudents, les pilotes conservent la formation d'autoprotection. Ils accélèrent vers 500 nœuds[33] et plongent à leur tour aux

---

33. *930 km/h.*

ras des flots. Ils conserveront ces paramètres jusqu'au *Clemenceau*. Ce jour-là, l'officier d'appontage est Wendelin Johannhardt. Lorsqu'il aperçoit les deux Crusader débouler au-dessus du porte-avions à pleine vitesse, en formation d'autoprotection, il comprend que quelque chose d'important est arrivé. En temps normal, les deux chasseurs auraient dû arriver paisiblement à 280 nœuds.

– *Ça a dû sacrément chauffer pendant le vol !* lance-t-il.

Josa apponte en premier à 11 h 55. Manaud le suit juste derrière à moins d'une minute.

Sitôt sortis de leurs chasseurs, les deux pilotes se tombent dans les bras pour se féliciter.

– *Eh oui, papa, c'était bien des MiG 21*, s'exclame Patrick Manaud avec un grand éclat de rire.

Ce jour-là, les deux pilotes se feront photographier en combinaison de vol devant leur Crusader. La photo restera dans les albums comme un de leurs meilleurs souvenirs de combat.

Ramon Josa garde un souvenir ému de cet « exercice ». Ces dernières années, rares sont les pilotes militaires qui ont eu l'occasion de se « maillocher »[34] pour de vrai avec un adversaire. Si les pilotes pratiquent très souvent ces types de combat en entraînement, cela n'arrive presque jamais en conditions réelles. C'est un combat de chevalerie. Un véritable *« dog fight »*[35], comme disent les Américains. Les derniers ont eu lieu pendant la guerre du Kippour entre des pilotes israéliens et syriens, mais ces derniers ne possédaient pas le niveau pour combattre et ils s'éjectaient *avant même que le missile israélien ne soit verrouillé*. Ramon Josa n'a appris que plus tard la raison pour laquelle on lui a ordonné de ne pas tirer. En fait, pendant le combat tournoyant, les avions ont franchi la frontière yéménite. Dans ces conditions, l'agresseur devenait agressé. Si le MiG avait été abattu, le Sud Yémen aurait déclenché une immense vague de protestations diplomatiques dans laquelle la France eût été en tort...

---

34. *Jargon de pilote de chasse qui signifie « entrer en combat tournoyant avec un appareil ennemi ».*
35 *Combat de chien. Le terme aéronautique approprié est « combat tournoyant ».*

PROVOCATION À SAKIET
Le bombardement qui a fait chuter la République

Février 1958...
Région du Constantinois.

On se bat sur l'autre rive de la Méditerranée... Jamais le mot « guerre » n'est prononcé. À l'époque, la presse parle des événements d'Algérie et parfois d'opérations de maintien de l'ordre. Comment pourrait-il en être autrement puisque la plupart des Français considèrent que l'Algérie fait partie du territoire national ?

Pourtant, c'est une véritable guerre que se livrent le FLN et l'armée française. Le conflit est dur, sans pitié, terriblement meurtrier. Entre 1954 et 1962, il fait près d'un million de victimes. De part et d'autre, des atrocités sont commises. Elles sont si terribles qu'aujourd'hui encore les plaies ne sont pas totalement cicatrisées. Certains secrets sont lourds à porter. Le bombardement de Sakiet Sidi Youssef en fait partie.

Les opérations militaires sont difficiles... C'est surtout au niveau de la frontière algéro-tunisienne que les choses se passent mal. La Tunisie est indépendante depuis deux ans et elle tient à montrer sa solidarité avec ses frères algériens. Pour cela, elle accepte que certains villages frontaliers soient utilisés par les rebelles. Régulièrement, les forces françaises sont harcelées par des éléments qui franchissent la frontière puis rentrent à l'abri en Tunisie. Au fil des mois, le pays de Bourguiba devient une véritable base arrière pour le Front de libération national algérien. Matériel et soutien logistique en provenance de la plupart des pays arabes transitent par son territoire. Les combattants et les armes arrivent directement des camps d'entraînement installés en Égypte, Syrie, Libye et en Irak[1].

Au début de l'année 1958, les accrochages frontaliers deviennent de plus en plus nombreux.

Le 2 janvier, les Algériens capturent quatre soldats français et les ramènent en Tunisie.

Le 11 janvier, quatorze militaires français sont tués et cinq sont faits prisonniers. Les agresseurs réussissent à se réfugier à Sakiet Sidi Youssef, un petit village situé juste derrière la frontière. À chaque fois, le scénario est identique... Les rebelles s'introduisent en Algérie en jetant des tapis de caoutchouc par-dessus les clôtures électrifiées. Ils mènent une attaque rapide et repartent par le même chemin. Rien n'est plus frustrant pour les Français que de voir les fuyards disparaître derrière cette ligne de barbelés infranchissable pour eux. C'est d'autant plus insupportable que leurs agresseurs embarquent souvent dans des véhicules blindés aux couleurs de la garde nationale tunisienne.

Il n'y a pas que sur terre que les choses se passent mal... Elles sont également très dures pour les pilotes qui surveillent la frontière depuis le ciel. Ce sont des Dassault 311 et 315 qui font le va-et-vient entre la « ligne Maurice » et la frontière pour tenter de repérer les infiltrations[2]. Les consignes sont de rester

---

1. *Le Maroc soutenait également le FLN, mais le matériel transitait directement par la frontière algéro-marocaine à l'ouest.*
2. *À l'époque, ces avions ont été choisis parce qu'ils étaient bimoteurs et avaient donc une meilleure chance pour résister aux tirs ennemis.*

du côté des Algériens. Ne jamais pénétrer dans l'espace aérien tunisien ! Il faut éviter tout incident diplomatique avec ce nouvel État dont le président se révèle particulièrement susceptible.

Côté tunisien, on ne prend évidemment pas autant de précautions... Lorsque les avions français s'approchent de la frontière, ils se font régulièrement canarder par des tirs en provenance du territoire. Encore une fois, c'est à partir du village de Sakiet Sidi Youssef que les agressions sont les plus fréquentes. À de nombreuses reprises, des appareils de reconnaissance rentrent à leur base avec des trous dans le fuselage.

Les tirs proviennent presque toujours du poste de douanes situé en bordure du village. Juste à côté se trouve une mine de plomb près de laquelle l'ALN[3] a établi un cantonnement.

Les Français sont fous de rage. La tension monte... Les rapports militaires montrent qu'en deux ans, ce sont trente-huit appareils qui ont été attaqués par des tirs en provenance de la frontière tunisienne. Treize avions ont été gravement touchés et l'un d'eux s'est écrasé. Le chef du poste des douanes françaises se déplace régulièrement pour demander aux Tunisiens de faire cesser les tirs. Il prévient qu'il y aura un jour une riposte si les agressions continuent. Rien ne change...

À mesure que les jours passent, les pilotes rêvent d'en découdre avec les rebelles qui ont trouvé asile à Sakiet. Car le village n'est pas seulement un sanctuaire pour les hommes du FLN. C'est également un camp d'entraînement. Au fil du temps, l'école coranique est devenue un centre de formation militaire et plusieurs baraquements annexes dissimulent des stocks d'armes lourdes. C'est dans ce contexte que les événements de Sakiet sont arrivés...

Excédé par cette situation de harcèlement permanent, le commandement de l'armée française décide d'intervenir en déclenchant une opération de représailles. Quoi qu'il arrive, les modalités devront rester secrètes. C'est la première fois que les détails de ces faits sont révélés...

---

3. *Armée de libération nationale.*

Contrairement à ce qui se fait habituellement, cette mission ne reçoit pas de numéro. Elle se voit seulement attribuer un nom de code : ce sera l'opération « Panache blanc ». Étrange appellation pour une attaque qui va se révéler beaucoup moins blanche que prévue.

Dans un premier temps, l'opération est programmée pour le 6 février 1958 au petit matin.

Elle n'aura pas lieu.

Sans qu'on en connaisse officiellement la raison, elle est reportée au lendemain. Puis elle est remise une nouvelle fois. Ce n'est que le surlendemain, le 8 février, que l'opération « Panache blanc » sera finalement déclenchée.

À cette époque, le Ministre de la Défense est Jacques Chaban-Delmas. Il est logique de penser qu'il ait donné son accord pour monter une opération aussi importante.

6 février...

Tout commence sur l'énorme base de Telerghma à 30 kilomètres au sud-ouest de Constantine. Le terrain d'aviation est isolé en pleine nature. Un véritable camp retranché entouré de barbelés et de mines. C'est là que se trouve un groupement de bombardement de l'armée de l'air et une flottille de la Marine.

Le moins que l'on puisse dire, c'est que Telerghma n'est pas un lieu de villégiature... Les hommes s'y ennuient car il n'y a rien à faire là-bas. Pas le moindre bar ou restaurant dans les environs. La ville la plus proche, c'est Constantine à plus de 40 kilomètres mais cela ne sert à rien car, de toutes les manières, le personnel n'est pas autorisé à sortir. Il suffit de regarder l'insigne de la base pour comprendre le style de vie qu'on y mène. L'écusson représente un moine entouré de barbelés et survolé par un corbeau. En quelques coups de crayon, le dessinateur qui a conçu ce badge a su décrire l'austérité de la base. Le lieutenant Michel Perchenet est pilote... Il a 25 ans. Il connaît particulièrement bien la région car il appartient au GOM 86[4] qui regroupe les avions autorisés à approcher

---

4. *Groupe outre-mer 86.*

la frontière tunisienne[5]. En temps normal, Michel est basé à Blida, mais depuis une semaine, l'état-major l'a détaché à Telerghma. Il n'est pas le seul à avoir rejoint le « monastère ». Depuis quelques jours, beaucoup d'autres navigants sont arrivés en renfort. L'ambiance y est étrangement lourde. On murmure qu'une opération de grande envergure est sur le point de se déclencher mais personne ne sait vraiment de quoi il s'agit.

Michel Perchenet vole sur Flamant MD 315[6], un gros bimoteur ventru construit par les avions Dassault. L'appareil dispose d'un armement extrêmement réduit : il n'a que deux mitrailleuses Browning de 12,7 millimètres avec six cents cartouches. Pas de quoi mettre en fuite un ennemi bien protégé. Quand le pilote est attaqué, il n'a qu'une solution : filer ! Encore ne doit-il pas trop compter sur la vitesse de son avion car, avec ses deux moteurs Renault de 574 chevaux[7], le Flamant ne vole qu'à 300 kilomètres à l'heure en croisière.

Depuis l'automne 1956, Michel Perchenet fait partie de ces rares pilotes qui effectuent des reconnaissances armées le long de la frontière. Son rôle est de donner l'alerte chaque fois qu'il aperçoit quelque chose de suspect. Bien évidemment, lorsque les rebelles décident de faire un carton, c'est lui qui se trouve en première ligne.

Michel connaît bien le secteur ultrasensible de Sakiet. Il sait qu'il prend des risques à chaque fois qu'il survole l'endroit à basse altitude. Ainsi, la semaine dernière, son avion a été touché à deux reprises par les postes de DCA installés à l'intérieur du village. Il y a des mitrailleuses partout. Même sur les toits de la gendarmerie locale... Il est très rare de passer à proximité sans se faire « allumer ». Il est même arrivé que Michel frôle la catastrophe. Ainsi, il y a trois mois, des projec-

---

5. *Michel Perchenet a effectué 520 missions de guerre. Il a été touché à de très nombreuses reprises, notamment pendant des évacuations sanitaires de soldats blessés. Il a terminé sa carrière comme commandant d'escadre à la 92ᵉ EB de Mérignac et pilote de présentation en meeting sur le Vautour V2 B.*
6. *Le sigle MD signifie Marcel Dassault.*
7. *Ces moteurs étaient des 12 cylindres en V inversé à 60 degrés. Une architecture très rare qui fut abandonnée par la suite.*

tiles ont percé son siège et sont allés se loger dans le plafond du cockpit. Par miracle, il n'a pas été blessé mais son mécanicien a eu moins de chance. Sérieusement touché à l'abdomen, il a passé plusieurs mois à l'hôpital.

Comme ses collègues, Michel éprouve un méchant sentiment de frustration chaque fois qu'il doit dégager du secteur parce qu'on l'agresse. Pas toujours facile de prendre des coups sans répliquer ! Alors, avec l'accord du général Jouhaud, commandant de la 5ᵉ région aérienne, une tactique de protection a été mise au point. Depuis quelque temps, les pilotes du GOM 86 effectuent leurs vols accompagnés à bonne distance par un Dassault 311. Cet appareil n'a rien d'un chasseur, c'est le même genre de bimoteur poussif que celui de Michel, mais il est armé de six missiles SS 11, des engins filoguidés[8] dont la précision est plutôt bonne[9].

Lorsque Michel arrive dans les environs de Sakiet et qu'on lui tire dessus, il appelle son ange gardien à la rescousse. Deux minutes plus tard, le Dassault 311 arrive pour riposter... L'action est avant tout psychologique ! Il s'agit de montrer que les Français ne se laissent pas faire sans réagir. Le problème, c'est que si le missile SS 11 est précis, il ne fait pas de gros dégâts chez les agresseurs. D'autant qu'au fil des jours, ceux-ci ont compris qu'ils disposent d'un certain temps pour se mettre à l'abri avant l'arrivée du Dassault 311.

Ce 6 février n'est pas un jour comme les autres pour Michel Perchenet... Lorsqu'il reçoit ses ordres de vol à 8 heures du matin, il apprend avec surprise qu'il ne va pas directement vers la frontière. Il doit d'abord récupérer un « passager » sur le petit terrain d'Oued Hamimine au sud-ouest de Constantine. Étrange... Ils seront donc quatre à bord, Michel sera le commandant de bord, il y aura également Jean-Claude, le navi-

---

8. *Le missile filoguidé SS 11 était dirigé par le pilote à partir de l'avion grâce à un fil qui se déroulait derrière lui. Dans le cockpit, le pilote guidait l'engin grâce à un mini-manche de type « joystick ». Les missiles filoguidés existent encore aujourd'hui. Ce sont principalement des engins anti-chars comme le Hot, le Tow ou le x4. Du fait des progrès de l'électronique, ils sont pourtant peu à peu remplacés par des engins autonomes.*
9. *Michel aime à dire que, lorsqu'il tire dans une maison, il peut choisir d'envoyer son missile soit dans la porte, soit dans la fenêtre.*

gateur, Marcel le mécanicien et puis cet « intrus » dont personne ne sait exactement ce qu'il vient faire à bord. Il est très inhabituel d'avoir des visiteurs pendant ce genre de mission. Chacun sait que les zones frontalières sont dangereuses et les volontaires pour se faire trouer la peau sont peu nombreux. L'homme que Michel doit emmener ce matin est un officier du personnel navigant de l'état-major de Constantine. Un commandant dont il ne sait même pas le nom ! Il faut lui montrer comment se déroule une mission de reconnaissance armée dans ce secteur. L'ordre de mission prévoit d'aller faire un tour dans la région de Negrine au sud du massif des Aurès. Un convoi rebelle a été signalé cette nuit en train de passer la frontière et il faudrait essayer de le localiser.

Michel n'a aucune idée de ce que vient faire son passager à bord mais il lui réserve pourtant le meilleur accueil... Autant être sympa car le gars risque d'avoir quelques frayeurs pendant le vol.

– *Vous allez voir, mon commandant,* explique-t-il, *c'est une région superbe sauf qu'il ne faut pas voler trop bas parce qu'ils nous canardent dès qu'on passe à leur portée.*

Le commandant sourit de manière énigmatique.

– *Vous savez, moi le paysage, c'est pas vraiment ce que je regarde,* réplique-t-il sans sourciller.

– *Vous recherchez quoi ?*

– *Je regarde, c'est tout.*

– *Alors, on va regarder ensemble...*

Une demi-heure plus tard, l'avion arrive à la verticale de Negrine... C'est une petite bourgade. Il n'y a pas grand-chose à y voir. D'ailleurs, c'est à peine si le commandant jette un œil distrait sur le paysage. Michel tourne dans le secteur pendant un long moment sans trouver la moindre trace du convoi rebelle. Il envisage de faire demi-tour lorsque son passager lui tape sur l'épaule.

– *Il y a combien de kilomètres d'ici jusqu'à Tozeur,* demande-t-il soudain ?

Michel jette un rapide coup d'œil à la carte de son navigateur puis réplique :

— *40 jusqu'à la frontière... et encore 40 pour Tozeur. Ça fait environ 80 kilomètres...*
— *Combien de temps ?*
— *Il nous faudrait à peu près un quart d'heure. Mais...*
— *Mais quoi ?*
— *Ben... Tozeur c'est de l'autre côté de la frontière... C'est en Tunisie !*

L'objection soulevée par Michel ne semble pas vraiment troubler l'officier.

— *Je sais...*
— *Vous voulez qu'on y aille ?*

Au lieu de répondre, l'officier esquive habilement :
— *C'est dans quelle direction ?*

Le pilote jette un nouveau coup d'œil à la carte et réplique :
— *C'est par là... Cap 155 !*
— *Ah d'accord.*

Michel ne peut s'empêcher de se poser des questions. Que veut exactement cet étrange visiteur ? Pourquoi lui suggère-t-il de faire une incursion en Tunisie ? Il sait parfaitement que c'est interdit. Tout du moins officiellement...

Le plus ennuyeux, c'est que le gars ne fait que de vagues allusions. Il ne donne pas d'ordres clairs.

— *La région est belle par là-bas ?*

Au bout de quelques secondes, Michel décide de jouer franc jeu :

— *Bon... eh bien... si j'ai compris,* lance-t-il. *Vous voulez qu'on franchisse la frontière ?*
— *J'ai pas dit ça !*
— *Vous l'avez pas dit... mais vous ne protesterez pas si je la franchis.*

Le commandant grimace un sourire puis réplique d'un air ambigu.

— *Si vous y allez, je ne peux pas dire non puisque c'est vous le commandant de bord de cet avion.*
— *Eh bien alors, j'ai compris... Vous voudriez bien y aller mais vous n'osez pas le dire...*
— *...*

– *Alors, on y va,* lance Michel en virant franchement vers le cap 155.

Le commandant ne proteste pas.

Une dizaine de minutes plus tard, le Flamant survole la frontière et pénètre dans l'espace aérien tunisien. Pour éviter de provoquer les rebelles de Sakiet, Michel s'arrange pour passer à 40 kilomètres au sud du village. Il n'y a donc aucune réaction au sol et l'avion se retrouve rapidement au-dessus du Chott al Gharrsah, un lac asséché qui borde la ville de Tozeur.

Le Flamant fait lentement le tour de l'agglomération... Le paysage semble incroyablement paisible mais il ne faut pas s'y tromper. Ils sont en territoire interdit et le moindre problème se transformerait instantanément en catastrophe.

Toujours aucun tir !

Le nez collé à la vitre, le commandant examine le sol qui défile lentement sous les ailes.

– *Il vaudrait mieux ne pas se faire descendre dans ce coin,* murmure-t-il. *Ces gars ne nous feraient pas de cadeau.*

– *Vous inquiétez pas,* rassure Michel. *Par ici, ils n'ont pas de DCA. C'est surtout dans le secteur de Sakiet que ça chauffe.*

– *Sakiet...* lance le commandant comme si c'était la première fois qu'il entendait ce nom ?

Michel rigole.

– *Si vous voulez, on peut aller y faire un tour, histoire de vous montrer à quoi ça ressemble !*

– *Mais...*

– *Ne vous inquiétez pas. En général, ils tirent à la mitrailleuse. Si on passe en altitude, on ne risque rien...*

– *Vous êtes certain ?*

– *Certain ! J'ai l'habitude, vous savez, je vais très souvent dans le coin. Ils m'ont touché souvent. La dernière fois, c'était...*

Michel compte sur ses doigts.

– *Eh bien , c'était il y a quatre jours*[10] *! Il y a un endroit le long de la frontière qui s'appelle « le Bec de canard ». C'est là que j'ai ramassé quelques balles dans mon aile droite.*

---

10. *Le 2 février.*

L'officier sourit. De toute évidence, il connaît parfaitement le dossier professionnel de Michel. Le bonhomme a la réputation d'être un bon pilote et n'est pas du genre à raconter des blagues.

– *Alors... allons à Sakiet,* murmure-t-il.

Michel fait donc un large virage au-dessus de Tozeur et prend le cap 350 qui le ramène en direction de Sakiet. Puis il met les gaz pour prendre un peu d'altitude. L'avion ne monte pas vite, mais parvient tout de même aux environs de 6 000 pieds lorsque les premières maisons du village sont en vue.

– *Voilà, on y est... C'est Sakiet... Droit devant,* explique Michel.

Bien évidemment, lorsqu'il passe à la verticale du village, les rebelles se précipitent sur leurs armes. Vu d'en haut, les occupants du Flamant peuvent apercevoir des dizaines d'éclairs qui attestent que les mitrailleuses se déchaînent pour tenter de les abattre. Comme ils sont trop hauts, cela n'a aucune importance.

– *Ils sont nerveux, hein !*

– *Je vois ça,* murmure l'officier d'une voix grave.

– *C'est presque toujours comme ça quand on se pointe dans le coin...*

Une demi-heure plus tard, la mission se termine et Michel se pose sur la piste d'Oued Hamimine pour y déposer son étrange passager. Il ne prend même pas la peine de couper ses moteurs puisqu'il lui faut redécoller immédiatement pour Telerghma.

Avant de quitter l'appareil, l'officier vient dans le cockpit. Poignée de main avec les trois hommes de l'équipage... Sourires entendus.

– *Bon, eh bien à demain matin. Je crois que nous avons encore pas mal de travail qui nous attend !*

– *Je serai là à 8 heures précises comme aujourd'hui,* réplique Michel, sans comprendre vraiment à quel genre de travail l'autre fait allusion.

Dix minutes plus tard, le Flamant est de retour sur la base de Telerghma. Il est 11 heures du matin... Michel arrête ses moteurs et se prépare à remplir la paperasse concernant le vol.

Alors qu'il marche lentement vers le hangar, il ne peut s'empêcher de réfléchir... Il ne comprend toujours pas la raison de la présence de l'officier à son bord. Peut-être le gars est-il chargé d'évaluer les capacités militaires des rebelles ? Qu'importe après tout !

Pour le moment, on lui demande de faire des vols de reconnaissance, il les fait... De toutes les façons, Michel aime voler. Tout comme il aime aussi profondément ce pays. Ce combat contre les rebelles, c'est un peu le sien. Il le mène avec d'autant plus de force qu'il a la conviction de défendre cette terre où il est né[11].

À 14 heures, Michel repart pour un nouveau vol de reconnaissance. Cette fois, il n'emmène pas de passager à bord et l'équipage se sent plus tranquille. Le but de cette nouvelle mission est toujours le même. Il faut retrouver la trace du convoi rebelle signalé dans la région de Negrine.

Comme il l'a fait ce matin, Michel prend donc la direction des Aurès. Et cette fois, il a plus de chance...

Alors qu'il passe par le travers de Ferkane, il aperçoit une colonne de poussière suspecte qui pourrait bien correspondre à ce qu'il cherche. On dirait des véhicules qui foncent vers le nord-ouest sur la piste de Sidi Nadji. Ce sont peut-être les rebelles qui ont franchi la frontière cette nuit pour ravitailler la Willaya 2. Aussitôt, le pilote plonge à basse altitude pour procéder à une identification.

– *Je vais passer dans l'axe de la piste,* annonce-t-il à l'intention de son navigateur.

– *Fais gaffe, j'ai l'impression que ce sont eux,* réplique Jean-Claude d'un air à la fois ravi et inquiet.

Quelques secondes plus tard, le Flamant arrive à 500 pieds du sol[12]. Michel se stabilise. Le meilleur moyen pour faire un repérage est de faire un passage parallèlement à la trajectoire du convoi.

– *Je crois que t'as raison, ce sont eux...*

Mais il n'a pas le temps de terminer sa phrase. Une série de chocs violents résonnent dans la carlingue. On dirait des coups

---

11. *Michel Perchenet est né en Algérie à Djidjelli.*
12. *Environ 150 mètres.*

de marteau qui frappent le métal de manière extrêmement rapide...

— *Merde, ces salauds nous ont eus,* hurle Michel en virant brusquement à gauche pour se dégager de la colonne.

Le pilote a beau avoir l'habitude de recevoir des projectiles dans son avion, il n'apprécie pas vraiment.

— *Ça donne quoi ?* interroge-t-il à l'intention de Jean-Claude.

Le navigateur a la tête tournée vers le moteur droit.

— *On a tout ramassé dans l'aile...*
— *Des traces de feu ?*
— *Non, apparemment, il n'y a rien !*
— *Tu vois une fuite ?*
— *Difficile à dire mais apparemment ça semble bon...*
— *On va pas insister...*

Tout en parlant, Michel examine le tableau de bord. Les pressions et la température d'huile sont normales. La pression d'essence est stable.

Aucune panne n'est signalée nulle part.

Ensuite, il vérifie les commandes de vol... Un peu d'inclinaison à droite et à gauche. Les ailerons ne semblent pas touchés. Apparemment, les projectiles n'ont atteint aucun organe vital. Il faut tout de même être prudent. Même si le Dassault 315 est une machine incroyablement solide, on ne peut pas lui demander l'impossible. D'autant qu'avec la chaleur de l'après-midi, une méchante turbulence secoue l'avion. Si quelque chose est brisé à l'intérieur de l'aile, cela n'arrangera rien.

La priorité est de ne pas rester dans le coin. En cas d'atterrissage dans la campagne, les rebelles leur tomberaient dessus bien avant l'arrivée des secours.

— *On rentre à la maison,* annonce Michel en affichant un cap direct en direction de la base.

Vingt minutes plus tard, le 315 se présente en finale à Telerghma et atterrit presque normalement. Par sécurité, les pompiers sont au bord de la piste mais n'ont pas à intervenir.

Il est 16 h 30...

Deux heures plus tard, Michel est convoqué chez le commandant Demaistre[13] pour un « débriefing ». L'officier est chef des opérations et ce genre de séance est normal après un vol agité. Pourtant, le pilote se souviendra longtemps de cette visite chez son chef. Lorsqu'il traverse le couloir des « opérations », il pense naïvement qu'on va lui adresser des félicitations pour avoir réussi à ramener un avion percé de toutes parts. Même si ce n'est pas la première fois, ça fait toujours plaisir de s'entendre dire qu'on a bien réagi.

En fait, les félicitations vont avoir un goût très amer.

Dès qu'il pousse la porte du bureau, Michel remarque que le patron a son regard noir des mauvais jours. Que se passe-t-il ? Est-ce qu'on n'aurait pas apprécié l'incursion en Tunisie avec son passager du matin ? Le commandant du Gatac[14] aurait-il fait un rapport dont les conséquences commencent à se faire sentir ?

Il ne s'agit pas de cela...

– *Je viens d'apprendre que tu t'es fait allumer par les « Fells » cet après-midi*, lance le chef des « ops ».

– *Heu oui... Comme d'habitude.*

– *Et t'as fait quoi ?*

Michel ne comprend pas pourquoi la question est si brutale.

– *Ben... J'ai des impacts de 12,7*, explique-t-il... *Il y a des gros trous dans l'aile droite. D'après les mécanos, j'ai eu de la chance parce que c'est passé tout près du réservoir.*

– *Et tu n'as rien fait ?*

– *Si, j'ai viré et j'ai dégagé le plus vite possible. Et j'ai ramené l'avion normalement.*

– *C'est pas ce que je te demande... Je veux savoir si t'as donné l'alerte ?*

– *Ben... Heu non... C'était pas plus grave que d'habitude.*

Brusquement, le commandant d'escadron explose.

– *Tu te fais flinguer et tu ne dis rien sur la fréquence ?*

C'était donc ça ! À mesure que son chef le sermonne, Michel réalise qu'on ne lui reproche pas d'être allé en Tunisie ou

---

13. *Surnommé « – 2 » car l'homme mesure 1,98 m.*
14. *Commandement aérien tactique de Constantine.*

même d'avoir survolé Sakiet avec un passager. On lui en veut surtout de n'avoir pas prévenu par radio au moment où les rebelles lui tiraient dessus. Le commandant explique que c'était une occasion inespérée pour déclencher une grande opération de rétorsion.

– *Mais enfin... d'habitude, on laisse tomber...*
– *Aujourd'hui, c'est pas comme d'habitude !*

Visiblement énervé, le chef regarde sa montre. Il est presque 18 heures. La nuit va tomber. C'est beaucoup trop tard pour réagir car aucun avion n'est équipé pour le bombardement de nuit. Au moment où Michel est enfin autorisé à sortir de la pièce, le commandant ne peut s'empêcher d'ajouter une dernière fois :

– *Ne me refais jamais plus ce coup-là...*

7 février...

Le lendemain à 8 heures, Michel Perchenet procède à la même mise en place que la veille. Avant d'aller surveiller la frontière, il passe d'abord par le terrain d'Oued Hamimine pour récupérer son mystérieux officier.

Au moment où l'avion s'arrête sur le parking, celui-ci l'attend déjà au coin d'un hangar.

– *On y va comme hier ?* propose Michel.

L'homme sourit.

– *C'est parti !*

Michel évite de lui raconter ses déboires avec son chef des « ops ». Ça ne servirait à rien. D'ailleurs, son instinct lui dit que son interlocuteur est déjà au courant. Ces types de l'état-major savent tout !

Quoi qu'il en soit, aujourd'hui, tout sera différent. Si jamais les rebelles tirent une seule cartouche dans sa direction, il le fera savoir immédiatement sur toutes les fréquences. Ils veulent qu'on les prévienne ? Il ne manquera pas de le faire !

Il n'en aura malheureusement pas l'occasion...

Le vol dure près de trois heures. Michel rôde jusqu'à la frontière, il survole même quelques minutes Sakiet et ses environs.

C'est le calme plat...

Aucun tir ne part dans sa direction. Pendant quelques minutes, l'avion pénètre même de nouveau en territoire tunisien. Il survole « le Kef », situé à 30 kilomètres de la ligne.

Rien !

Lorsque Michel dépose une nouvelle fois son passager à Oued Hamimine, ce dernier lui adresse un sourire énigmatique :

– *Vous recevrez un nouvel ordre de mission demain matin. Ce sera peut-être un peu différent de ce que vous faites d'habitude... Mais je suis certain que vous vous en sortirez parfaitement.*

L'homme prend des airs de conspirateur mais Michel n'y porte pas vraiment attention.

– *Vous savez,* réplique-t-il, *pour moi, l'essentiel, c'est de voler et de faire mon boulot correctement. Pour le reste, demain sera un autre jour...*

À cet instant, il est loin de se douter qu'il va être l'acteur principal d'un événement dont les répercussions seront internationales.

8 février... Ville de Bône[15]

Il est 4 heures du matin. La nuit est froide...

Le sous-lieutenant Germain Chambost attend dans le hall de son immeuble. Les consignes sont de rester impérativement derrière le portail. Interdiction de sortir dans la rue tant que les véhicules ne sont pas arrivés. Dans la poche de son blouson de vol, Germain tient fermement la crosse de son pistolet 9 millimètres. Le contact de l'arme dans la paume est rassurant. La procédure militaire impose de l'avoir toujours à portée.

À cette heure, la ville est silencieuse mais ça ne veut rien dire. Les attentats se produisent à n'importe quelle heure et les militaires français qui résident dans le centre sont particulièrement visés.

Germain Chambost est pilote de B-26... Il a 23 ans[16].

C'est la troisième fois en trois jours qu'il se lève avant l'aube

---

15. *La ville de Bône s'appelle aujourd'hui Annaba.*
16. *Germain Chambost a effectué deux cent soixante-neuf missions de guerre.*

pour rejoindre sa base. Les deux nuits précédentes, ça n'a servi à rien... Avec tous les autres équipages, il a suivi un long briefing préparatoire, puis est allé dans la salle pilotes pour attendre l'ordre d'attaque.

Rien n'est venu. Ils n'ont même pas décollé.

Le froid est piquant en ce mois de février. Pour se réchauffer, Germain tape du pied sur le carrelage de l'entrée. Si l'opération « Panache blanc » n'a pas lieu aujourd'hui, les types du Gatac vont remettre ça à demain et il va encore falloir se lever au milieu de la nuit. Pas vraiment génial.

Tout à coup, un étrange grondement résonne dans le lointain. Le bruit est sourd et strident à la fois. C'est comme une énorme friteuse qu'on aurait placée à l'intérieur d'un tambour.

Ils arrivent... Aussitôt, Germain ouvre le portail de l'immeuble et sort sur le trottoir. Un half-track Harvester déboule à toute vitesse au coin de la rue. Cet étrange véhicule blindé mi-camion, mi-char d'assaut est équipé de pneus à l'avant et de chenilles à l'arrière. Pas vraiment discret pour se déplacer la nuit. L'engin pèse plus de 8 tonnes et ses chenilles cliquettent sur le pavé comme de l'huile en ébullition.

Avec un crissement aigu, le half-track s'arrête devant le domicile de Germain. Des hommes en treillis descendent. Ce sont des commandos de l'air chargés de la protection des pilotes. L'ambiance est tendue... Celui qui tient la mitrailleuse de 12,7 semble tout jeune. Il pointe son arme nerveusement en direction des toits. La bande est engagée. Sans doute un appelé qui ne comprend pas comment il s'est retrouvé en quelques mois au cœur de cette tempête de haine.

Le half-track n'est pas venu seul... Il est suivi d'une dizaine de voitures qui s'arrêtent en colonne derrière lui. C'est un véritable convoi qui ramasse les pilotes pour les amener à leurs avions. Personne ne coupe le moteur. Il faut pouvoir repartir à la moindre alerte.

– *Impeccable,* lance un sergent... *Vous êtes pile à l'heure, mon lieutenant. On n'avait pas envie de poireauter dans ce secteur. C'est pas très sûr par ici en ce moment.*

Germain ne peut retenir une grimace.

– *J'espère que cette fois, c'est la bonne,* explique-t-il en se dirigeant vers la Citroën Traction la plus proche.

Sans perdre une seconde, les chauffeurs démarrent et le convoi reprend sa progression vers le centre-ville. Il faut récupérer un autre pilote. Ça roule très vite. Malgré ses chenilles, le half-track fonce dans les rues de Bône. Spectacle surréaliste : dans les virages, les chenilles patinent déclenchant des gerbes d'étincelles qui retombent sur le trottoir.

Base de Bône-les-Salines. 5 heures…

Une heure plus tard, tous les navigants ont été récupérés et le convoi franchit les portes de la base aérienne.

La tête appuyée contre la vitre, Germain regarde distraitement défiler les hangars. L'endroit n'a pas l'aspect d'une base comme elles existent aujourd'hui. Des baraques en bois… Des cabanes grossièrement construites… Il n'y a pas de parking cimenté ni de chemins de roulements soigneusement entretenus. Toutes les pistes sont composées de plaques à sable placées côte à côte comme un immense grillage sur le sol. On se croirait sur un terrain d'aviation en Indochine ou sur une base américaine pendant la guerre du Pacifique.

En passant au bord de la piste, Germain aperçoit les ombres noires des avions. Celui qu'il va piloter est quelque part dans la ligne. Ce sont les B-26 du groupe de bombardement 1/91 Gascogne..

Pour la mission d'aujourd'hui, les mécaniciens ont préparé onze appareils… Les pleins de carburant ont été faits et l'armement a été monté pendant la nuit. Chaque avion emporte dans sa soute quatre bombes de 1 000 livres[17]. En outre, deux B-26 supplémentaires ont été armés avec des roquettes HVAR sous les ailes. Ils joueront un rôle particulier à la fin de l'attaque.

Les pilotes descendent des véhicules…

Comme ils l'ont fait la veille, ils se rendent immédiatement en salle de briefing pour revoir une dernière fois les paramètres de la mission. La réunion se tient dans une hangarette

17. Environ 500 kilos.

où on a installé quelques rangées de chaises bancales. Sur un tableau noir a été agrafée une carte de l'Algérie à l'échelle 1/500 000ᵉ.

C'est dans ce hangar qu'un officier de l'armée de terre vient tous les jours faire un rapport sur les opérations dans le Constantinois. Le « biffin » fait un compte-rendu systématique pour indiquer si les bombes larguées la veille sont tombées au bon endroit.

En ce matin du 8 février, il n'y aura pas de compte-rendu car il n'y a pas eu de vol la veille. L'opération « Panache blanc » a été reportée.

En ce qui concerne la mission d'aujourd'hui, le briefing sera très court puisque les hommes en connaissent tous les détails par cœur. Ce n'est donc qu'une simple répétition du briefing qui a déjà été effectué les deux jours précédents.

C'est le commandant Pierre qui est le leader du dispositif. Ses hommes le surnomment familièrement « *Peter-Peter* ».

Il rappelle les points importants : le temps pour atteindre l'objectif est extrêmement court. Tout juste un quart d'heure de vol puisqu'il n'y a que 90 kilomètres entre Bône et Sakiet… Pourtant, en tenant compte du temps de mise en place, la mission devrait durer environ une heure un quart. Ce sera un bombardement horizontal à 7 000 pieds… Ce type de bombardement est beaucoup plus précis que le semi-piqué.

En ce qui concerne la météo, il n'y aura pas le moindre problème. On est en Algérie et il fait toujours beau. D'ailleurs, il est bien rare que des nuages viennent perturber les opérations aériennes.

Il y aura onze B-26 comprenant chacun deux hommes d'équipage : un pilote et un navigateur-bombardier. L'indicatif radio de la patrouille sera « les Marquis gris ». Les avions seront répartis par groupes de trois. L'indicatif du commandant Pierre sera « Marquis gris leader ».

Puis le commandant rappelle les objectifs prioritaires :

– *La cible la plus importante se trouve au nord du village*, explique-t-il. *Il s'agit d'une ancienne mine de plomb qui abrite un cantonnement des rebelles. Juste à côté, il y a une briqueterie qui* sert d'école aux nouvelles recrues. Un peu en retrait vers le nord se trouve une grande maison qui a été construite autrefois par le 14ᵉ BCA français. Ce bâtiment abrite aujourd'hui du matériel appartenant au FLN. Nous devons détruire toutes ces constructions. En ce qui concerne les objectifs ponctuels, ils seront neutralisés par la suite par des chasseurs Corsair et des Mistral qui attaqueront quelques secondes après notre bombardement. Leur rôle sera de « traiter » tout particulièrement la batterie de DCA qui se trouve sur le toit de la gendarmerie du village.

À la fin du briefing, le commandant prodigue quelques mots d'encouragement à ses équipiers.

– *Messieurs... Je vous souhaite bonne chance. Nous avons enfin l'occasion de donner une leçon à ces types qui se croient tout permis. J'espère que tout se passera bien.*

Les mots du commandant Pierre sont salués par un murmure d'approbation. Cela fait des mois que les hommes ont envie de « foncer dans le tas » pour faire taire les mitrailleuses de Sakiet. Ces navigants ne sont pas des appelés. Ce sont tous des professionnels qui se battent pour une cause à laquelle ils croient profondément. Nombre d'entre eux sont des Pieds-Noirs qui n'imaginent pas une seconde que l'Algérie ne soit plus rattachée à la France.

Lorsque les pilotes quittent la salle, tout est clair dans les esprits. Seule l'heure de décollage n'est pas encore définie. Il faut attendre la confirmation des « ops » mais chacun suppose qu'elle devrait venir quelques minutes après le lever du soleil.

– *J'espère que ce sera pour aujourd'hui,* annonce un navigateur en repliant soigneusement sa carte dans la poche de sa combinaison.

Il faut maintenant attendre... Pour patienter, les onze pilotes se rendent tous ensemble dans une cabane située au bord de la piste. Pour eux, c'est un moment de détente avant le stress de l'assaut.

Comme d'habitude, les mécaniciens leur ont préparé un petit déjeuner très spécial. Ce sont des œufs soubressades, un plat local cuisiné avec des merguez et de l'huile d'olive. Le goût est plutôt corsé mais tout le monde l'apprécie avant de partir en vol. Alors qu'il savoure son petit déjeuner, un mécanicien pied-noir prononce des mots que Germain n'a pas oubliés.

– *Ces œufs ont un goût que je ne retrouverai jamais autre part. Jamais autre part...*

– *Tu sais, c'est jamais que des merguez et des œufs*, plaisante un pilote « chtimi ». *Je pourrais te faire la même chose à Maubeuge.*

– *T'as rien compris, mon vieux. Ici, on est dans un monde... Ici, c'est un autre monde*, répète le mécano, rêveur.

Le jour se lève doucement.

Vers le sud, les contreforts des collines du Tellen commencent à se détacher sur le ciel. À l'est, c'est la frontière tunisienne à moins de 60 kilomètres.

Peu à peu, les rayons du soleil viennent se briser sur les pare-brise des bombardiers. Dans le lointain, on entend un train de marchandises qui remonte vers la ville. Chacun apprécie l'instant de tranquillité.

– *J'espère que cette guerre finira un jour,* murmure Germain.

Personne ne fait de commentaire. Comment imaginer que les événements iront en s'améliorant ?

Au bout d'un moment, le commandant Pierre se lève.

– *Allez, les gars, la bouffe, c'est pas tout. On se met en place aux avions et on attend le signal pour la mise en route.*

– *C'est pour dans combien de temps, à votre avis mon commandant ?* demande un lieutenant.

« Peter-Peter » sourit :

– *Aucune idée... Dans cinq minutes ou dans cinq heures. Ça dépend pas de nous. On se prépare, c'est tout !*

Alors, comme à regret, les équipages se dirigent vers leurs avions.

C'est le B-26 numéro 88 qui a été affecté à Germain. Une version « *flat-top* »[18] avec huit mitrailleuses de 12,7 dans le nez qu'il a déjà pilotée à plusieurs reprises.

C'est un bon appareil. Aujourd'hui, son navigateur sera Antoine Joseph, un type qui a la réputation d'être particulière-

---

18. *Dans cette version sans nez vitré, la verrière est très plate et le navigateur ne participe pas à la visée (voir plus loin).*

ment efficace quand ça chauffe. Les deux hommes ont l'habitude de travailler ensemble et ils forment une équipe solide.

– *Je monte me mettre au chaud,* annonce Joseph en ouvrant la porte du B-26.

Germain fait un signe de la main.

– *Vas-y. Moi je fais la PPV[19],* réplique-t-il simplement.

Avant de s'installer aux commandes, Germain veut prendre le temps d'inspecter soigneusement sa machine. L'homme est méticuleux. Pas question de laisser passer la moindre défaillance technique. Étant donné l'enjeu de la mission, ce serait une catastrophe de devoir rester au sol.

D'un geste commun à tous les pilotes, Germain commence à tourner autour de son avion en frappant la tôle du plat de la main. Il cogne un peu partout cherchant à déceler la moindre défaillance. Il y a souvent des fuites sur ces avions. C'est souvent de l'huile ou du liquide hydraulique, mais il y a parfois des fuites d'essence. Car ces appareils ne sont pas tout jeunes. Ils ont beaucoup bourlingué parfois même jusqu'en Indochine... Il n'empêche, Germain aime bien le Douglas B-26 Invader sur lequel il a déjà effectué plusieurs centaines d'heures. L'avion est imposant. Avec son gros train d'atterrissage et ses énormes hélices tripales, on devine qu'il déborde de puissance. C'est une bête de guerre qui plonge en piqué jusqu'à près de 650 kilomètres à l'heure. Bien que ce soit un bimoteur, il peut rivaliser en puissance et en maniabilité avec de nombreux chasseurs à hélice. Et puis, c'est un engin à part dans le monde des machines volantes car il est « monocommande ». La plupart des avions ont deux postes de pilotage, l'un est destiné au pilote, l'autre au copilote[20]. Ce n'est pas le cas du B-26[21]. Un seul pilote peut tenir le manche... C'est donc une machine réservée à une certaine élite. Lorsqu'un nouveau venu doit le faire décoller pour la première fois, il doit forcément être excellent car personne ne pourra rattraper ses

---

19. *Visite prévol.*
20. *Ou éventuellement à l'instructeur qui entraîne un élève sur l'avion.*
21. *Le B-26 sera plus tard transformé en avion double commande et Germain Chambost sera instructeur sur la base de Bordeaux.*

erreurs. À droite, le siège est réservé au « navigateur bombardier ». C'est lui qui calcule la route et largue les bombes sur l'objectif. L'homme dispose d'une sorte de tablette sur laquelle il peut poser ses cartes[22] et travailler pendant le vol. Au moment de l'attaque, il change de place pour s'installer dans le nez vitré de l'appareil. C'est là que se trouve le viseur à synchronisation Norden. Un système qui permet de placer les bombes à peu près au bon endroit. Allongé sur le ventre, l'homme calcule le vent pour l'intégrer à sa visée. Lorsqu'il est habile, il parvient à placer ses bombes sur l'objectif avec une précision de l'ordre de 30 mètres. Bien évidemment, ce système ne peut pas être comparé aux systèmes GPS d'aujourd'hui qui peuvent être utilisés même la nuit avec une marge d'erreur de 50 centimètres ! Mais pour l'époque, le viseur Norden représente ce qui se fait de mieux[23].

Germain poursuit méticuleusement la visite prévol de son avion... Il prend son temps pour vérifier chaque détail : les trappes des bombes sont ouvertes... on peut voir que les fils de sécurité sont en place dans les fusées... les amortisseurs sont correctement gonflés. Vu le poids important de l'avion aujourd'hui, c'est capital... Il vérifie même l'état de propreté du pare-brise. Tout à l'heure, dans le feu de l'action, il faudra pouvoir discerner le moindre détail au sol.

À cet instant, l'homme agit en professionnel. C'est un pilote de combat qui s'apprête à faire son boulot du mieux possible. Il n'est pas vraiment conscient que cette machine va tuer des êtres humains.

Germain termine son inspection... Il y a passé beaucoup de temps mais il lui faut être extrêmement vigilant. Deux jours plus tôt, les B-26 ont été victimes d'une tentative de sabotage. Un mécanicien sympathisant du FLN avait imaginé un système

---

22. *Le B-26 B Straffer n'exigeait que deux hommes d'équipage et possédait huit, douze ou quatorze mitrailleuses 12,7 millimètres dans le nez de l'avion et dans les ailes. En revanche, le B-26 Leader (qui est celui de Germain Chambost) était une version de bombardement horizontal qui nécessitait trois hommes d'équipage. Il disposait de baies vitrées dans le nez où le bombardier s'installait.*
23. *C'est un viseur de type Norden qui équipait le B-29 Enola Gay qui a largué la bombe atomique sur Hiroshima.*

ingénieux : à l'aide d'une gamelle et d'un allume-gaz électrique, il avait bloqué la purge d'essence d'un B-26 en position ouverte. L'essence coulait lentement dans la gamelle et prenait feu au contact de l'allume-gaz. En quelques minutes les flammes léchaient l'aile du bombardier. Par chance, le stratagème a été découvert avant que le drame ne se produise. Ce jour-là, tous les avions auraient été détruits car ils étaient armés avec des bidons de napalm.

Le plus étonnant, c'est que le saboteur était un caporal-chef excellemment noté et particulièrement apprécié des pilotes[24].

En apprenant cette défection, Germain en a éprouvé une grande tristesse. Étrange combat où vos amis deviennent brusquement vos pires ennemis sans que vous en compreniez la raison.

Base de Telerghma...
Au même moment sur la base de Telerghma, six pilotes de Corsair sont également en train de vérifier leurs machines. Les avions sont des F-4 U7 qui appartiennent à la flottille 12F de l'aéronautique navale. Ce sont des versions à compresseurs particulièrement puissants et maniables[25].

Ils ne sont pas seuls à se préparer... Un peu en retrait, au nord des hangars de la Marine, huit chasseurs Mistral de l'escadron de chasse 2/8 Languedoc sont également armés. Ces étranges avions à réaction bidérive ne sont pas supersoniques. Avec leurs entrées d'air triangulaires et leurs bidons d'aile, ils ressemblent vaguement à des maquettes d'enfants mais peuvent pourtant se révéler terriblement meurtriers. Les huit chasseurs sont tous armés et leurs pilotes sont prêts à se mettre en place dès qu'on leur en donnera l'ordre.

8 h 30...

---

24. *Le mécanicien responsable de cette tentative de sabotage n'a pas été arrêté. Il a réussi à rejoindre le maquis du FLN. Il a été tué quelques mois plus tard au cours d'une opération dans la région de Souk Ahras.*
25. *Quelques mois plus tard, de manière inexplicable, la flottille 12 F échangera ses Corsair F4U7 contre des AU1, une version du même avion mais avec des performances beaucoup plus médiocres.*

Michel Perchenet a décollé de Telerghma et vient d'atterrir à Oued Hamimine pour récupérer son passager habituel. Lorsqu'il gare son avion sur le parking, le commandant est déjà en train de l'attendre près d'un hangar. Il tient à la main une grande enveloppe fermée qu'il tend d'un air grave.

– *C'est pour vous !*
– *Pour moi ?*
– *Votre ordre de mission...*

Avant de l'ouvrir, Michel examine soigneusement l'enveloppe. Elle lui est effectivement adressée. Sur le coin gauche, il y a un tampon rouge avec une inscription sans équivoque.

Un peu intrigué, le pilote ouvre le pli et lit attentivement. La mission qu'il doit exécuter aujourd'hui est clairement définie sur quelques feuillets dactylographiés. À mesure qu'il parcourt le texte, il ne peut retenir quelques sifflements de stupéfaction : il doit aller survoler Sakiet à basse altitude pour déclencher les tirs DCA du poste de douane. Le but est de créer une situation de légitime défense qui permettra d'exécuter les ripostes prévues par le Gatac de Constantine.

En clair, le Dassault va servir d'appât sur lequel les rebelles vont se déchaîner. Vu l'agressivité pathologique dont ils font preuve, ce ne sera pas très difficile. L'ordre de mission est très explicite sur la façon dont Michel doit donner l'alerte. Dès que les premières rafales partiront, il doit appeler le plus vite possible sur toutes les fréquences de la région. Ce sera le signal de déclenchement de l'opération « Panache blanc ».

Pendant que le pilote poursuit la lecture des détails techniques, le commandant l'observe du coin de l'œil.

– *Vous comprenez ce que cela signifie ?*
– *Parfaitement. Je vais les chatouiller là où ça les énerve pour qu'on puisse leur rentrer dedans, hein... C'est une sorte de piège dans lequel il faut les faire tomber ?*

Le commandant du Gatac a un sourire.

– *C'est un peu ça.*
– *Je suppose que vous venez avec moi comme d'habitude, mon commandant.*

L'officier fait une grimace et secoue la tête.

– Euh... Non, heu. C'est pas vraiment ce qui est prévu. Vous savez... euh, aujourd'hui j'ai beaucoup de boulot au sol.

Michel n'en croit pas ses oreilles. Pour cette mission à hauts risques, le gars ne l'accompagne plus ! Au Gatac, on doit se dire que l'avion n'a aucune chance de revenir entier !

Et soudain, Michel comprend ce que faisait le type à bord de son avion ! Contrairement à ce qu'il croyait, il n'était pas chargé d'évaluer les capacités de résistance des rebelles. C'était les capacités opérationnelles de Michel qu'il testait. L'état-major voulait être certain que le pilote aurait suffisamment de cran pour aller provoquer les types du FLN jusque dans leur repaire. Nul doute que le rapport a été positif ! Michel lui a montré qu'il n'est pas du genre à se dégonfler.

Ils veulent qu'il aille à Sakiet, il va y aller !

Même si aujourd'hui les règles du jeu sont différentes. D'habitude, on tire sur l'avion et il essaye d'éviter les balles. Aujourd'hui, c'est le contraire : il va servir volontairement de cible pour ramener des impacts. C'est un peu plus dangereux !

– *Vous allez m'excuser, mon commandant, mais je crois que je vais changer quelques détails à la mission.*

L'officier ne peut cacher sa surprise. Visiblement, il espérait que Michel allait décoller sans réfléchir.

– *Quels genres de détails ?*

– *Vous voulez que j'incite les Tunisiens à me tirer dessus, hein ?*

– *C'est pas moi qui vous le demande. Vous avez des ordres.*

Michel ricane.

– *D'accord, je vais le faire... mais si ça ne vous dérange pas, on va repousser le départ d'une petite heure.*

– *Je peux savoir pourquoi ?*

– *Mon équipage et moi, on risque d'en prendre plein la tête. Alors, je vais retourner à Telerghma pour récupérer des gilets « anti-flak ».*

L'officier sourit.

– *C'est peut-être pas une mauvaise idée !*

À 9 heures, le Flamant décolle d'Oued Hamimine à destination de Telerghma.

À 10 heures, Michel et ses deux hommes d'équipage sont

passés par le magasin d'armement pour y recevoir des gilets « anti-flak ». C'est une sorte de gilet pare-balles qui permet de se protéger des munitions de gros calibres. Rien à voir avec les vêtements en Kevlar tels qu'ils existent aujourd'hui... L'« anti-flak » est très lourd. C'est une véritable armure comportant des plaques de métal et de la fibre de verre noyée dans le tissu. Très rigide et pas vraiment confortable, il permet toutefois d'arrêter des éclats d'obus de petite taille...

Pour plus de sécurité, Michel en a pris deux par membre d'équipage. L'un est destiné à être enfilé normalement sur les épaules. L'autre est placé sous les fesses car les projectiles qu'on va leur expédier arriveront bien évidemment avec une trajectoire de bas en haut.

À 10 h 05, le Dassault 311 redécolle de Telerghma à destination de la frontière tunisienne. Il n'est pas armé.

Pour cette mission, son indicatif est « Carton Châtain »[26].

Sans hésitation, Michel prend la direction de Sakiet. Il connaît parfaitement cette route qu'il a effectuée plus d'une centaine de fois. C'est le cap 085 et il y a exactement 177 kilomètres jusqu'au poste de douane.

Cela lui prendra environ une demi-heure pour y arriver.

– *Ça risque d'être un peu chaud, aujourd'hui,* murmure-t-il à l'attention de son navigateur.

– *Ça c'est sûr... C'est pas vraiment comme d'habitude,* réplique Jean-Claude, assis à la place droite.

Le vol est d'autant plus dangereux que, cette fois, il n'y a pas de Flamant 311 de protection. Personne ne viendra au secours de Michel s'il appelle à l'aide. Sans armement, le Dassault ne fait pas le poids pour engager le combat. De toutes les façons, ce n'est pas le but de la mission. Aujourd'hui, il faut prendre des coups et ne pas en donner. Si l'avion est attaqué, le plus important est de donner l'alerte afin que le raid de représailles puisse être lancé.

À 10 h 40, Michel arrive en vue de la frontière. Comme de

---

26. *« Carton » est l'indicatif commun pour tous les Dassault. « Châtain » est l'indicatif personnel de Michel Perchenet.*

coutume, il contacte les troupes au sol à l'aide du poste SCR 300 pour connaître la situation sur le terrain. Ce jour-là, la portée de l'émetteur est si faible qu'il faut pratiquement tourner à la verticale pour avoir le contact avec les soldats.

– *Salut les gars, c'est « Carton Châtain ». Je suis en reconnaissance armée dans le secteur. Vous avez quelque chose à signaler ?*

Une voix nasillarde réplique aussitôt dans les écouteurs.

– *Pas de problème « Carton Châtain », tout va bien.*

– *D'accord, je vais faire un tour plus au nord.*

– *Bonne chance et à plus tard...*

Dès qu'il a terminé avec les hommes au sol, Michel décide de passer aux choses sérieuses. Il place son avion dans l'axe de la frontière à une dizaine de kilomètres de Sakiet et commence à perdre de l'altitude. Son navigateur a sorti une carte à l'échelle 50 000e[27]. Cela permet de suivre le moindre relief au plus près. Pour être certain de faire réagir les rebelles, Michel décide de mettre le paquet. Aujourd'hui, il va descendre bas... Vraiment très bas...

Dans le cockpit, personne ne parle. Un étrange sentiment monte doucement chez les trois hommes. Ce n'est pas vraiment de la peur, juste une sourde angoisse. Et si un rebelle visait mieux que les autres. Une balle perdue ? Chacun resserre les sangles du harnais. Un coup d'œil au gilet « anti-flak » pour un dernier ajustement. Bien sûr, il ne servira à rien si l'avion tombe en flammes, mais c'est rassurant de l'avoir sur soi.

Le village approche.

– *On y va,* annonce Michel. *Accrochez-vous les gars. Ça risque de cogner...*

L'altimètre indique maintenant 1 000 pieds[28]...

À ses côtés, Jean-Claude a fait un signe de croix rapide. Le gars arbore un étrange sourire un peu crispé. Difficile de dire si le geste a été effectué pour conjurer le sort ou pour se préparer au pire...

Michel est calme. Il maintient les deux manettes de gaz à

---

27. *Les cartes militaires classiques pour la navigation à vue sont à l'échelle 500 000e.*
28. *Environ 300 mètres.*

fond vers l'avant. Comme à l'accoutumée, les moteurs Renault ronflent plus fort sans vraiment délivrer de puissance supplémentaire.

700 pieds[29]...

Michel continue à descendre.

– *Accrochez-vous*, répète-t-il. *Ça va pas tarder.*

500 pieds[30]...

On pourrait s'étonner de tant de tranquillité pour un homme qui se prépare à servir de cible. En fait, Michel n'a aucune volonté suicidaire. Il a simplement un truc pour tromper l'adversaire. Il sait que les rebelles n'ont pas de DCA automatique commandée par radar. Ils appliquent une règle simple qu'on enseigne aux fantassins pendant leur formation. *Il ne faut jamais viser directement l'avion que l'on veut descendre.* Ça ne marche jamais puisqu'il se passe un certain temps avant que les projectiles montent au niveau de l'appareil. Une seconde, trois secondes... beaucoup plus si l'appareil vole haut... Si vous visez directement l'avion, vos projectiles arrivent obligatoirement derrière lui. Pour faire mouche, l'idéal est donc de viser en avant de l'avion à environ deux à trois longueurs dans l'axe du fuselage. Pour échapper aux projectiles, l'astuce de Michel Perchenet est simple et logique... Lorsqu'il arrive au-dessus d'un secteur dangereux, il met son avion en glissade. Le palonnier est enfoncé à fond à droite et l'aile gauche est inclinée très légèrement vers le sol. De cette manière, l'avion se déplace dans l'air comme une voiture glissant latéralement sur la neige. La conséquence est aisée à comprendre : l'appareil ne passe pas à l'endroit vers lequel le nez semble se diriger. Il semble aller vers la droite. En réalité, il glisse à gauche.

300 pieds[31]...

Les premières maisons du village sont maintenant bien visibles devant dans le pare-brise. Dans les rues, les hommes doivent entendre le bruit du moteur qui s'amplifie. Ils se mettent à courir de toute part.

29. *Environ 200 mètres.*
30. *Environ 150 mètres.*
31. *100 mètres.*

— *Pas trop bas tout de même*, murmure le navigateur... *ils vont nous trouer la paillasse.*
— *T'inquiète pas... On va les réveiller ces cons-là.*

Il est temps de mettre le Dassault en légère glissade. Michel enfonce le palonnier à fond à droite. Aussitôt, les hélices se mettent à gronder sourdement sous l'effet du vol dissymétrique. Si un élève faisait cela en école, il serait sévèrement réprimandé car les paliers des vilebrequins souffrent terriblement. Qu'importe, le plus important est d'inciter les agresseurs à tirer à côté de l'avion.

150 pieds[32]...

Dans un grondement de moteur martyrisé, l'avion déboule à 50 mètres au-dessus des premières maisons. Sur le tableau de bord, l'aiguille de l'indicateur de vitesse est à la limite de la zone rouge. Elle indique 370 kilomètres à l'heure. C'est le maximum de ce que le Flamant peut donner. C'est pourtant terriblement lent lorsqu'on vous tire dessus. Par chance, à cette époque, les combattants du FLN n'ont pas de missile. Si c'était le cas, Michel et son équipage n'auraient aucune chance de s'en sortir.

Puis soudain, les mitrailleuses crépitent de partout. C'est un déchaînement de fer et de feu... Des centaines de balles montent vers l'appareil. Les traceuses strient le ciel comme un feu d'artifice infernal. C'est la première fois que les rebelles voient un avion passer aussi bas au-dessus de leurs têtes.

Pied toujours à fond à droite... manche à gauche... gaz en butée... Michel fonce carrément sur les toits. il s'engage à 100 pieds[33] au-dessus du nid de guêpes. Le rugissement des moteurs couvre les hurlements de haine.

Les balles sifflent.

— *Ils sont vraiment déchaînés aujourd'hui*, lance Michel en stabilisant son avion au ras des toits.

À côté de lui, Jean-Claude rentre la tête dans les épaules.

— *On va finir par s'en prendre une*, murmure-t-il, le front

---

32. *50 mètres.*
33. *30 mètres.*

couvert de sueur. L'esprit en alerte, l'équipage guette le claquement caractéristique des projectiles sur le métal.

Rien !

Dans la foulée, l'avion survole également le cantonnement de l'ALN... la mine de plomb... L'aile droite frôle la grande cheminée de briques. Puis les obstacles disparaissent devant le pare-brise. Pendant quelques secondes, Michel maintient sa trajectoire au ras du sol. Enfin, lorsqu'il est hors de portée des rebelles, il cabre franchement l'avion.

C'est alors un immense soupir de soulagement qui retentit dans l'avion.

– *Putain, on a réussi à passer,* s'exclame Jean-Claude !

Michel sourit de bonheur. La technique de vol en glissade a parfaitement fonctionné.

– *J'y crois pas... Ces cons nous ont même pas touchés !*

– *J'ai bien cru qu'on allait y rester,* murmure le navigateur d'une voix blanche.

Lentement, Michel reprend de l'altitude et s'éloigne du village. Le plus dur est fait mais le travail n'est pas terminé. Pour faire plus réel, Michel coupe le moteur droit et fait une abattée sur la gauche. Tout le monde dans le poste français peut voir que l'avion n'a plus qu'un seul moteur et qu'il est en difficulté.

Maintenant le plus important : il n'est pas passé dans cet enfer pour le seul plaisir de jouer à la roulette russe. Il lui reste à donner l'alerte !

Le Dassault 311 n'a qu'un seul poste VHF à bord mais l'équipage va l'utiliser au maximum afin de prévenir tous les services intéressés.

Alors que Michel règle la fréquence de sa radio, Jean-Claude continue à s'extasier sur leur chance.

– *Je te jure, j'y crois pas. On n'a même pas pris une balle !*

Michel grimace.

– *C'est presque dommage, cela aurait fait encore plus authentique si on avait ramené un petit souvenir dans l'aile.*

Tout en parlant, il met le cap vers le sud pour aller se poser à Tébessa situé à seulement 90 kilomètres. Ce sont les instructions de l'état-major... C'est le terrain le plus proche de Sakiet. Celui vers lequel un avion en difficulté se dirigerait tout naturellement.

Il est 10 h 45 lorsque le premier appel de détresse est lancé sur la fréquence opérationnelle :

– *Mayday, mayday, mayday[34]... Ici Carton Châtain... Nous venons d'être touchés par des tirs en provenance de Sakiet... Je suis touché... Je confirme, je suis gravement touché.*

Michel essaie de prendre une voix stressée. Ce n'est pas facile parce qu'au fond de lui-même il est parfaitement décontracté. Pourtant, les ordres sont formels : il faut soigner la mise en scène du retour...

La réponse du contrôle est quasi immédiate.

– *On a bien reçu votre message, Carton Châtain... Quelles sont vos intentions ?*

– *Je confirme que je suis gravement touché. Je mets le cap sur le terrain de Tébessa. Je vais me poser là-bas.*

– *Roger Carton Châtain... On transmet l'information à Tébessa pour qu'ils vous mettent les moyens de sécurité en place.*

– *Merci...*

Puis sans plus attendre, Michel appelle sur 121.5, la fréquence de détresse internationale, et délivre le même message.

Puis il passe successivement sur toutes les fréquences civiles du secteur de Constantine. Il faut prévenir un maximum de contrôleurs pour qu'ils retransmettent l'information à tous les services concernés.

– *Mayday... mayday... mayday... Constantine de Carton Châtain, vous me recevez ? Mayday, mayday, mayday...*

L'utilisation du mot « *mayday* » impose le silence immédiat à tous les autres pilotes qui parlaient sur la fréquence. Michel devient automatiquement prioritaire sur tous les messages en cours.

– *Je vous reçois 5 sur 5 Carton Châtain, transmettez...*

– *Nous venons d'essuyer des tirs violents au-dessus de Sakiet Sidi*

---

34. Appel de détresse.

Youssef. Je suis salement touché. Je vais essayer d'aller me poser à Tébessa.

– Bien reçu, on fait le nécessaire... Confirmez l'endroit où vous avez été attaqué.

Rapidement, Michel transmet alors les coordonnées de Sakiet, puis il change une nouvelle fois de fréquence pour appeler la zone de contrôle d'Alger.

– Alger, ici Carton Châtain, mayday, mayday, mayday...

Il n'y a pas de réponse...

Nouvel essai sans plus de succès.

– Alger, ici Carton Châtain, est-ce que vous me recevez ?

En fait, l'avion est trop loin du relais radio et la liaison ne peut pas passer. Le seul à entendre le message est un pilote de ligne qui survole le Constantinois aux commandes d'un DC-4.

– Carton Châtain, ici Air Algérie, Je vous reçois et j'ai le contact avec Alger. Je peux vous relayer. Transmettez votre message...

Michel ne peut retenir un sourire... Il reconnaît cette voix... C'est Siméoni, un ancien pilote militaire. L'homme était moniteur à Salon-de-Provence et a longtemps volé avec lui. Ses élèves l'appelaient « Demi-quart de bille » tant il était méticuleux sur l'enseignement qu'il délivrait. Malgré les liens qui unissent les deux pilotes, Michel ne peut lui dire la vérité... Ses consignes sont d'ameuter tout le monde en faisant le plus de bruit possible sur ce qui vient de lui arriver. Il n'est pas là pour faire des confidences aux copains.

– Est-ce que tu peux prévenir le contrôle d'Alger... ? J'ai été touché par les rebelles de Sakiet. Je rentre me poser à Tébessa.

– D'accord... Je transmets le message. Est-ce que c'est grave ?

– Oui, c'est grave mais j'en ai vu d'autres. Je vais me débrouiller.

– Fais gaffe à toi mon vieux...

Michel tient malgré tout à rassurer son ancien instructeur.

– T'inquiète pas, ça va aller. Je ne suis qu'à 50 bornes de Tébessa. L'avion devrait tenir le coup jusqu'à là-bas.

– Alors bonne chance...

Il est 10 h 55 lorsque le Flamant arrive en vue de l'aérodrome. Le terrain comporte deux pistes en croix pratiquement parallèles : la 11/29 et la 12/30.

– *Sur laquelle tu vas atterrir ?* interroge Jean-Claude.

– *Je vais prendre la 29, ça nous permettra de dégager directement vers le parking militaire. Et puis, c'est la plus longue. Dans notre situation, c'est logique de choisir celle-là...*

Car, bien évidemment, Michel a appelé la tour de Tébessa en se présentant comme un avion en détresse. Il ne sait pas si le contrôleur est dans le coup mais ça n'a aucune d'importance. L'important, c'est de jouer le jeu jusqu'au bout. Tous ceux qui écoutent les fréquences aussi bien en Algérie que de l'autre côté de la frontière doivent être persuadés que l'avion a été vraiment touché. Avec son moteur droit arrêté, cela fait plus vrai !

À 11 heures, Michel arrive donc à l'atterrissage sur la piste 29 et se pose d'autant plus facilement que son avion est en parfait état.

Il freine sans difficulté et dégage sur le taxiway.

La mission est accomplie !

Au même moment sur la base de Telerghma, une sonnerie stridente résonne dans la salle des pilotes de l'aéronavale. C'est l'alerte... Enfin ! Aussitôt, les hommes se précipitent vers leur Corsair. Après plus de six heures d'attente interminable, il est temps d'y aller...

Un peu plus loin, dans les hangars de l'armée de l'air se déroule un scénario quasi identique. Cette fois, ce sont les pilotes des Mistral qui partent en courant pour s'installer dans leur cockpit.

À 150 kilomètres de là, sur la base de Bône-les-Salines, le téléphone sonne dans la salle de la division des vols. En moins d'une minute le chef des « ops » a noté le message et se rue dans le hangar où sont rassemblés les pilotes des B-26.

– *On y va, les gars,* hurle-t-il.

L'annonce est saluée par une ovation. Après trois jours d'attente, il va enfin se passer quelque chose !

Cette fois, l'opération « Panache blanc » est lancée.

Quelques instants plus tard, Germain Chambost est à bord de son bombardier et effectue la check-list de démarrage. La *booster pump* est enclenchée...

La pression d'essence monte. Assis à côté en place droite, Antoine Joseph assiste à la procédure sans dire un mot.

Tout est OK...

C'est le moteur gauche qui doit être lancé en premier. La procédure est toujours la même : la *booster pump* est enclenchée tout en laissant le mélange essence sur « off »... Action sur le démarreur : l'énorme hélice tripale Hamilton Standard commence à tourner par à-coups... Ça chuinte, puis soudain le gros Pratt & Whitney R 2 800 tousse. Le mélange est alors placé sur « on »... Les échappements crachent un épais nuage de fumée bleue lorsque les 2 000 chevaux s'ébrouent. Un son grave et puissant résonne dans le cockpit. La puissance arrive doucement. Au niveau des échappements, la fumée s'épaissit puis disparaît peu à peu. Sur le tableau de bord, les aiguilles des contrôles moteur s'animent. Il faut attendre de longues secondes avant que le régime ne se stabilise.

– *La pression d'huile monte,* annonce Germain d'une voix claire. *On va laisser chauffer un peu.*

Tout en laissant le premier moteur prendre de la température, Germain referme les trappes de la soute à bombes. C'est la procédure. Elle permet de vérifier que les pompes hydrauliques fonctionnent normalement. Puis c'est le démarrage du moteur droit... Tout se passe normalement. Au sol, devant l'avion, le mécanicien armurier lève les mains de manière ostensible. Il montre une poignée de fils rouges. Ce sont les sécurités qu'il vient de retirer de l'armement. Pour le pilote, c'est la preuve que les bombes sont maintenant complètement prêtes.

Quelques minutes plus tard, les onze B-26 ont tous mis leurs moteurs en route. Un grondement profond résonne sur les parkings. Tout le personnel de la base peut l'entendre. Pour les pilotes, il est temps de procéder aux vérifications radio entre les appareils. Commence alors une longue litanie au cours de laquelle chacun confirme qu'il reçoit parfaitement le leader.

– *Marquis gris, check...*

– *Gris deux, 5 sur 5*

– *Gris trois, 5 sur 5.*

Puis, lorsque tout le monde s'est clairement identifié, le commandant Pierre contacte la tour de contrôle.

– *Bône, bonjour... Les Marquis gris... On a terminé la mise en route et on est prêts à rouler.*

Pierre ne donne aucune précision sur le type de mission qu'il se prépare à effectuer. De toutes les façons, la tour sait parfaitement de quoi il s'agit. Elle vient de recevoir une copie des ordres de vol. Par ailleurs, ce genre d'information ne doit pas être divulgué sur la fréquence.

– *Je vous reçois fort et clair, les Marquis... Vous pouvez rouler pour la piste 01, le vent est calme. Rappelez en arrivant au point d'attente.*

Les uns derrière les autres, les bombardiers s'ébranlent. Chargés de leurs bombes, ils roulent lentement. Pour prendre le virage en sortie du parking, certains pilotes doivent mettre de grands coups de gaz qui soulèvent des nuages de poussière grise derrière eux. On entend les énormes pneus qui cognent régulièrement en passant sur les trous.

Germain se place en neuvième position dans la colonne. Son avion cahote lourdement sur les plaques à sable.

Le pilote est plutôt calme... Comme d'habitude, dès que les avions ont commencé le roulage, le stress disparaît pour faire place à une intense concentration. Plus rien d'autre ne compte que remplir la mission du mieux possible. Il faut l'effectuer sans se poser de question. À cet instant, l'homme est loin de se douter que cette opération va être à l'origine de la chute de la Quatrième République française.

À 11 h 12, tous les avions sont arrêtés au point d'attente. Ils sont prêts au décollage. Le briefing a prévu que l'alignement sur la piste se ferait par groupes de trois appareils. Ensuite, le décollage sera individuel en conservant une minute d'intervalle entre chaque lâcher des freins. Les B-26 sont en effet beaucoup trop lourds pour pouvoir décoller en patrouille. Les turbulences de sillage pourraient les déstabiliser.

– *Confirmez que vous êtes prêts,* demande « Peter-Peter ».

– *Marquis 2 prêt...*

– *Marquis 3 prêt...*

Lorsque le onzième avion a répondu, le commandant appelle de nouveau la tour de contrôle.

– *Les Marquis, pour l'alignement et le décollage ?*

– *Marquis gris leader, vous êtes autorisé à décoller piste 01. Le vent est toujours calme... Bonne chance, les gars.*

Le premier appareil s'engage alors sur la piste. Après quelques secondes consacrées aux réglages des gyroscopes, le commandant Pierre met pleins gaz sur les deux moteurs puis lâche les freins.

L'opération « Panache blanc », vient de commencer...

Pratiquement au même instant, à Telerghma, les six Corsair de l'aéronavale demandent également l'alignement sur la piste. Ils sont chacun armés de dix roquettes HVAR[35] de 5 pouces. Juste derrière eux, les huit Mistral de l'escadron 2/8 Languedoc attendent leur tour pour décoller.

En tout, ce sont vingt-cinq appareils qui sont en train de prendre l'air dans le Constantinois. Une véritable armada dont la puissance de feu est considérable !

À Bône-les-Salines, le décollage des B-26 se poursuit au rythme d'un avion par minute. Il est maintenant 11 h 21 et c'est au tour de Germain de se préparer au décollage.

Calmement, il place son avion à gauche de la ligne blanche qui matérialise le milieu de la piste. Le numéro 10 a pris l'air depuis une trentaine de secondes. Il est en train d'entamer un large virage à gauche et sa silhouette caractéristique se découpe sur l'horizon.

Plus que quinze secondes... Sans un mot, Germain avance les deux grosses manettes de gaz à fond vers l'avant, mais ne lâche pas les freins.

Les pressions d'admission montent jusqu'à 52 pouces. Le grondement se fait plus sourd dans le cockpit. Sous la traction des deux Pratt & Whitney, l'avion se met à vibrer imperceptiblement. Un dernier coup d'œil aux paramètres :

– *Tout est dans le vert,* annonce le pilote pour lui-même.

---

35. High Velocity Air Rocket. *Ces roquettes extrêmement puissantes peuvent être tirées individuellement, par deux, par quatre ou toutes ensemble lorsque l'objectif à détruire est important.*

D'un geste précis, il déclenche le gros chronomètre fixé au centre du tableau de bord.
– *C'est parti !*
Puis il lâche les freins et l'avion accélère doucement. Quelques secondes plus tard, l'aiguille de l'indicateur de vitesse commence à bouger :
40 mph... 50... 80... 100[36]...
Germain sait qu'il ne peut pas tirer sur le manche à n'importe quel moment. Il lui faut attendre que la vitesse atteigne 150 mph[37]. Surtout ne rien faire avant... Son avion est trop lourd. En cas de panne de l'un des moteurs, il ne serait pas contrôlable. Pas vraiment conseillé de partir dans le décor lorsqu'on transporte deux tonnes de bombes !
120 mph...
De part et d'autre du pare-brise, les balises de la piste défilent de plus en plus vite. Les pressions sont stables, les aiguilles des compte-tours sont dans la zone verte.
140...
L'aiguille du badin[38] atteint enfin la valeur attendue. Par sécurité, Germain attend qu'elle augmente encore jusqu'à 160 mph. Et il tire sur le manche.
Le B-26 décolle.
D'un geste précis, Germain rentre le train d'atterrissage, il diminue la pression d'admission et règle le pas des hélices. Puis il entame un large virage à gauche au-dessus de la mer. Il lui faut maintenant rejoindre les dix premiers avions qui tournent en colonne. Réflexe de chasseur, Germain coupe instinctivement par l'intérieur du virage pour raccourcir sa trajectoire.
Un rapide coup d'œil vers la mer... Sous les ailes du bombardier, la Méditerranée défile rapidement. L'eau est incroyablement claire. Vus d'en haut, les fonds sont bien visibles. Le spectacle est superbe avec d'immenses bans de sable qui

---

36. *Le mph ou mile per hour (mile par heure) vaut 1,609 km/h. Il ne faut pas le confondre avec le nœud qui est un mille « nautique » par heure et qui correspond à 1,852 km/h. C'est le nœud qui est normalement utilisé dans les calculs aéronautiques, mais sur certains avions américains de conception ancienne, le mph reste parfois en vigueur.*
37. *241 km/h.*
38. *Indicateur de vitesse.*

apparaissent en clair et quelques rochers qui s'étirent en longues taches sombres.

Puis le B-26 survole le port de Bône et l'agglomération. On y distingue nettement la Medina et le quartier français. Deux mondes qui ne se parlent plus aujourd'hui...

Germain ne peut s'empêcher de penser qu'au moment où il survole la ville, des milliers de regards se lèvent vers le ciel. Pour certains, ces puissants avions de combat sont synonymes d'espoir. Pour d'autres, ils déclenchent le ressentiment et la haine.

11 h 23...

Après avoir survolé la ville, les avions continuent leur virage à gauche pour se stabiliser au cap 180. Il s'agit maintenant d'adopter la formation qui sera conservée jusqu'au bombardement. Comme prévu au briefing, les B-26 se placent par groupes de trois en « échelon refusé ». Ils forment trois triangles qui se suivent de près avec les deux derniers appareils un peu en retrait.

Malgré le poids de son appareil, Germain réussit à prendre sa place sans difficulté dans le dispositif... Les 4 000 chevaux réagissent bien sous sa main. Il apprécie beaucoup les immenses qualités de son gros bimoteur. Ce n'est pas le cas de tous les pilotes ! Certains ne l'aiment pas parce qu'il est difficile à maîtriser à basse vitesse. Du fait de son profil d'aile particulier, l'appareil ne pardonne pas les erreurs. En cas de panne d'un moteur, il faut absolument garder beaucoup de vitesse sous peine de partir en vrille. Tous les imprudents qui ont négligé ce paramètre capital ne sont plus là pour en parler.

En dehors de ce défaut, le B-26 possède des qualités de vol indéniables. Beaucoup affirment même qu'il a les performances d'un chasseur. Malgré sa masse imposante, ses commandes sont d'une souplesse remarquable. Il est si vif que certains pilotes se laissent parfois aller à faire de la voltige[39].

À 11 h 25, tous les B-26 ont terminé leur mise en place en

---

39. *Sans bombe à bord bien évidemment.*

formation de combat. Si les avions partaient directement vers Sakiet, il ne leur faudrait guère plus d'un quart d'heure de vol... mais ce n'est pas ce qui a été prévu au briefing. Dans un premier temps, il faut retrouver les chasseurs de Telerghma, car les vingt-cinq avions doivent arriver tous ensemble sur l'objectif. Pas question de lancer plusieurs vagues d'assaut avec des temps morts entre chaque passage. L'ennemi aurait le temps de réagir et ce serait trop dangereux.

L'ordre de passage sera le suivant : ce sont les B-26 qui frapperont en premier. Ils survoleront l'objectif à 7 000 pieds[40]. À cette altitude, ils n'ont aucun risque d'être touchés et leurs bombes causeront suffisamment de dégâts pour désorganiser les rebelles. Les objectifs les plus importants seront détruits dès le premier passage : l'ancienne mine de plomb, la briqueterie et les bâtiments qui servent de centre de formation pour les nouvelles recrues. La technique employée sera celle du « tapis de bombe ». Il s'agit de déverser un maximum d'explosifs sur une surface très restreinte en un minimum de temps.

Une trentaine de secondes après le passage des B-26, ce sera au tour des Corsair de la 12F qui lâcheront leurs roquettes HVAR.

Enfin, une minute plus tard, les Mistral débouleront dans l'arène.

Si, à l'issue de ce matraquage infernal, il reste encore des tirs de résistance dans le village, les deux B-26 armés de roquettes feront une dernière passe afin de terminer le travail.

L'avion du commandant Pierre est maintenant stabilisé au cap sud. Le rendez-vous avec les chasseurs est prévu au-dessus de Souk Ahras dans les environs du « Bec de canard ».

Il faut environ vingt-cinq minutes pour rejoindre le lieu de rassemblement. Ce délai supplémentaire permet aux navigateurs-bombardiers de demander aux pilotes d'effectuer un triangle rapide. Le but de cette manœuvre est de calculer avec précision le vent qui souffle en altitude. Impossible de taper dans le mille si on n'intègre pas le vent dans les paramètres du

---

40. *Environ 2 500 mètres.*

viseur, car il joue un rôle considérable dans la trajectoire des bombes.

À 11 h 44, Germain aperçoit des points noirs qui se détachent sur l'horizon. Ce sont les Corsair et les Mistral. Ils sont pile à l'heure.

– *On vous a en visuel les Marquis,* annonce le leader des Corsair. *Nous allons rassembler derrière vous.*

Pierre accuse réception et entame un léger virage à gauche pour faciliter la tâche des nouveaux venus.

– *Bien reçu. On vous attend...*

Ce genre de manœuvre n'est pas facile. Faire évoluer vingt-cinq avions ensemble et les regrouper rapidement en un seul dispositif exige de l'expérience. Les risques de collisions sont importants. Mais les pilotes sont des professionnels. En très peu de temps, tout le monde est en position d'attaque avec une vitesse qui se stabilise à 400 kilomètres à l'heure.

La formation se présente de la manière suivante : les B-26 maintiennent l'altitude de 7 000 pieds. Ils sont toujours en formation de bombardement par groupes de trois en colonne derrière le leader. Les Corsair se placent derrière avec un fort étagement négatif. Les Mistral se mettent encore plus loin en arrière avec un étagement négatif plus important.

Vers 11 h 47, l'avion du commandant Pierre termine son virage à gauche pour se stabiliser au cap 095. Il entraîne maintenant derrière lui une énorme patrouille de vingt-quatre appareils. À partir de maintenant, tout va aller très vite car il n'y a que 40 kilomètres entre Souk Ahras et Sakiet. La frappe sur les rebelles aura lieu dans six minutes. Stabilisé au sein des « Marquis gris », Germain Chambost se contente de garder sa position en faisant de très légères corrections aux commandes. Régulièrement, il ajuste la puissance des moteurs pour avancer ou reculer. Il vole à une dizaine de mètres sur la gauche de l'appareil numéro 7 qui lui sert de référence[41].

La technique qui va être utilisée au moment de l'attaque est

---

41. *Les avions volant en échelon, les avions numéros 8 et 9 sont en place de part et d'autre du numéro 7.*

parfaitement rodée. Pendant l'attaque, aucun mot ne sera échangé entre les avions. Le bombardement à l'horizontal se fait dans un silence radio total. Les pilotes vont procéder à un largage par « imitation ».

À 11 h 50, le leader effectue un léger battement d'ailes. Le mouvement est bref et précis. C'est le signal de mise en place. Les avions s'écartent alors très légèrement pour avoir une meilleure vision et assurer la sécurité au moment du largage. Chaque B-26 est maintenant espacé d'une vingtaine de mètres par rapport aux autres.

Le village est en vue... De loin, ce n'est qu'une petite bourgade d'apparence inoffensive. Certains pilotes découvrent le site pour la première fois puisque jusqu'ici seuls les Flamant du GOM 86 étaient autorisés à survoler la frontière.

Malgré l'altitude, Germain a le temps d'apercevoir une immense cheminée qui jouxte l'entrée de la mine. C'est son objectif principal ! Il n'a pas le temps d'en voir davantage car le leader vient d'ouvrir ses trappes de soute. Aussitôt, l'avion numéro 2 fait de même. Par imitation, toutes les trappes à bombes s'ouvrent au sein de la formation.

Le moment fatidique approche. Il est temps d'armer les racks de largage.

– *Racks armés*, annonce Germain pour lui-même...

À partir de maintenant, les bombes sont prêtes à partir. Il suffit d'appuyer sur un petit bouton rouge situé sur la partie gauche du volant... Tout le monde attend le signal !

Dans l'avion du leader, le navigateur-bombardier a terminé ses calculs. C'est de lui, et de lui seul, que va dépendre la précision du bombardement. C'est une responsabilité écrasante... L'œil collé au viseur Norden, il voit l'objectif approcher et donne des instructions pour faire modifier le cap :

– *Un degré à gauche...*
– *Ne touche à rien...*
– *Deux degrés à gauche...*
– *Continue comme ça.*
– *Reviens un peu à droite.*

Immédiatement, le commandant Pierre obéit. Pour l'aider

dans sa manœuvre, le viseur Norden lui envoie également des indications sur le tableau de bord à l'aide du *pilot directing indicator*[42]. Il faut réagir rapidement pour que l'avion suive exactement la trajectoire demandée. Mais ses mouvements doivent également être très souples car les autres avions doivent pouvoir suivre sans difficulté.

Puis soudain, le leader arrive à la verticale de l'objectif. Aussitôt le navigateur donne le signal.

– *Attentioooon... Top largage !!*

Pierre appuie alors sur le bouton. Aussitôt, les quatre énormes bombes se libèrent de la soute.

Quelques mètres en arrière, les autres pilotes voient les engins tomber dans le vide. Pour eux, c'est le signal.

– *Top largage,* murmure Germain en appuyant sur le bouton rouge.

Au même moment, deux crochets s'ouvrent au-dessus des anneaux de suspension qui maintenaient les bombes. Celles-ci tombent de la soute arrachant d'elles-mêmes les épingles de sécurité enfoncées dans les fusées d'ogive et de culot. Ces longs fils bloquaient les petites hélices d'armement qui se mettent aussitôt à tourner librement dans le vent. Leur rotation active le détonateur. Jusqu'ici, les bombes étaient inertes. Au cinquantième tour, le mécanisme s'enclenche.

Ce sont maintenant des engins de mort !

Il ne faut que douze secondes pour que les onze avions larguent leurs 22 tonnes de bombes... Allégés de ce poids considérable, ils reprennent brusquement de l'altitude.

De par sa position en arrière de la formation, Germain a le temps de voir les chapelets de bombes dégringoler dans le vide. La plupart restent parfaitement stables mais quelques-unes semblent complètement folles. Prises dans les remous d'air, elles se mettent à battre du nez comme si elles tentaient de remonter vers le ventre qu'elles viennent de quitter. Difficile d'imaginer que chacune d'elles pèse le poids d'une

---

42. *Instrument comportant une aiguille qui bascule à droite ou à gauche suivant la correction que le pilote doit effectuer pour arriver au-dessus de l'objectif.*

petite voiture. Ce spectacle hallucinant restera gravé à jamais dans la mémoire du pilote.

La camarde se précipite sur le village avec un sifflement sinistre.

Toujours pas un mot à la radio... Une fois le largage terminé, l'avion de tête referme ses trappes. Aussitôt, les autres appareils font de même. Puis toute la formation met le cap vers le nord en direction de Bône...

C'est à ce moment qu'un phénomène effrayant se produit...

Un grondement sourd monte du sol. Il remonte jusque dans les avions couvrant pratiquement le ronflement des moteurs. C'est un énorme orage qui semble se lever brutalement. Le son est grave et métallique comme un tocsin qui claquerait dans le lointain : les ondes de choc ! Elles sont ressenties jusque dans les B-26.

Sans réfléchir, Germain se penche vers son pare-brise latéral pour observer ce qui se passe au sol.

Il ne devrait pas agir ainsi... Toute son attention devrait être focalisée sur sa place dans la formation et pourtant il ne peut s'en empêcher. Il aperçoit alors la cheminée de la mine qui semble se soulever de terre. Pendant une fraction de seconde, elle reste suspendue au-dessus du sol. Puis, dans un nuage de poussière impressionnant, elle retombe et disparaît en minuscules fragments.

Un peu partout, des geysers de terre remontent très haut vers le ciel cernés par les ondes de choc parfaitement visibles au moment des impacts.

Sur le moment, Germain n'a pas conscience de ce qui se passe au sol. Il est un jeune pilote de combat. Ce n'est qu'un superbe coup au but. Vu de là-haut, personne ne songe que ce sont des dizaines d'êtres humains qui viennent de mourir.

Au sol, c'est l'apocalypse... Les explosions en cascade déclenchent des scènes de panique. Des dizaines de rebelles sont tués sur le coup.

Mais il y a également des civils, des femmes, des vieillards et puis surtout des enfants qui sortaient tout juste de l'école. Une bombe frappe également une ambulance du Croissant-Rouge.

Son chauffeur tentait d'échapper au carnage. Le véhicule est pulvérisé.

Tous les B-26 rentrent à Bône-les-Salines à l'exception des deux derniers appareils équipés de roquettes qui font quelques passages pour terminer le travail. Les dommages que causent les HVAR sont terribles car chacun de ces engins a la puissance d'un obus de 155 mm.

Tébessa. 12 h 15...
Pendant de temps-là, Michel Perchenet se trouve toujours à Tébessa. Respectant son ordre de mission, il a immédiatement garé son avion sur un parking militaire isolé.

L'état-major de Constantine a interdit à quiconque d'approcher du Flamant. Moins on en saura sur cet appareil et mieux ce sera. Comment pourrait-on expliquer que le pilote a lancé un SOS alors que son appareil n'a pas la moindre éraflure ?

Pourtant, la rumeur enfle rapidement parmi les contrôleurs et les techniciens de l'aéroport. Nombreux sont ceux qui veulent discuter avec cet équipage qui s'est échappé de l'enfer. Il est rare qu'un avion touché par les rebelles vienne se poser à Tébessa. On raconte que l'avion a atterri avec les pneus crevés. Certains prétendent qu'il avait une aile en feu !

Le premier curieux qui souhaite voir l'appareil est un colonel parachutiste en visite sur la base. L'homme s'appelle Marcel Bigeard et sera quelques années plus tard ministre de Valéry Giscard D'Estaing... Bigeard n'est absolument pas au courant du plan du Gatac de Constantine et sa première réaction est évidemment de demander s'il peut jeter un coup d'œil sur cet avion. Il voudrait féliciter le pilote.

Problème !

Malgré le prestige dont jouit Marcel Bigeard, le commandant de la base lui oppose un refus catégorique.

– *Désolé mon colonel, j'ai des ordres. Il est strictement interdit d'approcher de cet appareil...*

Bigeard semble un peu étonné par cette mesure inhabituelle, mais c'est un militaire parfaitement discipliné. Il n'insiste pas !

De toutes les façons, Michel Perchenet n'a pas beaucoup de temps. À peine ses moteurs coupés, il appelle le mécanicien de piste :

– *Tu vérifies mon taxi et, si tout est OK, tu me refais les pleins. Je repars le plus vite possible pour Telerghma.*

Le mécano a du mal à croire ce qu'il vient d'entendre.

– *Vous repartez ?*

– *Oui, tout de suite.*

– *Heu... bien, mon lieutenant.*

Car la mission de Michel n'est pas terminée.

Son ordre de mission prévoit qu'il doit repartir immédiatement en vol. La nouvelle mission de Michel est d'aller évaluer les résultats de l'attaque. Il doit ramener des clichés.

Vers 12 h 20, Michel est donc de nouveau en vol et arrive à la verticale des douanes de Sakiet. Les derniers assaillants sont partis depuis à peine quelques minutes. L'opération « Panache blanc » a fait de tels ravages au sol que Michel est très impressionné. Au moment où il passe à la verticale du village, rien ne bouge. Aucun tir de mitrailleuse ne se déclenche. Tout a été détruit.

En prenant son temps, Michel fait des prises de vue à l'aide d'un appareil photo que lui a fourni l'armée de l'air et dont il doit comptabiliser les pellicules.

Ces photos seront transmises le lendemain à la presse française qui les publiera presque intégralement. On y voit le village en ruines sous plusieurs angles soigneusement choisis par le service de communication de l'état-major.

Pour commenter ces documents exclusifs, l'armée fournit un communiqué de presse. On y apprend que cette opération de représailles a été menée suite à des tirs contre un Marcel Dassault Flamant. L'avion a été touché dans le moteur droit. Pour être plus convaincant, les militaires fournissent des détails très précis sur les dommages : il y a eu plusieurs trous dans l'aile, un pneu a été crevé par des projectiles et le pilote aurait réussi à poser son avion sur une seule roue.

Certaines photos montrent même l'aile d'un Flamant criblée de balles. Cette belle histoire n'est pas exacte mais pas complètement fausse non plus car les photos proviennent de l'avion de Michel touché deux jours plus tôt.

Le bilan officiel de l'attaque fait état de soixante-dix-neuf morts dont douze enfants. Leur école a été rasée... Il y a également près de cent blessés.

Les réactions sont très dures... C'est bien évidemment en Tunisie qu'elles sont les plus violentes. Deux heures après le bombardement, le président Habib Bourguiba fait expulser les consuls français de cinq grandes villes tunisiennes. Fou de rage, il exige le départ immédiat des quinze mille militaires français encore présents sur la base maritime de Bizerte.

À travers la Tunisie, les boutiques baissent leur rideau en signe de deuil. Des banderoles sont tendues dans les rues pour soutenir le président. Des hordes de manifestants viennent hurler leur haine sous les murs des casernes.

Au fil des heures, la crise prend une ampleur que personne n'aurait soupçonnée. Les PTT tunisiens décident de couper toutes les communications téléphoniques avec les casernes françaises. Brutalement, les militaires sont totalement isolés du monde. Ils ne peuvent plus quitter leurs cantonnements. Des obus de mortiers tombent sur les bâtiments où sont réfugiés les soldats.

La situation est grave.

L'ONU s'en mêle. Une mission de bons offices anglo-américaine est dépêchée sur place pour tenter d'éviter le pire.

Du côté diplomatique, la situation n'est guère plus brillante. La France se retrouve brusquement au banc des accusés. Des dizaines de messages de protestations affluent au Quai-d'Orsay...

La presse n'est pas plus clémente. Le lendemain du bombardement, les journalistes ne manqueront pas de critiquer la barbarie d'une telle attaque. Rares sont les journaux qui souligneront qu'il s'agit d'un acte de légitime défense. Seul *Jours de France* prendra ouvertement fait et cause pour l'intervention à Sakiet. Le journal reprend la version officielle de l'armée. Il ne s'agirait pas d'une mise en scène comme certains voudraient le faire croire. Les bombardiers se seraient trouvés par hasard

PROVOCATION À « SAKIET »

dans le secteur de Sakiet et on les aurait appelés à l'aide pour aider le Flamant à se dégager. Personne ne croit à cette thèse.

Le mot « provocation » est sur toutes les lèvres...

La presse d'opposition met en avant les nombreuses victimes parmi la population civile. Après avoir gagné une manche sur le terrain militaire, l'armée française réalise qu'elle ne fait pas le poids face à la propagande adverse. Pour l'URSS et les pays arabes qui soutiennent la cause des rebelles algériens, le raid sur Sakiet Sidi Youssef est une véritable aubaine. La France est montrée du doigt comme un pays « colonialiste, brutal et sanguinaire ».

Dans le domaine de la politique intérieure, Sakiet est également un séisme. L'affaire est évoquée à l'Assemblée nationale. Il y a un débat parlementaire au cours duquel l'opposition demande que le gouvernement soit censuré. Il s'ensuit une crise politique majeure.

Les événements de Sakiet tétanisent tous les esprits. Des manifestations éclatent dans les rues de Paris. Certaines dégénèrent en véritables affrontements.

Au fil des jours, la crise algérienne prend une telle ampleur que le général de Gaulle est rappelé au pouvoir.

C'est la fin de la Quatrième République.

PHOTOS AU-DESSUS DE LA BOSNIE

Mer Adriatique.
15 avril 1994...

Avec la disparition du maréchal Tito, la Yougoslavie a littéralement explosé... Seules la poigne de fer et l'habileté politique du vieux maréchal pouvaient fédérer cette multitude de peuples qui ne parlent pas la même langue, n'ont pas la même religion ni les mêmes coutumes. Dès la mort de Tito, les haines ancestrales ressurgissent et le pays se morcelle en une mosaïque d'États rivaux : la Slovénie, la Croatie, la Macédoine, la Bosnie-Herzégovine, le Kosovo, la Voïvodine, le Monténégro. Tous veulent leur indépendance.

C'est en Bosnie que les choses se passent le plus mal.

Le 1er mars 1992, la Bosnie-Herzégovine organise un référendum. Le résultat est sans appel : 99,4% des participants sont favorables à l'indépendance.

Le 7 avril, la Communauté européenne et les États-Unis reconnaissent ce nouvel État... Le 22 mai, la Bosnie est admise au sein de l'ONU...

On pourrait penser que, forts de cette légitimité internationale, les Bosniaques soient tirés d'affaire... Il n'en est malheureusement rien. Le grand voisin serbe refuse d'être mis devant le fait accompli. Le président Slobodan Milosevic se moque totalement de l'opinion des Occidentaux. Pour lui, la perte de cette province représente l'écroulement d'un rêve : il n'y aura pas de « Grande Serbie ». C'est une catastrophe nationale car la Bosnie joue un rôle important dans l'économie du pays, ne serait-ce que parce qu'elle abrite les deux tiers des usines d'armement de l'ex-fédération yougoslave. Un sentiment « ultranationaliste » déferle sur la Serbie. L'armée soutient Milosevic. L'opinion publique et les médias sont également derrière lui : la Bosnie ne doit en aucun cas être indépendante...

Commence alors une guerre terrible... Grâce à la présence d'une minorité serbe sur le territoire bosniaque, Milosevic dispose d'un atout stratégique considérable. Des centaines de milices paramilitaires sont créées pour semer la terreur à travers le pays. L'armée yougoslave leur fournit des armes et une logistique importante. Chaque jour, un véritable arsenal franchit la frontière afin d'équiper des hordes de brutes.

Pour le peuple bosniaque, c'est le début du martyr.

Bien que les Serbes soient minoritaires, ils créent une nouvelle entité sur le territoire bosniaque : la République serbe de Bosnie. Radovan Karadzic en devient le président autoproclamé.

L'armée gouvernementale bosniaque ne fait pas le poids contre les milices de Milosevic. Mal entraînée et sous-équipée, elle ne peut contenir les assaillants qui occupent rapidement plus de la moitié du territoire. La JNA[1] investit les banlieues. Elle encercle les grandes villes. En quelques mois, le pays est à feu et à sang.

Toute la puissance militaire de Belgrade est mise en œuvre pour obliger la Bosnie à revenir dans le giron du « grand frère ».

Sarajevo, la capitale bosniaque, est prise en tenailles. Toutes

---

1. *L'ex-armée yougoslave.*

les routes d'accès sont coupées. Depuis les montagnes, le général Radko Mladic pilonne la ville avec son artillerie lourde. Ses snipers s'infiltrent dans les immeubles en ruines et abattent les civils qui passent à leur portée. Il s'agit de faire du « nettoyage » systématique : femmes, enfants, vieillards sont tués sans état d'âme. Une politique de purification ethnique est menée pour éliminer tous ceux qui ne sont pas Serbes. Des camps de détention sont créés à travers le pays. En réalité, ce sont des centres d'extermination dignes des pires moments de la Seconde Guerre mondiale. En plein cœur de l'Europe, des actes d'une barbarie inouïe sont perpétrés : assassinats, viols, massacres collectifs[2]...

La communauté internationale tente de s'interposer... Elle n'y parvient pas. Les Casques bleus sont impuissants. Ils sont même parfois les victimes des snipers serbes...

Fin janvier 1993, face à la dégradation de la situation, la France prend l'initiative de déclencher la mission « Balbuzard »[3]. Elle envoie un groupe aéronaval en mer Adriatique. Il comprend le porte-avions *Clemenceau* et plusieurs bâtiments dont le *Jean-Bart* et *La Marne*. Ce groupe restera en place au large de la Croatie pendant plusieurs mois et effectuera des patrouilles aériennes. C'est au cours de l'une de ces sorties que les événements suivants sont arrivés.

Mission 6C 1508...

Le 15 avril 1994, Pierre Clary[4] et Jean-Michel Cloarec[5] doivent effectuer un vol de reconnaissance au-dessus de la Bosnie. Ils voleront à bord des Étendard n°115 et 107. Leur indicatif radio sera « Pirate 03 »[6]. On leur demande de ramener des

---

2. *Le président de la Fédération de Yougoslavie Slobodan Milosevic est aujourd'hui accusé par le Tribunal pénal international. Les charges retenues contre lui sont : génocide, crimes contre l'humanité, violations des Conventions de Genève et des lois de la guerre en Bosnie. L'acte d'accusations stipule qu'il aurait « planifié, incité à commettre, ordonné, commis ou de toute autre manière aidé et encouragé à planifier la destruction en tout ou en partie des groupes nationaux, ethniques, raciaux, ou religieux Musulmans et Croates de Bosnie ».*
3. *Ce dispositif est commandé par le contre-amiral Witrand.*
4. *Capitaine de corvette. Nom de guerre : Foster.*
5. *Enseigne de vaisseau. Nom de guerre : Jim.*
6. *« Pirate » est l'indicatif radio de la flottille 16F.*

clichés aussi précis que possible des positions d'artillerie serbes qui pilonnent les grandes villes bosniaques. Les deux pilotes survoleront donc Sarajevo puis iront à Rogatica et termineront par Gorazde. Ce n'est pas la première fois que des avions français vont survoler l'ex-Yougoslavie. Depuis le début des hostilités, près d'un millier de vols ont déjà été effectués, mais ce jour-là les choses vont mal tourner.

Le vol du 15 avril est une mission de reconnaissance comme l'aéronavale en réalise régulièrement. En fait, c'est une forme d'espionnage qui permet de suivre l'évolution de la situation sur le terrain. Ces photos sont d'une importance capitale pour les états-majors car elles permettent de préparer une éventuelle riposte. Car les opinions occidentales s'impatientent... L'ONU est humiliée. Le drame que vit la Bosnie révolte le monde entier. Jour et nuit, les canons serbes martyrisent les habitants de Sarajevo. Les Occidentaux veulent connaître avec précision la position de cette artillerie lourde. Il faut savoir quels types de canons sont utilisés, évaluer leur portée et leur puissance de destruction. Il faut également comptabiliser le nombre de chars qui sont dissimulés dans les sous-bois et peuvent à tout moment déferler sur la ville.

Le travail des avions français est semblable à celui d'un satellite espion. Ils possèdent d'ailleurs la même résolution photographique. La seule différence réside dans le fait que ces missions sont très dangereuses, car les pilotes risquent leur vie en survolant des zones de guerre à basse altitude.

La mission de Pierre Clary et Jean-Michel Cloarec va se faire avec deux Étendard IV P M[7], des chasseurs supersoniques embarqués sur le porte-avions *Clemenceau*. Chaque appareil est équipé de six caméras Oméra avec focales de 200 millimètres et 150 millimètres. Trois caméras sont situées dans la pointe avant[8] de l'avion et trois sont encastrées sous le fuselage[9]. Ces

---

7. *La lettre « P » signifie photographie. « M » signifie mise à niveau. C'est la version la plus élaborée des Étendard IV P.*
8. *La caméra nasale prend des clichés vers l'avant, c'est la N1. Les deux autres prennent des clichés latéralement, ce sont les R2 et L3.*
9. *Une caméra prend des photos verticales, c'est la V6. Les deux autres prennent des photos latérales, ce sont les L4 et R5.*

systèmes de prises de vue sont parmi les plus sophistiqués du monde. Malgré la vitesse du chasseur qui approche 1 000 kilomètres à l'heure, ils peuvent réaliser des clichés d'une précision parfaite.

Les avions ne sont pas armés. Pas de canon, pas de bombe... En outre, ils n'ont pas de radar. Pour se protéger, ils ne peuvent compter que sur leurs défenses passives qui brouillent les guidages des missiles. Ces systèmes électroniques sont composés d'un Barracuda[10] et de plusieurs ensembles de lance-cartouches qui envoient des leurres. En cas de menaces, l'Étendard largue derrière lui des fusées qui dégagent de la chaleur et trompent les missiles à guidage infrarouge. Encore faut-il que le missile ait été repéré au moment de son lancement ! Ce n'est pas toujours le cas. La Bosnie est une région très montagneuse. Il y a des forêts partout. Rien à voir avec le désert irakien. Les Serbes ont à leur disposition de milliers de caches naturelles qui permettent de dissimuler des rampes de missiles.

Pour faire de bonnes photos, les Étendard doivent voler à l'altitude de 5 000 pieds[11]. C'est très bas. En outre, il n'est pas facile de se stabiliser à la bonne hauteur lorsqu'on vole en montagne. Les chasseurs sont souvent amenés à monter et descendre pour épouser les courbes du relief. S'ils volent trop haut, les photos seront de mauvaise qualité. S'ils sont trop bas, ils risquent de se faire « shooter ». Il faut donc être très vigilant. En fait, malgré les progrès de l'électronique, un des meilleurs moyens pour repérer le départ d'un missile reste la surveillance visuelle. La technique est des plus simples : les deux appareils volent en formation « de front »[12]. Ils se placent à un kilomètre l'un de l'autre et chaque pilote regarde vers le sol pour essayer de repérer une traînée blanche qui trahirait le lancement d'un missile contre son collègue. À la moindre trace

---

10. *Le Barracuda est un système détecteur et brouilleur à bruit destiné à l'autoprotection de l'avion.*
11. *Environ 1 700 mètres.*
12. *Aucun avion ne se trouve devant l'autre. Les axes de tangage sont confondus. Lorsque la distance est réduite, c'est une formation difficile à tenir.*

suspecte, les avions lâchent des leurres et partent en virage serré. Bien évidemment, les escarpements du relief ne favorisent pas ce repérage visuel mais c'est une méthode qui se révèle souvent efficace.

Le déroulement de la mission

Il est 14 h 41… Pierre Clary et Jean-Michel Cloarec sont installés dans le cockpit de leur Étendard. Visière du casque baissée, oxygène branché, check-list effectuée, les deux hommes viennent de mettre leur réacteur en route. Ils sont prêts au départ. Un dernier coup d'œil vers le ciel : une petite couche de stratocumulus traîne aux environs de 1 500 pieds. Au-dessus, ça semble clair. C'est une météo plutôt moyenne pour effectuer ce genre de mission.

Les volets des avions sont baissés. Quelques minutes plus tôt, le *Clemenceau* s'est placé face au vent. La puissance des chaudières a été sensiblement poussée afin d'augmenter la vitesse du bateau. Il est important que le vent sur le pont soit le plus fort possible afin de faciliter l'envol des appareils[13].

Les deux Étendard IVP M avancent dans leurs marques… On accroche l'élingue qui va les propulser dans le ciel. Pierre Clary jette un regard machinal vers la mer, elle est grise mais la houle n'est pas formée. L'appontage au retour ne devrait pas poser de problèmes.

Pierre porte la main à son casque dans un salut réglementaire. C'est le signal pour montrer qu'il est prêt. Aussitôt, le « chien jaune » abaisse son drapeau et la vapeur est libérée dans la catapulte.

Comme d'habitude, l'accélération est fantastique… En quatre secondes, les avions sont en vol.

Quelques instants plus tard, les Étendard mettent le cap en direction de la côte croate à une centaine de kilomètres à l'est du *Clemenceau*. La route prévue les fera passer au nord-ouest de la ville côtière de Dubrovnik.

---

13. Quelle que soit la destination du porte-avions, celui-ci se place toujours face au vent lorsqu'il y a des catapultages.

À la vitesse de 900 kilomètres à l'heure, il faudrait environ six minutes pour arriver au niveau de la terre ferme. Pourtant, avant d'accélérer, les chasseurs doivent procéder à un premier ravitaillement en vol pour compléter le carburant consommé pendant le catapultage. Cela permettra aux pilotes d'être parfaitement tranquilles une fois sur leurs objectifs[14]. Ce premier « ravito » ne devrait pas durer très longtemps. À peine six minutes par avion, car ils n'ont brûlé que 700 kilos de kérosène chacun. Tout en mettant le cap en direction de « la Nounou », Pierre Clary change de fréquence radio. Il doit prévenir les Américains que des avions français vont débuter un ravitaillement en vol.

À 14 h 46, il établit un premier contact avec *Shotgun*. C'est un navire de l'US Navy qui gère le début et la fin de chaque mission des avions occidentaux.

– *Shotgun, this is Pirate 03... Just airborne from the carrier... How do you read ?*

La réponse du bateau américain est immédiate.

– *Reading you 5, Pirate. Go ahead !*

– *We are now proceeding to the tanker for refueling.*

– *Roger Pirate 03, proceed as cleared*[15].

L'opération de ravitaillement doit se dérouler à l'altitude de 20 000 pieds à mi-chemin entre le porte-avions et la côte croate. Le pilote aux commandes du ravitailleur attend exactement à cet endroit. Il s'appelle Determan. C'est un Allemand en échange dans l'aéronavale.

– *Visuel sur « la Nounou »*, annonce Pierre en venant se placer dans les 6 heures de l'avion ravitailleur.

---

14. Pour ravitailler ses avions, la Marine Nationale aime travailler de manière autonome. Elle utilise donc ses propres « nounous » : des Super Étendard spécialement équipés pour le ravitaillement. Ceux-ci sont toujours en vol au départ et au retour des chasseurs au cas où l'un d'eux serait « short fuel ».

15. – Shotgun, ici Pirate 03. On vient de décoller du porte-avions. Comment vous nous recevez ?

– On vous reçoit 5, Pirate. Allez-y.

– On se dirige maintenant vers le tanker pour un ravitaillement.

– Bien reçu ? Procédez selon les ordres que vous avez reçus.

NB : Dans l'aéronavale, tous les messages radio échangés avec un contrôleur (qu'il soit de nationalité américaine ou française) sont effectués en langue anglaise. Pour la commodité de la lecture de ce texte, les conversations seront par la suite reproduites en français.

Les appareils se rapprochent. Pour le rassemblement, la vitesse est réduite à 280 nœuds[16] et quelques instants plus tard, la perche de Pierre vient s'emboîter dans le panier de « la Nounou ». À cet instant, les trois avions ont le cap en direction de l'île Otok Mlet.

À 14 h 56, le ravitaillement est terminé et Pierre Clary change de fréquence pour passer avec « Magic 56 ». Encore les Américains... Cette fois-ci, c'est un Awacs[17]. C'est lui qui gère les entrées et les sorties des « corridors » vers la Bosnie. Les règles de survol du territoire sont extrêmement strictes. Tous les avions, quels qu'ils soient, doivent être identifiés par l'avion radar. Impossible de poursuivre une mission sans l'autorisation des contrôleurs à bord. Ce sont des gendarmes qui veillent à ce qu'aucun avion ennemi ne prenne l'air. Bien que l'Awacs soit en vol au-dessus de l'Italie, son radar géant voit tout ce qui vole dans un rayon de 700 kilomètres autour de sa position. Si un intrus pénétrait l'espace interdit, il ne faudrait que quelques minutes pour donner l'alerte et envoyer des chasseurs à sa rencontre. Alors qu'ils arrivent à 40 kilomètres de la première « porte » du corridor, les deux Étendard français appellent donc l'Awacs.

– *Magic 56, ici Pirate 03, on approche de la porte 4...*

– *Roger Pirate, poursuivez vers la « gate » numéro 4 et procédez selon les ordres...*

– *Roger 56, on poursuit.*

Les chasseurs sont maintenant un écho parfaitement identifié sur les radars américains. Ils peuvent s'engager au-dessus de l'ex-Yougoslavie. Dans un premier temps, ils volent à 19 000 pieds. À cette altitude, ils sont à l'abri de la plupart des missiles sol-air yougoslaves, mais restent malgré tout en formation de surveillance. Mieux vaut être prudent et ne pas s'exposer inutilement tant que la mission photo n'est pas commencée.

---

16. 520 km/h.
17. Airborne Warning and Control System. Quelques mois après ces événements, l'avion radar américain sera remplacé par un Awacs de l'armée de l'air française dont l'indicatif est « Cyrano ».

Quelques minutes plus tard, les appareils sont au sud-est de Mostar. La mince bande de territoire croate est derrière eux.

Devant, c'est la Bosnie...

À 14 heures, les avions arrivent à l'entrée du corridor qui mène à Sarajevo. C'est le moment de prendre un dernier contact avec Bookshelf, un avion américain en position au-dessus du territoire. Il faut le contacter afin de lui signaler tout détail suspect au sol qui mériterait qu'on envoie une patrouille d'appui feu. Sa fréquence UHF est 260.1[18].

– *Bookshelf, ici Pirate 03, on vient de passer verticale de la « gate » numéro 4. On poursuit vers l'objectif.*

– *Bien reçu les Pirates, rappelez quand vous serez de retour. Gook luck and take care !*

– *On va essayer !!!*

À partir de cet instant, la mission de reconnaissance commence véritablement. Pierre procède alors à la dernière check-list avant de survoler un territoire hostile. Il annonce à l'attention de son équipier :

– *Intercom sur « fermé »...*

– *Reçu... « Sur fermé ».*

La fermeture du robinet « intercom » est une mesure de sécurité. Tous les réservoirs de carburant sont maintenant isolés les uns des autres. Si un obus perçait un trou dans l'avion, seul le réservoir déchiré se viderait. En supposant, bien évidemment, qu'il n'ait pas explosé avant !

Pierre poursuit :

– *BF[19] sur « on »... Sécurité armement LC3[20] sur « on »... Barracuda sur « veille »...*

Puis ce sont les instructions de vol :

– *On quitte la formation de surveillance et on passe en formation de manœuvre à droite.*

---

18. *Initialement, ce texte indiquait les fréquences exactes utilisées ce jour-là par les avions de l'aéronavale. Il se trouve qu'un grand nombre de ces fréquences sont encore utilisées aujourd'hui dans la marine. Ces renseignements très sensibles ont été finalement retirés du texte. La marine n'aurait certainement pas apprécié de voir des paramètres confidentiels publiés ! Seules les fréquences qui ne sont plus en service aujourd'hui ont été conservées. Celle de Bookshelf en fait partie.*
19. *Basse fréquence. Permet de détecter si l'avion est illuminé par le radar d'un missile.*
20. *Lance-leurres.*

Aussitôt, l'équipier recule de quelques dizaines de mètres par rapport au leader… La formation de surveillance permettait de repérer les départs de missiles, mais elle handicapait les pilotes par son manque de mobilité. C'est la raison pour laquelle Pierre vient d'ordonner un changement de formation. Cette nouvelle configuration permet aux avions de bouger plus facilement l'un par rapport à l'autre. Chaque pilote peut maintenant assurer sa sécurité au milieu des sommets. Il peut également se placer au bon endroit pour prendre les photos.

À mesure que les Étendard progressent vers l'intérieur du territoire bosniaque, la météo se dégrade sensiblement. Peu après avoir passé la verticale de Konjik, le sol disparaît sous des bans de stratocumulus collés au flanc des montagnes. Bien qu'on soit au mois d'avril, de gros nuages s'amoncellent vers le nord. On dirait qu'il va neiger.

Cela n'empêche pas les chasseurs de poursuivre leur route vers leur premier objectif. Les minutes passent.

À 15 h 02, Pierre jette un coup d'œil sur sa carte. Ils sont maintenant au-dessus de la vallée de la Neretva. C'était autrefois une des régions les plus prospères de Bosnie. La guerre y a fait des ravages épouvantables. On n'y trouve plus aujourd'hui que des façades criblées de balles, des maisons en ruines et des champs ravagés… La capitale n'est plus qu'à 60 kilomètres droit devant… Tout va aller très vite à présent.

Pierre effectue un battement d'aile. C'est le signal convenu au briefing pour faire comprendre à son ailier qu'il est temps de commencer la descente. Les choses sérieuses commencent !

La voix de Cloarec résonne aussitôt dans ses écouteurs. Il semble parfaitement calme.

– *Roger… Je te suis…*

Le régime du réacteur est réduit imperceptiblement et l'aiguille de l'altimètre commence à défiler. Dans un premier temps, les avions quittent 19 000 pieds pour descendre à 8 000. Ils vont se stabiliser à cette altitude pendant quelques minutes. Ce n'est que lorsqu'ils arriveront vraiment à proximité du premier objectif qu'ils plongeront au plancher pour faire leurs photos.

PHOTOS AU-DESSUS DE LA BOSNIE

À 15 h 06, Clary confirme la position à son équipier :
– *On est à 10 nautiques de la « porte » numéro 3. On descend maintenant à 5 000 pieds.*

À cet instant, Sarajevo n'est plus qu'à 40 kilomètres. L'objectif approche. Il s'agit de photographier une batterie d'artillerie située à 18 kilomètres au sud de la capitale. Si Pierre connaît la position approximative des canons, le passage ne sera cependant pas facile car il n'a droit qu'à un seul essai. Pas question de rater son coup et de faire demi-tour.

15 h 10... Les deux Étendard sont maintenant stabilisés à 5 000 pieds. Les réacteurs tournent à 8 100 tours/minute et la vitesse avoisine les 930 kilomètres à l'heure.

Alors que les avions approchent du but, Pierre contacte l'aéroport de Sarajevo sur la fréquence VHF 118.25[21]. Bien qu'on soit en guerre, il va transiter avec la tour comme un avion d'aéro-club traversant une zone fréquentée.

L'aéroport est situé à 10 kilomètres à l'ouest de la ville. C'est l'un des rares endroits de la capitale qui soit vraiment sous le contrôle des Occidentaux. Depuis le début des hostilités, le trafic des avions civils est inexistant. Aucune compagnie aérienne ne veut prendre le risque d'atterrir en Bosnie. Les seuls appareils qui s'y posent sont des avions de transport militaire qui apportent de l'aide humanitaire et la logistique des Casques bleus.

Il faut malgré tout s'assurer qu'il n'y a pas de risques d'interférence avec un avion en finale.

– *Sarajevo de Pirate 03, bonjour messieurs...*
– *5 sur 5 Pirate 03, allez-y !*

Pierre ne peut retenir un sourire. Le contrôleur parle l'anglais avec un accent plutôt chantant. Ça sent bon la Provence. En fait, la tour de Sarajevo est tenue par des militaires français qui viennent pour la plupart de la base d'Istres et cela s'entend.

– *On est à 25 nautiques de la ville sur la radiale 320 à 5 000 pieds,* poursuit Pierre. *On va faire un passage dans le sud en*

---

21. *Fréquence publiée.*

gardant notre cap actuel. Est-ce que vous avez du trafic dans le coin ?

– Négatif, Pirate 03… Pas de trafic à vous signaler. Vous pouvez évoluer à votre convenance. Rappelez en quittant la zone.

– Bien reçu Sarajevo, on vous rappellera en sortie de zone.

Premier objectif

À 15 h 13, les deux chasseurs arrivent en vue de leur premier objectif. Pierre vérifie une dernière fois qu'il est au cap 140… C'est l'axe de passage prévu au briefing. Il stabilise son avion, maintient soigneusement son altitude et appuie sur le poussoir de son manche. Sur les autres chasseurs, cette « gâchette » est normalement utilisée pour le tir au canon mais l'Étendard IV P n'est qu'un chasseur d'images. Ses armes sont des appareils photos.

Aussitôt, un voyant vert se met à clignoter sur le tableau de bord… Ce sont les caméras « pointe avant » et « ventrales de gauche » qui tournent[22]. Elles enregistrent des milliers d'informations capitales. Tout en filmant, Pierre scrute le sol qui défile sous ses ailes. C'est un paysage de montagnes boisées qui n'a pourtant rien à voir avec la Suisse. On est dans les Alpes dinariques. Les Balkans ne sont pas loin. Pas de trace de chalets ou de routes soigneusement entretenues. La plupart des voies de communication sont des chemins de montagne.

Tout semble désert.

Ce n'est qu'une illusion. Des centaines de soldats serbes sont dissimulés quelque part dans les forêts. Impossible de les apercevoir du premier coup d'œil mais ils sont là, c'est sûr. Pendant une fraction de seconde, Pierre parvient à distinguer quelque chose qui ressemble à l'affût d'un quadritube. Un ZSU 23-4… Ces canons antiaériens sont très répandus dans les pays de l'ancien bloc de l'Est. Équipés d'une conduite de tir par radar, ce sont des armes terribles auxquelles aucun pilote n'a envie d'aller se frotter. Il ne voit pas de pièces d'artillerie lourde. Pourtant, son instinct lui souffle qu'il est au bon endroit. Les

---

22. *Caméras L3 et L4.*

obus qui massacrent chaque jour des dizaines d'innocents partent de ces collines.

La prise de photos se termine... À plus de 900 kilomètres à l'heure, l'opération n'a duré que quelques secondes. Le premier quart de la mission est accompli ! Pierre vire alors vers la gauche au cap 345 pour rejoindre le second objectif situé à 16 kilomètres à l'est de l'aéroport. L'endroit ne sera pas difficile à trouver. On aperçoit distinctement les pistes orientées est/ouest[23].

Les deux pilotes ne le savent pas, mais ils viennent de déclencher une réaction terrible au sol. Un véritable branle-bas de combat ! Les Serbes ont immédiatement compris que les chasseurs étaient en train d'espionner leurs positions. Il faut dire que les intrus sont passés dans un bruit de tonnerre juste au-dessus de leur tête... Cela n'a duré que quelques secondes, mais c'est le troisième vol de reconnaissance de la journée. Il y a déjà eu une patrouille « reco » américaine en fin de matinée, une anglaise vers 14 heures et maintenant les Français !

Malgré leur hargne, les servants des missiles n'ont pas eu le temps de tirer. Ils n'ont d'autres solutions que de se ruer sur leurs radios pour prévenir les autres postes serbes. L'information circule de place en place : « *Deux avions espions viennent de survoler le sud de Sarajevo... Ils ont viré vers le nord-ouest.* »

Dans son cockpit, Pierre approche maintenant du travers est de la capitale. L'agglomération est bien reconnaissable sur la gauche avec la rivière Miljacka qui la traverse de part en part. On peut apercevoir les grandes barres d'immeubles qui bordent la ville. Des blocs de béton d'une architecture d'inspiration stalinienne. C'était le nec plus ultra de ce que les Soviétiques dessinaient autrefois ! Difficile d'imaginer qu'en 1984 cet endroit a abrité les 14es Jeux olympiques d'hiver. L'heure de gloire de la Yougoslavie ! Les médias du monde entier étaient présents car c'était la première fois qu'une telle manifestation se tenait dans un pays socialiste.

---

23. *Les pistes de l'aéroport de Sarajevo sont orientées 12/30.*

Tout autour de la ville, ce sont des montagnes. Sur les sommets, il y a quelques traces de neige. En cherchant bien, on doit pouvoir trouver des pylônes de remonte-pentes sur les versants mais plus personne ne vient jamais skier. Qui aurait l'idée de passer ses vacances à cet endroit ?

Mais Pierre n'a pas le temps de faire le bilan sur les années du socialisme à la yougoslave... Le relief défile sous ses ailes à près de 1 000 kilomètres à l'heure.

Toujours en formation de manœuvre à droite, les deux avions se stabilisent au cap 345. Ils foncent vers le second objectif : une autre batterie d'artillerie installée sur les contreforts d'Uzdonice.

Dans les cockpits, les pilotes sont silencieux. Ils suivent leur carte pliée sur la cuisse gauche.

La vitesse reste stable à 500 nœuds... Le réacteur tourne toujours à 8 100 tours/minute. Du fait de la proximité des deux premiers objectifs à photographier, il ne faut que quatre minutes pour atteindre Uzdonice.

15 h 15 :
Deuxième objectif

Les deux Étendard arrivent à l'est de l'aéroport. Ce sont toujours les mêmes caméras gauches L3 et L4 qui vont filmer. Pierre appuie de nouveau sur son déclencheur. Le voyant s'allume. Les deux Étendard déboulent dans la vallée dans un bruit de tonnerre.

Au sol, c'est de nouveau le branle-bas de combat. Une fois encore, dans les sous-bois les Serbes se précipitent sur leurs armes. Cette fois, ce sont des miliciens. Des ordres retentissent mais il est trop tard. Les deux flèches sombres ont disparu en une fraction de seconde. Il ne reste de leur passage que les traînées de condensation tirées par les bouts d'aile[24].

Les chasseurs virent maintenant à droite pour rejoindre leur troisième objectif : la petite ville de Rogatica. Celle-ci est située vers le cap 105, beaucoup plus loin vers l'est. Ce ne sont

---

24. *Le terme technique pour désigner ce phénomène est : aigrette.*

plus des batteries de canons mais des rampes de missiles sol/air qu'il faut saisir sur les pellicules. Pour les pilotes, c'est évidemment beaucoup plus dangereux à survoler. D'autant qu'ils vont devoir franchir la frontière. Rogatica n'est pas en Bosnie mais en Serbie. S'ils étaient abattus, ce serait encore plus terrible. Il va falloir filer encore plus vite !

Comme la distance à parcourir jusqu'à Rogatica est d'une soixantaine de kilomètres, les deux chasseurs reprennent un peu d'altitude. Ils montent jusqu'à 12 000 pieds et se remettent en formation de surveillance. À cette altitude, ils sont presque dans le ciel bleu et n'aperçoivent plus le sol que par intermittence. Pour diminuer la consommation, Pierre réduit la puissance de son réacteur à 8 000 tours/minute. La vitesse chute à 800 kilomètres à l'heure. Du coup, la tension monte imperceptiblement dans les cockpits. Régulièrement, les deux hommes jettent un coup d'œil vers les collines pour tenter de repérer un départ de missile. Rien ne vient... À mesure qu'ils progressent vers l'est, la météo continue à se dégrader. Il fait gris et, par moments, quelques nuages empêchent carrément de voir le sol.

– *On y sera dans quatre minutes,* annonce Pierre en sélectionnant de nouveau ses caméras.

15 h 21 :
Troisième objectif

Les deux Étendard arrivent à proximité de Rogatica. Cette fois, la ville n'a rien à voir avec Sarajevo. C'est une minuscule bourgade serbe perdue au milieu de la péninsule balkanique. Les constructions sont dissimulées au fond d'une étroite vallée orientée nord/sud. C'est à peine si on aperçoit quelques carrefours de routes et une voie ferrée hors d'âge qui serpente à travers la montagne. Rapidement, les pilotes sélectionnent les caméras. Ce sera un peu différent cette fois-ci. Le leader utilisera toujours la L3 et la L4[25], mais Cloarec se servira des caméras N1 et V6[26]. Grâce à cette subtile combinaison d'objec-

---
25. *Caméra gauche nasale et gauche ventrale.*
26. *Camera nasale et camera ventrale verticale.*

tifs, ils pourront obtenir de bonnes images verticales et latérales des collines suspectes[27].

Il faut également régler une nouvelle fois les altitudes des passages : cette fois, ce sera 4 500 pieds. C'est ce paramètre qui entrera en compte pour le réglage des focales et le nombre de photos par seconde.

Pas le temps de flâner... Rogatica est droit devant.

Il est temps de quitter 12 000 pieds pour plonger de nouveau vers le plancher. Il faut accélérer. La puissance des réacteurs est réajustée à 8 100 tours. C'est presque de la routine à présent. Les avions se remettent en formation de manœuvre pour évoluer plus facilement. La vitesse remonte à 930 kilomètres à l'heure. Tout va très vite. La colline arrive !

La voix de Pierre retentit sur la fréquence :

– *Target à midi[28] !*

Une seconde avant de survoler le site suspect, Clary appuie une nouvelle fois sur le poussoir du manche. Pour la troisième fois, le voyant vert clignote et les Omera shootent au rythme de quatre photos par seconde.

Séparés de 1 000 mètres l'un de l'autre, les deux Étendard déboulent sur les rampes de missiles. Cette fois, les cœurs des pilotes battent plus vite car ces engins sol-air sont terriblement dangereux.

Pourtant, le passage se déroule sans problème. Il n'y a aucune réaction au sol. En apparence.

Dans la foulée, les deux Étendard survolent les habitations de Rogatica. Le vacarme des réacteurs doit faire trembler les vitres. Nul doute que les Serbes sont maintenant sur le pied de guerre. Toutes les unités au sol savent que deux avions français sont en train de faire des photos.

– *Encore un petit dernier et on rentre,* annonce Pierre sur la fréquence.

Alors qu'il vire par la droite, il ne peut s'empêcher d'admirer une nouvelle fois le paysage qui défile. C'est vraiment une des

---

27. *Le choix des caméras ne se fait pas pendant le vol. Il est soigneusement préparé au sol et les pilotes reçoivent les instructions pendant le briefing prévol.*
28. – *Objectif juste devant.*

plus belles régions du monde. Tout y est sauvage. Quel dommage que les Serbes y fassent régner une terreur digne des heures les plus sombres de l'Europe.

– *On prend le cap 135*, annonce Clary en stabilisant son avion.

Le prochain objectif est tout proche. Il se trouve à moins de 30 kilomètres vers le sud. C'est la petite ville de Gorazde en Bosnie-Herzégovine. Les chasseurs vont donc une nouvelle fois repasser la frontière. D'après les services de renseignements, il y aurait des batteries d'artillerie lourde accompagnées de défenses antiaériennes puissantes. Ça risque d'être encore plus chaud que pour les trois premiers passages.

Il faut donc se préparer à être encore plus manœuvrants. Pour cela, les Étendard vont adopter une nouvelle tactique d'approche. Ils vont se placer en formation d'attaque. Cloarec recule une nouvelle fois mais à 30 degrés sur l'arrière du leader avec un écartement de 1 000 mètres. Il prend également un étagement positif[29]. Dans cette formation, il sera plus facile d'évoluer dans l'urgence. La puissance des réacteurs est augmentée à 8 300 tours/ minute. La vitesse monte à 950 kilomètres à l'heure. Il faut rester le moins longtemps possible au-dessus de la zone sensible.

Pas le temps de réfléchir. Les 20 kilomètres jusqu'à Gorazde sont parcourus en une minute.

– *Target droit devant*, annonce de nouveau Clary.

Parfaitement stabilisé dans ses « quatre heures », Cloarec le suit comme son ombre.

– *C'est bon... je suis « à poste »*.

15 h 24 :
Quatrième objectif

Les deux chasseurs déboulent comme des fusées au-dessus des batteries de Gorazde. Le scénario est toujours le même : sélection des objectifs, stabilisation et déclenchement. Les caméras tournent. Malgré la vitesse, elles récoltent leur moisson d'informations.

---

29. *Le numéro 2 est situé dans un plan plus élevé par rapport au plan des ailes du leader.*

Puis l'objectif disparaît derrière les chasseurs.
– *Je crois que c'est dans la boîte,* lance Pierre avec une nuance de soulagement dans la voix.
Cloarec acquiesce :
– *Pour moi aussi, c'était bon.*
Les rythmes cardiaques redescendent imperceptiblement. La mission est terminée.

Il est temps de rentrer. Pierre est sur le point d'annoncer le cap à prendre pour rejoindre la *« gate »* lorsqu'un avertissement retentit soudain sur la fréquence :
– *Leader, fais gaffe... on te tire dessus... quatre tirs tendus !*
Il est exactement 15 h 25...
À cet instant, une légère vibration secoue l'avion de Pierre. Puis il y a un choc. Pas vraiment violent ! C'est comme une voiture percutée à faible vitesse. La tête de Pierre part légèrement en arrière.

Il comprend immédiatement ce qui vient d'arriver.
– *Merde... je suis touché,* annonce-t-il d'une voix étrangement calme.

En arrière, Jean-Michel Cloarec examine la longue traînée blanche laissée par le missile. L'engin est parti d'une colline au sud-est de Gorazde. Le propulseur à poudre a laissé une trace de fumée qui monte du sol comme un lien incongru avec l'avion du leader.
– *Putain... J'ai l'impression qu'ils nous attendaient.*
Sur ce point, Cloarec a raison. Le missile semble avoir été tiré en secteur avant. Cela signifie que les servants au sol étaient déjà prêts[30].
– *Je grimpe,* lance Clary en cabrant son avion vers le ciel.
– *Roger... je reste dans tes 4 heures.*
Monter, c'est exactement ce qu'il faut faire... Dans un moment aussi critique que celui-là, l'altitude est un facteur de sécurité. Car il va peut-être falloir s'éjecter. L'Étendard est équipé d'un siège Martin Baker Mark IV qui n'est pas des plus

---

30. *L'analyse ultérieure qui sera faite par la DRM arrivera à la même conclusion. Les missiles ont été tirés en secteur avant.*

efficaces[31]. Son utilisation n'est jamais une formalité. Contrairement à ce que croient les néophytes, il ne suffit pas de déclencher le système pour avoir la vie sauve. De nombreux paramètres interviennent et l'altitude en est un. Plus l'avion est haut et plus les chances de survie sont importantes pour le pilote[32].

Les pensées se bousculent dans le cerveau de Pierre. Depuis qu'il a été touché, il songe évidemment à tirer la poignée jaune et noire au-dessus de sa tête. Elle déclenchera les cartouches explosives qui le projetteront à l'extérieur de son avion. Ce sera la solution si la machine devient incontrôlable. Il s'est déjà éjecté une fois au cours de sa carrière. Même si ça fait mal, il n'a pas vraiment peur de prendre 20 g en deux secondes[33]. Sa seule crainte est de tomber aux mains des Serbes car ils ne lui feront pas de cadeau.

Tout en grimpant, Pierre tâte les commandes. Son avion vole presque normalement. Seule la profondeur semble étrangement molle. À chaque fois qu'il exerce une pression sur le manche, il faut du temps pour que l'appareil réagisse. Difficile de savoir ce qui se passe vraiment là-bas derrière. La gouverne est-elle abîmée ou y a-t-il un problème hydraulique ?

Pour tenter de faire un bilan, Pierre examine son tableau de panne. Méticuleusement, il vérifie chaque paramètre : la pression hydraulique, les températures du réacteur, le nombre de tours, etc.

Étrangement, tout semble OK... Aucune alarme sonore ou lumineuse ne se manifeste. C'est incroyable, l'Étendard vient d'être touché par un missile et tout va bien...

Ce n'est qu'une apparence...

– *Cap 240*, lance-t-il.

Tout en parlant, il incline doucement son chasseur.

---

31. *Comparé aux sièges éjectables ultramodernes d'aujourd'hui, le Mark IV avait des performances très médiocres.*
32. *Parmi les principaux paramètres, il faut tenir compte de l'altitude de l'avion de son taux de chute et de sa vitesse. Si un seul de ces éléments est en dehors du domaine d'éjection, le pilote ne survivra pas.*
33. *Au moment de la sortie de l'avion, le pilote pèse vingt fois son poids pendant environ deux secondes. Cette accélération très forte serait très dure à supporter pour un individu en mauvaise constitution physique.*

Pour le moment, il est urgent de quitter le territoire ennemi. Il faut rejoindre la mer, c'est de ce côté que se trouve le salut. Si Pierre doit s'éjecter, il faut absolument que ce soit au-dessus de l'Adriatique. Tout y sera différent. Le porte-avions lui enverra « Pedro », l'hélicoptère de sauvetage et il sera récupéré.

15 h 35.
L'aiguille de l'altimètre atteint maintenant 13 000 pieds et elle se stabilise. Pierre réduit le régime du réacteur à 7 500 tours puis il resserre son harnais. Il faut qu'il soit prêt pour une éjection. La commande de profondeur est toujours d'une mollesse inquiétante. C'est comme si le manche était planté dans un bol de mayonnaise. Les dommages subis par l'avion doivent être importants. Pour en avoir une idée précise, le plus simple est de demander à Jean-Michel Cloarec de procéder à une inspection visuelle.

– *Pirate 2... Tu me reçois ?*
– *5.*
– *On change sur fréquence G.*
– *Roger.*
– *J'ai sacrément morflé, hein ?*
– *Oui, j'ai l'impression que t'es bien touché.*
– *Est-ce que tu peux te rapprocher pour voir les dégâts ?*
– *J'arrive !*

Rapidement Cloarec vient se placer à côté de l'avion de Pierre. Pour bien voir chaque détail, il n'hésite pas à se coller le plus près possible du leader. Avec précision, il passe sous le fuselage, glisse à droite, puis à gauche. À mesure qu'il évolue, sa voix se fait plus grave.

– *Ta profondeur est salement endommagée. Surtout à droite ! Je me demande comment tu arrives à contrôler !*

En fait, la gouverne n'est plus qu'un morceau de tôle déchiquetée. Les rares fragments qui restent en place sont complètement tordus.

– *Ton trim de profondeur a complètement disparu !*
– *Quoi d'autre ?*

– *T'as également des trous sur la direction,* poursuit Cloarec. *C'est percé comme une salière… Et puis, la tôle est arrachée un peu partout sur l'arrière du fuselage… surtout à droite.*

À mesure que le numéro 2 fait le bilan des dégâts, Pierre se dit qu'il va lui être très difficile de rentrer sur le porte-avions. Réaliser un appontage est infiniment plus difficile que d'atterrir sur une piste normale. Il va falloir qu'il se défonce ou la facture risque d'être salée.

– *C'est pas gagné,* murmure Cloarec, visiblement inquiet.

Pierre ne répond pas. Comme tous les pilotes de l'aéronavale, on l'entraîne en permanence à affronter des situations de crise. C'est un vrai professionnel. Il n'empêche ! Tout ce que Cloarec est en train de décrire est inquiétant. Le cœur bat plus vite.

Le plus étonnant, c'est que malgré l'importance des dégâts, le réacteur continue à tourner comme une horloge. L'Atar 8K-50 délivre ses 4 tonnes et demie de poussée sans rechigner. C'est presque miraculeux.

Cloarec termine son inspection par l'examen de la tuyère.

– *J'avais pas remarqué mais t'as aussi des trous à ce niveau-là. C'est pas très joli !*

– *Bien reçu, je vais essayer de faire avec !*

– *Ah oui, il y a encore autre chose… Tu as également des petites déchirures dans l'aileron droit.*

– *T'es certain que c'est tout ?* demande Pierre, de moins en moins à l'aise.

– *J'en sais rien… Il y a sûrement des trucs qu'on ne voit pas. Tu devrais te méfier !*

– *Roger !*

La patrouille est maintenant au-dessus du territoire bosniaque. À vitesse réduite, elle se dirige vers le sud de Mostar. Pierre a terminé l'évaluation de ses problèmes. Il ne sait pas encore comment il va s'en tirer. La seule chose dont il est certain, c'est qu'il lui faut atteindre la mer. Et pour cela il doit respecter scrupuleusement les procédures radio pour le retour. Ce serait trop bête d'être considéré comme un hostile par ses propres amis et de se prendre un second missile.

Il décide donc de contacter l'Awacs sur 249.75. Les Américains doivent être mis au courant de ses ennuis. Ils sont les seuls à pouvoir lui accorder l'autorisation de prendre une route directe vers le porte-avions.
– *Magic 56, this is Pirate, how do you read ?*
Pas de réponse...
– *Magic 56, ici Pirate, est-ce que vous me recevez ?*
– *Magic 56, ici Pirate est-ce que vous me recevez ?*
Malgré plusieurs tentatives, le message ne passe pas. L'Awacs américain ne reçoit rien.
– *C'est certainement ton antenne UHF,* explique Cloarec. *Elle a été endommagée par l'impact.*
– *Tu peux les appeler à ma place ?*
– *OK, je m'en charge.*
Quelques secondes plus tard, le numéro 2 prend le relais de son leader.
– *Magic 56, this is Pirate, do you read me ?*
Cette fois, ça marche. L'Awacs répond mais la communication est loin d'être aussi claire qu'en temps normal. Il y a un très fort sifflement dans les écouteurs. C'est un bruit infernal qui fait mal aux oreilles.
– *Ici Magic... On vous reçoit 1 sur 5, Pirate... Allez-y pour votre message.*
En fait, la fréquence est brouillée par les Serbes. De toute évidence, ceux-ci ne veulent pas en rester là. Ils savent qu'ils ont marqué un point en touchant l'Étendard et ils veulent frapper plus fort.
Sans contact radio, l'appareil endommagé a moins de chances de rentrer à sa base. Malgré le hurlement du brouilleur, Cloarec parvient à transmettre son message, mais il doit crier pour se faire comprendre :
– *Magic 56... ici Pirate... Mon leader a été touché par un tir de missile. Nous rentrons vers le porte-avions.*
– *Bien reçu, Pirate. Est-ce que vous pouvez nous donner la position du tir ?*
Cloarec jette un coup d'œil rapide au carroyage de sa documentation.

– *C'est sur le CP 415/275. Je pense que le missile a été tiré à partir du sommet d'une colline.*
– *Bien reçu, Pirate... Vous pouvez procéder directement vers votre porte-avions en empruntant le « special corridor » 11. Prenez le cap 2... 7... 0 et dirigez-vous vers les portes D3 puis G4.*
– *Bien reçu Magic, 270 vers D3 et G4.*

15 h 40.
Il reste un problème. Il faudrait prévenir le porte-avions de ce qui se passe. Or, pour le moment, c'est impossible. Le bateau est trop loin et le brouillage persiste.
Jean-Michel Cloarec décide de contacter une patrouille de Super Étendard en entraînement d'appui dans les environs de Sarajevo. Ce sont des gars de la flottille 11 F. Ils trafiquent en VHF. Avec un peu de chance, ils pourront établir un contact avec le *Clemenceau*.
– *Kimono 55 de Pirate, vous me recevez ?*
– *Kimono 55 de Pirate, vous me recevez ?*
– *Kimono 55 de Pirate, vous me recevez ?*
Le sifflement persiste mais par chance, la liaison réussit à se faire par-dessus le brouillage.
– *On vous reçoit 3 sur 5, Pirate.*
La voix est lointaine mais Jean-Michel Cloarec parvient à reconnaître le capitaine de Frégate Bobin[34]. C'est « le Pacha » de la flottille 11F.
– *Est-ce que vous pouvez avertir Alpha Whisky[35] que mon leader a été touché par un missile. On est en train de rentrer vers le PA. Les dommages qu'il a subis très sont importants.*
– *Bien reçu, Pirate... On a le contact avec le « Clem ». On transmet l'info immédiatement !*
Quelques instants plus tard, le bateau est prévenu. Aussitôt, des messages codés partent vers l'état-major. Tout va très vite. La nouvelle fait le tour des salles d'opérations. À Paris, l'angoisse monte : un avion en détresse tente de rentrer vers le

---
34. Surnommé « Bobino ».
35. Clemenceau.

Clemenceau. Ça se présente mal... Personne ne sait s'il va réussir à apponter...

Sur le porte-avions, c'est l'alerte générale. On met en œuvre tous les systèmes de sécurité pour accueillir l'appareil.

15 h 45 :

À vitesse réduite, la patrouille approche maintenant de la Dalmatie, cette longue bande de terre croate qui sépare la Bosnie de la mer. Au loin sur la gauche, on devine les fumées de Dubrovnik. Droit devant, c'est l'Adriatique avec les îles Otok, Brak et Korcula.

À mesure que les minutes passent, Pierre se sent mieux. Vers le sud, la météo s'améliore. Dans quelques instants, il sera au-dessus de l'eau. Si son avion le lâche, il s'éjectera mais les Serbes ne l'auront pas.

C'est le moment de rompre le contact avec les Kimonos pour revenir sur la fréquence privée 138.775. Il faut absolument parler en direct avec les gars du *Clemenceau* pour leur donner des détails sur la situation.

Par chance, à mesure que les avions s'éloignent de Gorazde, le brouillage se fait moins intense et Clary finit par entrer en contact avec le porte-avions.

– *Alpha Whisky, de Pirate, vous me recevez ?*

– *5 sur 5 Pirate. Heureux de vous entendre...*

C'est le directeur des vols de la 16 F qui vient de répondre. Visiblement, à bord du bateau, on commençait à se faire du souci.

– *Les Kimonos nous ont prévenus de vos problèmes... Comment ça se présente du point de vue des dégâts ?* demande le DDV sans chercher à dissimuler son inquiétude.

– *C'est moyen... Ma profondeur est un peu molle. Pour information, depuis un moment, je n'ai plus d'indication de vitesse !*

– *C'est pas bon ça*, réplique aussitôt le DDV... *Est-ce que ton numéro 2 peut faire un nouvel examen et nous faire un compte-rendu ?*

– *J'y vais,* réplique aussitôt Cloarec.

Pendant que les deux hommes continuent à discuter sur la

fréquence, le numéro 2 se rapproche une nouvelle fois de l'avion de Pierre. Il vient se placer au niveau de l'antenne pitot. Celle-ci est située à mi-distance sur le bord d'attaque de la dérive. Il en profite pour effectuer une dizaine de photos des dommages avec la caméra latérale gauche. Au cas ou Clary devrait s'éjecter, cela permettrait de garder une trace pour l'enquête[36].

– *C'est normal que t'aies plus de vitesse*, explique Cloarec. *Ton antenne est complètement retournée sur elle-même. Le pitot est carrément orienté vers l'arrière. Aucune chance que ça se répare tout seul...*

Pierre Clary acquiesce et murmure :
– *Bien compris.*
– *Fais gaffe à toi, mon vieux...*

Une fois encore, Cloarec a du mal à dissimuler son inquiétude. Sans indicateur de vitesse et avec une gouverne de profondeur endommagée, l'appontage va être problématique. Il ne serait pas anormal que Pierre décide de s'éjecter. Personne ne lui en tiendrait rigueur.

– *Tu sais que ça va pas être facile, hein !* rajoute Cloarec.

Pierre n'a pas le temps de répondre. Le directeur des vols interrompt la conversation.

– *Pirate leader... Quelles sont tes intentions ?*

Contrairement à toute attente, Pierre n'hésite pas. Il n'a aucune envie d'abandonner son Étendard.

– *Je vais sortir le train et les volets en altitude. On verra bien ce que ça donne. S'il n'y a pas de problème, je souhaite être ramassé par le porte-avions*[37].

– *Tu veux faire une arrivée au break*[38] *?*

– *Négatif, je préférerais faire une longue finale au CCA*[39].

---

36. Les photos ramenées par Cloarec sont impressionnantes. Beaucoup d'experts se demanderont comment l'avion a pu rester contrôlable avec une gouverne de profondeur aussi déchiquetée.
37. Le mot « ramasser » est le terme normalement utilisé par les pilotes pour un appontage.
38. Dans la procédure normale, avant d'apponter l'avion arrive à la verticale du bateau et part en virage à gauche : c'est le break.
39. Carrier Control Approach. Approche contrôlée par le porte-avions. Un contrôleur suit l'avion par radar et lui indique la distance et l'altitude à laquelle il doit se trouver.

– Bien reçu Pirate leader... On te rappelle !

Il y a un long moment de silence sur la fréquence. Le directeur des vols est certainement en train de contacter « le Pacha » du *Clemenceau* pour lui demander l'autorisation d'appontage. Il faut son accord car les risques sont importants, aussi bien pour le pilote que pour le bateau et les marins sur le pont.

La réponse arrive au bout de quelques minutes :

– *C'est d'accord... On va te donner un maximum de vent sur le pont*, précise le directeur des vols. *Le numéro 2 te suivra pour te donner la vitesse pendant la finale.*

– Bien reçu.

– *Tu seras pris en charge par les OA[40] dès qu'ils t'auront en visuel.*

À 15 h 51, les Pirates arrivent à 100 milles nautiques du porte-avions[41]. Ils franchissent le rivage et se retrouvent au-dessus de la mer. Ce faisant, ils sortent du secteur contrôlé par l'Awacs américain. Encore une fois, c'est Jean-Michel Cloarec qui se charge de quitter la fréquence :

– *Magic 56, ici Pirate 03. Vous me recevez ?*

– *5 sur 5 Pirate. Allez-y.*

– *On approche du trait de côte[42]. On va quitter votre fréquence pour changer avec* Shotgun.

– *Vous êtes autorisé, Pirate 03.*

Il y a quelques secondes de silence un peu lourd puis le contrôleur américain rajoute d'une voix inhabituellement chaleureuse :

– *Good luck pour l'atterrissage, sir...*

– *Merci beaucoup... heu, je crois que mon leader va en avoir besoin.*

Il reste maintenant à clôturer définitivement avec *Shotgun*, le navire de l'US Navy qui gère les fins de missions. Là encore, pas question de faire l'impasse sur les procédures radio. Les Américains sont nerveux. Ils ont le doigt sur la gâchette en

---

40. *Officier d'appontage. C'est lui qui donne ses instructions au pilote jusqu'à son toucher sur le pont.*
41. *180 kilomètres.*
42. *Expression conventionnelle des pilotes de l'aéronavale pour désigner le rivage.*

permanence. Ce serait trop stupide d'être victime d'un *friendly fire* à cause d'une négligence.

– Shotgun, *Pirate 03, on est en train de rentrer vers le porte-avions. Un des deux avions est en « emergency »*[43].

– *Bien reçu, Pirate. Vous êtes autorisé à procéder comme vous le souhaitez. Good luck, sir...*

Maintenant que les chasseurs ont un « laissez-passer » en règle, il est temps de changer de fréquence pour passer avec Bookshelf. Cette fois, les contrôleurs sont déjà au courant du problème. Les voix sont chaleureuses.

– *Bonjour Pirate 03. Vous êtes autorisé à procéder comme prévu. On a eu le contact avec votre porte-avions. Il y a du monde qui vous attend sur le pont.*

Le moral de Pierre remonte subitement. Même si les choses se présentent mal pour lui, c'est bon de sentir qu'on est de retour dans la famille. Personne ne lui tirera dessus.

À 16 heures, les deux chasseurs ne sont plus qu'à 120 kilomètres du *Clemenceau*. En temps normal, il faudrait seulement huit minutes pour être à la verticale du bateau et apponter. Aujourd'hui, les choses vont prendre beaucoup plus de temps.

À 16 h 02, le contrôleur de Bookshelf rappelle :

– *Pirate de Bookshelf, vous changez avec la tour du porte-avions.*

– *Roger Bookshelf, on change avec Alpha Whisky.*

À partir de maintenant, il s'agit d'une liaison VHF. Pierre va pouvoir parler lui-même sur la fréquence puisque son poste fonctionne normalement. Quelques secondes plus tard, il est en contact avec le « chef avia ».

La première question qui tombe est celle que tout contrôleur intelligent pose lorsqu'il rentre en contact avec un avion en difficulté.

– *Quelles sont vos intentions Pirate leader ?*

– *Je confirme que je souhaite être ramassé par le porte-avions... Je vais sortir le train et les volets en altitude pour voir ce que ça donne. Si ça marche, je demande l'autorisation de me présenter en longue finale pour une approche CCA.*

---

43. Situation de détresse.

– *Quelle est votre altitude actuelle ?*
– *Nous sommes à 10 000 pieds[44] et je vais maintenir cette altitude pendant mes essais.*
– *Bien reçu, Pirate 03. Gardez cette fréquence... Rappelez-moi une fois que vous aurez sorti le train et les volets. Je vous passe les éléments du porte-avions : route avia 145[45]... 48 nœuds de vent sur le pont... visibilité 10 kilomètres... Pour les nuages : 4/8e de stratocumulus à 1 500 pieds... QFE 1013[46].*
– *J'ai bien copié...*
– *Pirate d'Alpha Whisky. On va vous faire un guidage radar vers le point Oscar à 20 nautiques pour 10 000 pieds.*
– *Roger.*

Instinctivement, Pierre jette un coup d'œil à sa carte. Le gars va l'amener dans l'axe d'appontage en lui faisant effectuer un large virage à gauche par le nord du bateau.

Les minutes passent. Cloarec se tient à 20 mètres à droite à l'extérieur du virage. De temps en temps, il intervient sur la fréquence privée pour montrer à son leader qu'il le soutient de toutes ses forces.

– *Ça va ?*
– *Ça peut aller*, réplique Pierre calmement.

En fait, les deux hommes savent déjà que l'appontage est très risqué. La rupture du trim de profondeur va empêcher tous les réglages d'approche. Il n'est pas évident que ça marche. C'est seulement quand Pierre aura réussi à sortir le train et les volets qu'on sera fixé.

16 h 15.

Il est temps de procéder aux essais. La tension monte imperceptiblement. Les deux Étendard sont maintenant à 25 milles nautiques du porte-avions[47]. Ils volent au cap 140 vers le point Oscar tout en se maintenant à 10 000 pieds.

---

44. Environ 3 000 mètres.
45. La route avia est la route suivie par le porte-avions. Elle dépend uniquement de la direction d'où vient le vent. Ce jour-là, le vent était de 18 nœuds en mer.
46. Pour un porte-avions, le QFE est la pression atmosphérique au niveau de la mer. Le pilote utilise ce paramètre pour régler son altimètre.
47. Environ 45 kilomètres.

– *Je vais sortir le train... Tu surveilles ce que ça donne*, annonce Pierre à l'intention de Cloarec.
– *Bien reçu, je me mets en place.*
Aussitôt, le numéro 2 vient se placer en patrouille serrée tout en gardant un étagement légèrement négatif. C'est le meilleur moyen de voir ce qui va se passer sous le ventre de l'Étendard.
Dans son cockpit, Pierre abaisse la manette du train d'atterrissage.
– *Les trappes s'ouvrent*, annonce Cloarec.
Quelques secondes plus tard, les roues descendent normalement. Sur le tableau de bord de Pierre, trois voyants verts s'allument confirmant que le système est correctement verrouillé.
Avec précaution, Cloarec se glisse sous le ventre de son leader pour vérifier que tout va bien.
– *Les trappes sont correctement refermées*, annonce-t-il d'une voix rassurée. *Les roues sont sorties. Tu as les trois vertes[48] ?*
– *Affirmatif !*
– *D'après ce que je vois, ça semble bon.*
– *Roger...*
Pierre ne peut retenir un soupir de soulagement. Si le train n'était pas sorti, il ne lui restait plus d'autre solution que l'éjection. Il stabilise un moment son avion et vérifie que celui-ci n'a pas tendance à piquer ou à grimper tout seul. En fait, c'est bon. La sortie du train ne provoque aucun couple. La crosse d'appontage sort également normalement.
Il est temps de passer à la suite...
– *J'y vais pour les volets[49],* continue-t-il.
Cloarec se rapproche de nouveau.
– *Vas-y, je surveille.*
Pierre pose la main sur la palette des volets et appuie fermement. Sur le tableau de bord, l'aiguille du témoin commence à basculer indiquant que les dispositifs hypersustentateurs se déploient sous les ailes.

---
48. *Trois lumières vertes signalent que le train est sorti.*
49. *Les volets sont des dispositifs hypersustentateurs qui permettent de diminuer la vitesse de décrochage et donc de réduire la vitesse d'approche avant l'appontage.*

Et cette fois, ça se passe beaucoup moins bien... Car les « flaps » provoquent un couple très important. L'avion se met en piqué. Ce phénomène n'a rien d'extraordinaire. Il se produit chaque fois que les éléments sont sortis pour l'appontage. En temps normal, le pilote peut annuler les efforts sur son manche en utilisant le compensateur de la gouverne de profondeur. Le problème, c'est qu'aujourd'hui cette petite pièce mobile n'est qu'un lointain souvenir. Le vérin linéaire a été complètement pulvérisé par le missile.

À mesure que les volets sortent, Pierre doit tirer de plus en plus fort sur le manche pour empêcher son avion de plonger vers le sol...

– *Impossible de le maintenir en palier,* annonce-t-il.

Juste à côté, Cloarec voit son chef perdre brutalement de l'altitude.

– *Redresse !*

Pierre y va à deux mains sur le manche mais n'a pas la force physique pour retenir son avion.

– *C'est trop dur...*

– *Redresse !!*

Le piqué s'accentue. L'altitude diminue rapidement...

– *Fais gaffe au badin[50],* avertit Cloarec. *Tu accélères trop.*

Pour empêcher que la vitesse n'augmente de manière inconsidérée, Pierre est obligé de sortir les aérofreins. Mais l'effort physique qu'il doit exercer pour tenir le manche augmente. Tirant de toutes ses forces, il en vient à placer le manche en butée arrière. Et le piqué s'accentue... Impossible de poursuivre dans cette voie ou ça va mal se terminer.

– *Redresse, bon sang !*

L'aiguille de l'altimètre commence à s'affoler.

– *Je peux pas le contrôler...*

Sans hésitation, Pierre saisit la palette des volets et les ramène à zéro. Puis il affiche pleins gaz et rentre les aérofreins.

Comme à regret, l'Étendard se redresse et se stabilise en vol rectiligne. Le pilote respire. Pendant cette simple tentative, il a

---

50. *Indicateur de vitesse.*

perdu plus de 3 000 pieds. Cela représente le tiers de son altitude. Mieux vaut oublier !

– *Je vais être obligé d'apponter sans volets,* précise-t-il, d'une voix peu enthousiaste.

– *Ça va pas être facile,* murmure Cloarec.

– *Il va falloir faire la finale à… 160 nœuds.*

Jean-Michel Cloarec frémit… C'est pratiquement 300 kilomètres à l'heure… Rien à voir avec la vitesse d'approche habituelle. Personne n'a jamais apponté dans de telles conditions. L'Étendard va débouler sur le pont comme un obus !

Un appontage n'est jamais une opération de routine. Le pont du *Clemenceau* est très court. Il ne mesure que 165 mètres de longueur[51]. Pour réussir son coup, le pilote doit accrocher l'un des quatre câbles d'acier tendus en travers[52]. Ce n'est pas une mince affaire surtout la nuit. Et c'est encore pire quand la mer est mauvaise. Lors d'un atterrissage sur terre, une piste en ciment est par définition « immobile ». Il en va tout autrement sur un porte-avions, puisque la piste bouge en permanence. Elle avance avec le bateau et elle monte et descend au gré de la houle. Pour réussir son coup, il faut donc toucher le pont avec la vitesse la plus faible possible. C'est la raison pour laquelle les avions arrivent à la limite du décrochage[53]. Sur Étendard, c'est 126 nœuds[54]. C'est très faible pour un avion de chasse qui pèse près de 10 tonnes. Tout mouvement trop brutal aux commandes peut le faire décrocher.

Ce jour-là, les choses vont donc être particulièrement complexes pour Pierre. Sans volet, sa vitesse de décrochage est encore plus forte et c'est la raison pour laquelle il va être obligé d'apponter à 300 kilomètres à l'heure.

Sur le porte-avions, le « chef avia » a suivi la conversation entre les deux pilotes. Lui aussi a compris que rien n'était

---

51. *Les porte-avions américains sont beaucoup plus longs et plus larges. À titre de comparaison, le* Clemenceau *emporte une quarantaine d'avions à son bord contre quatre-vingts pour l'*USS-Eisenhower.
52. *Contrairement au porte-avions Charles-de-Gaulle qui a trois brins d'arrêt, le* Clemenceau *et* Foch *en comportaient quatre.*
53. *La procédure veut que l'avion se présente avec 1,1 fois la vitesse de décrochage.*
54. *233 km/h.*

gagné. Il va alors tout mettre en œuvre pour aider l'avion en détresse. Exceptionnellement, les six chaudières du bateau vont tourner à plein régime pendant l'appontage. Le *Clemenceau* va ainsi foncer à sa vitesse maximale de 32 nœuds[55]. Cette vitesse va s'ajouter à celle du vent qui est de l'ordre de 19 nœuds[56]. Cela fera pratiquement 50 nœuds[57] sur le pont.

Par sécurité, les brins d'arrêt habituels de 3 pouces sont changés. Ils pourraient se rompre au moment où la crosse de l'avion les prendra... On les remplace par des câbles de 3 pouces 3/4[58] qui sont évidemment beaucoup plus solides. Reste à savoir si les freins hydrauliques du *Clemenceau* vont tenir. Il peut y avoir un blocage ou une rupture. En fait, pour le moment, personne ne sait vraiment ce qui peut arriver car c'est la première fois qu'un avion se présente avec une telle vitesse.

Dans son cockpit, Pierre se prépare. Il s'agit maintenant de vérifier que tous ses instruments donnent des indications correctes. Les deux avions sont stabilisés à 1 500 pieds.

Il faut d'abord voir si l'altimètre fonctionne. Pour cela, les deux chasseurs se placent côte à côte exactement à la même altitude et les pilotes comparent les indications de leurs instruments. Et là, il y a un sérieux problème :

– *Tu as combien*, demande Pierre ?

– *J'ai 2 300 pieds.*

– *Moi, j'ai 1 500...*

– *Ça me fait une erreur de 800 pieds. C'est beaucoup. Ma prise statique doit en avoir pris un coup...*

Pierre jette un coup d'œil à son tableau de bord. Par chance, l'instrument de secours indique l'altitude correcte. Il est situé dans un coin du tableau de bord. C'est un cadran de petite taille mais c'est mieux que rien.

– *Je vais faire l'approche avec l'altimètre de secours,* annonce-t-il. *Ça devrait marcher.*

---

55. *60 km/h.*
56. *35 km/h.*
57. *90 km/h.*
58. *9,5 centimètres de diamètre.*

Reste un problème beaucoup plus complexe à résoudre. Pierre doit connaître exactement sa vitesse pendant l'approche. S'il est trop rapide, il va tout casser... S'il est trop lent, il risque de décrocher.

C'est donc Jean-Michel Cloarec qui va lui servir d'indicateur de vitesse. Pour cela, il va se placer en patrouille pendant toute l'approche et lui annoncer en permanence sa propre vitesse.

La finale se fera en patrouille lâche écartée d'une dizaine de mètres en arrière. C'est la meilleure place pour bien sentir les évolutions du « lead ». En outre, Cloarec adoptera exactement la même configuration : train sorti, volets à zéro et demi-bec sorti. Au-delà de l'aspect technique, c'est un symbole de l'esprit de coopération qui règne entre les deux hommes.

Un premier essai est réalisé alors que les deux avions sont encore à 20 kilomètres du *Clemenceau*. Pierre Clary réduit progressivement les gaz et Jean-Michel Cloarec le guide en lui annonçant sa vitesse.

– *220 nœuds.*
– *Reçu...*
– *210 nœuds...*
– *180 nœuds... Tu y es presque !*
– *160 nœuds. C'est bon, ne touche plus à rien.*

Pierre s'applique alors à garder des éléments stables. Malgré tout, sa vitesse a tendance à changer chaque fois que son avion descend ou remonte sur le plan d'approche. Aussitôt, Cloarec annonce les modifications qui en découlent.

– *Attention, tu as 170 nœuds.*

Clary réduit alors imperceptiblement la poussée de son réacteur et les paramètres reviennent en place.

Dans le même temps le contrôleur du porte-avions commence le guidage CCA vers le pont[59].

– *Vous êtes à 10 nautiques, cap 158... 1 500 pieds.*

La patrouille est en train de terminer le virage à gauche qui

---

59. *Dans une approche CCA sur mer, le contrôleur annonce le cap que l'avion doit suivre pour rejoindre le bateau et la distance restante. Contrairement à une approche GCA sur terre, il ne donne pas l'altitude à laquelle se trouve l'avion mais celle à laquelle il devrait être pour se trouver dans un plan d'approche correcte.*

va l'amener dans l'axe d'approche du bateau. Comme c'est la procédure, Jean-Michel Cloarec change alors d'aile. Il se place à gauche du leader. C'est important pour sa propre sécurité. Tout à l'heure, lorsque Pierre sera sur le point de toucher le pont, il lui faudra remettre les gaz et « l'îlot »[60] du *Clemenceau* pourrait le gêner.

Les deux avions sont pratiquement alignés dans l'axe du *Clemenceau* lorsque le « chef avia » intervient de nouveau sur la fréquence :

– *Pirate leader, faites un 360 de retardement par la gauche ! Vous êtes encore un peu lourd. Je voudrais que vous soyez à la masse de 8 tonnes max pour l'appontage.*

– *Bien reçu, on fait un 360 par la gauche.*

Le « chef avia » a raison... Étant donné la vitesse à laquelle l'étendard se présente, chaque kilo supplémentaire représente une énergie considérable qu'il va falloir dissiper. Ce virage à basse altitude va durer environ deux minutes. Il permettra de consommer quelques centaines de kilos de carburant.

C'est toujours ça de gagné !

À 16 h 21, Pierre est de nouveau dans l'axe. Le porte-avions est quelque part loin devant mais les bans de stratocumulus ne permettent pas encore de le voir. Ça ne devrait pas tarder. La voix du contrôleur confirme que les avions se rapprochent rapidement.

– *8 nautiques... cap 145... toujours 1 500 pieds...*

À cet instant, le cœur de Pierre cogne un peu plus fort dans sa poitrine. Il n'a pas vraiment peur de mourir. Il n'y pense même pas. Comme tous les marins, il a simplement à cœur de bien faire son boulot. Si seulement il pouvait ramener l'avion à bord ! À la moindre erreur, il va s'écraser sur le pont ou finir au fond de l'eau. Aucune de ces deux solutions ne l'enchante vraiment.

L'altitude diminue doucement. L'avion fonce maintenant au ras des vagues. Ça va vraiment très vite...

À 16 h 22, le contrôleur annonce :

---

60. *Ensemble des superstructures du bateau se trouvant sur droite du pont d'envol.*

– *Distance 7 nautiques[61]. Altitude 1 500 pieds.*

C'est à cet instant que la longue silhouette grise apparaît à l'horizon...

Au même moment, Cloarec intervient sur la fréquence.

– *155 nœuds... Fais gaffe, tu es un peu lent...*

Comme pour lui donner raison, le vibreur de manche de Pierre se met en action[62]. L'alarme indique que l'avion est sur le point de décrocher. Immédiatement, Pierre rend la main et repousse imperceptiblement les gaz vers l'avant.

– *Maintenant, c'est bon,* reprend aussitôt Cloarec.

– *Vous êtes à 6 nautiques[63]... Virez légèrement à gauche au cap 140... Altitude stable 1 500 pieds.*

– *Roger.*

Le *Clemenceau* est maintenant bien visible juste devant la pointe du chasseur. Par moments, Pierre se trouve exactement au-dessus de son sillage. Puis les corrections qu'on lui impose l'en écartent pour le placer à gauche de l'écume.

Tout en gardant son cap, Pierre jette un dernier coup d'œil à ses jauges. Comme le souhaitait le « chef avia », l'Étendard pèse maintenant environ 8 tonnes. C'est le poids idéal pour tenter ce genre d'exploit.

Dans moins de deux minutes, ce sera le moment de vérité. Le cœur bat très vite cette fois. Dans les écouteurs, les voix se succèdent les unes après les autres. Pierre exécute scrupuleusement les instructions mais ne répond plus.

– *La vitesse est bonne... Touche à rien,* annonce Cloarec, toujours placé en position d'ange gardien...

Puis c'est le contrôleur CCA...

– *4 nautiques, le cap est bon. Restez comme ça ! Altitude 1 200 pieds.*

– *3 nautiques... Altitude 900 pieds.*

– *2 nautiques... Altitude 600 pieds.*

---

61. *11 kilomètres.*
62. *Lorsque l'avion approche du décrochage, un moteur électrique se met en marche. Des vibrations désagréables sont alors transmises dans le manche pour inciter le pilote à relâcher la traction sur la commande. Ce système existe également au niveau du palonnier et les vibrations sont alors transmises dans les pieds.*
63. *5 kilomètres.*

Pierre est maintenant dans le « *groove* »[64]. Il aperçoit distinctement le bouillonnement des hélices à la poupe du bateau. Elles brassent l'écume comme dans un gigantesque chaudron. Les six chaudières et les quatre turbines à vapeur sont poussées au maximum. À cet instant, l'ensemble des machines développe la bagatelle de 126 000 chevaux sur les deux lignes d'arbres ! Ce sont près de 30 000 tonnes de métal qui déboulent à 60 kilomètres à l'heure sur les flots. Dans ses conditions, le vent souffle à près de 100 kilomètres à l'heure sur le pont. Là-bas, les hommes doivent se déplacer pliés en avant pour résister à la violence de la tornade. C'est sûrement l'effervescence. Toutes les sécurités incendie ont été mises en place. Les gars du PEH[65] sont sur le pied de guerre. Car le plus grand risque, c'est que l'Étendard prenne feu lorsqu'il sera arrêté sur le pont.

– *Un nautique et demi... Altitude 450 pieds.*

Bien calé dans son siège éjectable, Pierre se concentre sur sa trajectoire. Le miroir est en vue. L'angle d'attaque est dans le vert. Il est temps de passer avec les officiers d'appontage.

Comme le veut la procédure, Pierre va annoncer les trois éléments que les « OA » attendent :

– *Miroir... 2 fois 4... Foster*[66]...

Ce sont des paramètres immuables que le pilote prononce systématiquement en passant l'altitude de 350 pieds. En trois mots, Pierre vient de signaler qu'il voit correctement le miroir, qu'il lui reste 800 kilos de carburant (c'est-à-dire presque rien) et que son nom de guerre est Foster.

La réponse de l'officier d'appontage est immédiate :

– *Un peu à droite.*

Pierre obéit immédiatement. Ce n'est pas un conseil mais un ordre ! Le bateau approche.

Et puis, soudain, le pilote réalise que cette finale à grande vitesse est vraiment très différente des autres fois... Car le

---

64. *Terme des pilotes pour désigner le proche sillage du bateau.*
65. *Personnel du pont envol hangar.*
66. *1/Le pilote a le miroir d'appontage en vue. 2/Il lui reste 800 kilos de pétrole (2 x 4). 3/Son nom de guerre est Foster.*

Clemenceau arrive très vite vers lui... À 300 kilomètres à l'heure, les 165 mètres du pont paraissent incroyablement courts. C'est chaud ! Il faut être attentif au moindre détail. Stabiliser l'avion... Surveiller le miroir... Obéir aux ordres de l'officier d'appontage... Visualiser le point d'impact... Garder la lampe verte de l'angle d'attaque... Tenter d'accrocher le second brin... Ne pas arrondir comme pour un atterrissage sur terre.

À 16 h 28, c'est le choc... À 300 kilomètres à l'heure, l'Étendard cogne sur le pont du *Clemenceau*. C'est beaucoup plus dur que d'habitude. La crosse de l'avion accroche un des énormes câbles. C'est le brin numéro 2. Dans un hurlement de métal martyrisé, celui-ci se tend et entraîne les puissants freins hydrauliques installés sous le pont d'envol.

La tête de Pierre part en avant avec violence. Les roues du train principal se soulèvent laissant l'avion pendant quelques secondes sur la roulette de nez. Sans même réfléchir, le pilote pousse la manette des gaz vers l'avant pour afficher plein pot sur le réacteur. C'est la procédure... Au cas où il aurait raté les brins d'arrêt, il faut pouvoir disposer instantanément de toute la poussée, sinon, c'est le bain forcé.

Mais tout va bien... La crosse est parfaitement en place et les câbles ne se brisent pas.

La vitesse passe de 300 kilomètres à l'heure à zéro en moins de 50 mètres. L'Étendard se bloque sur place.

Aussitôt les hommes de la sécurité se précipitent vers le chasseur. Avec des gestes précis, le « chien jaune » fait signe au pilote de couper le réacteur immédiatement. Ce n'est pas la procédure habituelle, mais on craint le feu plus que tout. Pourtant tout va bien. Il n'y a pas de fuite. Pas la moindre flamme. Le *Clemenceau* ralentit. La course folle contre le vent est terminée.

Pierre ouvre sa verrière. Aussitôt, un mécanicien se précipite pour installer les cinq sécurités du siège éjectable[67].

---

67. *C'est la procédure normale. Dès que le pilote ouvre sa verrière, un mécanicien installe des épingles de sécurité sur le siège. Le but est d'éviter qu'un faux mouvement du pilote ou d'un technicien ne provoque le déclenchement du siège.*

— *Heureux de vous voir de retour, commandant,* lance-t-il les yeux brillants d'admiration.

Pierre enlève lentement son casque. Il est un peu pâle. Son visage est profondément marqué par la pression du masque à oxygène.

— *Pas autant que moi,* murmure-t-il d'une voix un peu lasse !

Le pilote quitte le cockpit. L'avion est ramené par un Tracma vers le parking avant et les hommes s'approchent lentement. On examine les dégâts avec stupéfaction.

Comment le pilote a-t-il réussi à ramener une machine avec de tels dommages[68] ? C'est un véritable exploit. Et un miracle ! Car il y a un impact sur le fuselage à moins de 50 centimètres du réservoir arrière.

On retrouvera des débris du missile un peu partout sur l'avion. Des examens scientifiques approfondis montreront qu'il s'agit d'un engin de conception soviétique. De toute évidence, c'est un missile léger transportable par un homme seul et doté d'un guidage infrarouge. Conçues dans les années 1970, la plupart des ces armes sont aujourd'hui fabriquées sous licence dans certains pays[69].

Les experts seront formels quant à la position du tireur au moment de l'attaque. Celui-ci était devant l'avion, ce qui prouve sans conteste que les Français étaient attendus. Le missile avait une trajectoire semi-convergente... Rien à voir avec ce qui se passe lorsqu'un tir est déclenché en secteur arrière.

---

68. *Les dégâts sont les suivants :*
– *près de la moitié de l'empennage horizontal est arrachée,*
– *le compensateur droit est arraché,*
– *le gouvernail de direction est criblé de milliers d'impacts. La tôle est boursouflée et arrachée,*
– *la dérive est déchirée et déformée,*
– *l'antenne pitot est repliée sur elle-même (pas de vitesse),*
– *le bord de fuite du moignon de dérive est transpercé,*
– *le moignon de gonio est transpercé,*
– *le revêtement du fuselage est percé à 50 centimètres du réservoir arrière,*
– *la carène droite est trouée en plusieurs endroits,*
– *il y a un léger impact sur l'aileron droit,*
– *la pointe arrière est déformée avec arrachement du revêtement du côté droit,*
– *le réacteur est transpercé de plusieurs orifices au niveau de la tuyère.*
69. *Yougoslavie, Égypte, Chine.*

Après des analyses poussées, les enquêteurs découvrent que l'avion a été touché par un missile SA-14 Gremlin[70]. C'est l'un des rares missiles portables capables d'intercepter un avion en secteur avant.

Pierre Clary repartira en vol dès le lendemain matin. C'est lui qui le demandera. En tant que commandant en second de la flottille 16F, il souhaite avant tout montrer l'exemple aux jeunes pilotes.

---

70. *Nom de code russe 9K34 Strela-3. C'est le successeur du célèbre SA-7 dont les performances ont été considérablement améliorées. Le SA-14 a une portée maximum de 4 500 mètres et peut abattre un avion en vol jusqu'à 3 000 mètres d'altitude.*

SECRET DU PREMIER CRASH...

Le Mirage IV a fait son premier vol le 17 juin 1959 à Melun-Villaroche[1]. Construit par Marcel Dassault, ce bombardier stratégique de 33 tonnes est capable de voler à plus de deux fois la vitesse du son : Mach 2,3. Cette machine magnifique a été voulue par le général de Gaulle en personne qui souhaitait que « la force de frappe française soit capable d'agir n'importe où sur terre ». Car le Mirage IV n'est pas un bombardier comme les autres : il peut pénétrer jusqu'à 4 000 kilomètres en territoire ennemi et transporter une bombe atomique. C'est un des vecteurs principaux de la politique de dissuasion française. On comprendra aisément que ces avions n'aient pas été confiés à n'importe qui. Les hommes qui ont eu la chance de les piloter font partie des meilleurs.

Bien évidemment, tout ce qui se rapporte au Mirage IV a toujours été extrêmement « sensible ». Le secret était d'autant mieux protégé que chacun savait que l'appareil était suivi à la loupe par le chef de l'État en personne. Les informations ont parfois

---

1. *Le pilote aux commandes était Roland Glavany. L'ingénieur d'essais assis derrière lui était Jean Robert.*

été si bien gardées que, même au sein de l'armée de l'air, tout ne se savait pas. Aujourd'hui, les archives sont incomplètes et les détails de certains événements ne sont plus dans les mémoires.

C'est le cas de l'accident survenu au Mirage IV numéro 03...

Bordeaux-Mérignac.
29 mars 1965.

André Fournier est pilote. À l'époque de ces faits, il est lieutenant et vient tout juste de rentrer en stage de transformation sur Mirage IV. L'avion qu'il va piloter est le numéro 03. Il appartient au Centre d'instruction des forces aériennes stratégiques, le Cifas 328.

En ce matin de printemps, André est sur le point d'effectuer sa douzième mission sur cet appareil. Ce sera le dernier vol prévu par le stage. Si tout se passe bien, il obtiendra sa qualification définitive sur l'avion.

Son navigateur est le capitaine Michel Bedin. Bien que ce dernier ne soit pas pilote, c'est lui qui est le « commandant d'avion ». Dans l'armée de l'air, ce n'est pas toujours celui qui sait piloter qui commande.

Michel Bedin est assis dans le cockpit arrière. Ce n'est pas une place très confortable car elle est dans l'obscurité totale. Les ingénieurs de Dassault ont remplacé la verrière habituelle par une sorte de couvercle en métal totalement opaque. Le navigateur travaille donc sans rien voir dehors[2].

Le vol de ce 29 mars porte le qualificatif M12[3]. Pour André la programmation de cette mission n'a pas été facile. Cela fait exactement vingt jours qu'il attend que l'avion soit disponible pour terminer sa qualification. Trois semaines sans voler, c'est insupportable pour ce passionné !

L'indicatif radio d'aujourd'hui sera « Rampeau ». Ce sera une mission de type « Alpha » assez longue puisqu'elle durera

---

2. En fait, il y a deux minuscules fenêtres latérales disposant de volets métalliques qui permettent de voir le paysage mais les navigateurs de l'époque ne les ouvrent jamais afin de rester dans une ambiance obscure plus favorable à la concentration sur le radar.
3. Douzième vol sur Mirage.

plus de quatre heures et comportera deux ravitaillements en vol. Dans un premier temps, André Fournier fera le tour de la France. Il survolera successivement Brest, Lille, Lyon et Marseille avant de revenir dans une zone à l'ouest de Bordeaux pour y être ravitaillé par un avion citerne C-135 F. Puis il repartira pour effectuer un nouveau tour de France et revenir se poser à Bordeaux-Mérignac. Pour une telle navigation, l'avion est équipé de deux gros bidons sous les ailes. Chacun d'eux contient 2 500 litres de carburant.

Il est 13 h 03. André est aligné sur la piste 05 de Bordeaux. Le ciel est bleu et la visibilité est excellente. Et c'est comme ça sur toute la France ! Un temps idéal pour partir en navigation d'entraînement. Les prévisions météo montrent que le Mirage ne croisera pratiquement aucun nuage au cours de son long périple autour de l'Hexagone. La seule restriction vient du vent qui souffle assez fort dans le Bordelais. Par rapport à l'axe de la piste de décollage, il vient de la droite. Nous verrons plus loin que ce facteur va jouer un rôle très important dans le déroulement des événements.

Les check-lists sont maintenant terminées...

André appuie sur le bouton de l'interphone pour contacter son navigateur.

– *C'est bon pour toi ?* demande-t-il.

– *Pour moi, c'est OK...*

Il est temps d'appeler la tour.

– *Mérignac de Rampeau... pour décoller ?*

– *Vous êtes autorisé au décollage Rampeau, le vent est du 290 pour 20 nœuds avec des rafales à 25.*

Comme c'est la règle, André répète soigneusement l'autorisation qu'il vient de recevoir. Puis lentement, de la main gauche, il pousse les deux grosses manettes de gaz vers l'avant. Le régime des deux réacteurs Atar 9K13 augmente. Les températures montent. Sur les débitmètres carburant, les chiffres commencent à défiler à toute vitesse. La manette arrive à la position pleins gaz « sec ». À cet instant, les deux réacteurs délivrent chacun 4,8 tonnes de poussée.

– *C'est parti,* annonce alors André en lâchant les freins.

Et la flèche d'argent commence à accélérer.

Mais cette puissance n'est pas suffisante pour permettre au Mirage de quitter le sol. Étant donné le poids de l'avion, il serait très difficile d'atteindre la vitesse de 190 nœuds[4] indispensable au décollage. Il faut encore rajouter de la puissance... Alors, dès que l'appareil commence à rouler, le pilote passe le cran qui déverrouille les postcombustions. Un petit voyant s'allume aussitôt sur la droite du tableau de bord. À cet instant, un véritable flot de kérosène est injecté au niveau des tuyères. Derrière le bombardier, l'enfer se déchaîne. Deux longues flammes bleutées apparaissent. La puissance des réacteurs augmente encore. Chacun pousse 6,7 tonnes et le Mirage IV accélère plus fort.

– *100 nœuds.*
– *120...*
– *150...*

Trente-cinq secondes après le lâcher des freins, l'aiguille de l'indicateur de vitesse arrive sur le chiffre attendu : 190 nœuds. L'avion file sur la piste à 350 kilomètres à l'heure... André peut enfin tirer sur le manche.

Le Mirage pointe son nez effilé vers le ciel et décolle.

Le pilote n'a pas le temps de rêver... L'avion accélère rapidement. Il ne peut pas rester très longtemps avec le train sorti car la vitesse limite dans cette configuration est de 220 nœuds[5]. Tout dépassement de ce paramètre avec les roues dehors endommagerait le système.

Alors, du bout des doigts, André saisit la petite palette située en avant de la manette des gaz et la bascule vers le haut. Aussitôt, les dix roues du train Messier Hispano se replient dans leur logement. Les trois voyants verts s'éteignent.

Et le bombardier accélère encore.

Dans l'obscurité de son cockpit, le capitaine Bedin commence à suivre la navigation. Pour cela, il utilise son énorme écran radar et le dispositif optique asservi. Grâce à cet

---

4. 350 km/h.
5. 400 km/h.

étrange périscope inversé, il peut voir ce qui se passe sous l'avion. En exercice de bombardement, ce système lui permettra de viser vers le sol pour simuler le largage d'une bombe atomique.

André part en virage à droite pour mettre le cap vers le nord et contacte immédiatement les opérations au sol.

– *Rampeau, nous venons de décoller... On met le cap vers Nantes.*

– *Bien reçu, Rampeau, rappelez en atteignant 33 000 pieds.*

– *Roger.*

Les secondes passent... André effectue une check-list rapide. Tout est normal. L'avion monte bien malgré son poids important. À mesure qu'il prend de l'altitude, le bleu du ciel devient plus profond. Vu de là-haut, le pilote a l'impression de dominer le monde. La vue est superbe. À gauche, c'est l'océan Atlantique avec ses myriades de reflets qui scintillent sous le soleil. À droite, c'est l'embouchure de la Gironde puis la Charente dont la côte se découpe jusqu'à l'horizon comme sur une gigantesque carte de géographie en grandeur nature. On voit distinctement Oléron avec l'île de Ré juste derrière. La visibilité est si bonne qu'André peut même apercevoir l'estuaire de la Loire qui se découpe dans le lointain.

Tout en travaillant, le jeune lieutenant se dit qu'il a beaucoup de chance de faire ce métier. Quoi de plus extraordinaire que d'être aux commandes d'un tel avion ? Lancé à pleine vitesse, ce monstre de technologie peut parcourir 40 kilomètres à la minute et voler à 20 000 mètres d'altitude : niveau 600. À l'exception du Concorde aucun avion de ligne n'atteindra jamais de telles performances. La navigation s'effectue normalement... André poursuit son vol. Il survole la Bretagne, puis il fonce vers le Pas-de-Calais. Les points tournants sont franchis à l'heure prévue. Il redescend ensuite en direction des Alpes. Il y a encore de la neige sur les sommets. Le paysage est magnifique... Au bout de deux heures, l'avion est pratiquement revenu à son point de départ. André a mis moins de temps pour faire le tour de la France que pour faire Bordeaux-Arcachon en voiture un jour de grand départ.

À 14 h 40, le périple se termine... Il est l'heure de rejoindre un point situé à 160 kilomètres au large du golfe de Gascogne. Le rendez-vous doit avoir lieu dans la zone D 32 réservée aux ravitaillements en vol. C'est là que le Mirage doit retrouver un avion-citerne C-135 F venu de la base d'Istres spécialement pour lui. L'indicatif du ravitailleur est « Marcotte 300. »

L'ordre de mission prévoit de remplir complètement les réservoirs : il faut donc récupérer 12 tonnes de pétrole.

Il est 14 h 45 lorsque André aperçoit le point noir qui l'attend à 20 000 pieds dans la zone prévue. Tout se présente bien. Il n'y a pas la moindre turbulence et la visibilité est toujours aussi parfaite.

– *J'ai le visuel sur Marcotte 300,* annonce-t-il aussitôt à l'intention de son navigateur. *Je rassemble sur lui.*

– *C'est une bonne nouvelle,* plaisante Bedin, *parce qu'on commençait à avoir un peu soif...*

La vitesse est réduite à 300 nœuds[6]. André se met en position derrière le Boeing. Comme c'est la procédure, il adopte un fort étagement négatif avec le tanker pour ne pas se trouver dans ses turbulences de sillage. Quelques instants plus tard, la perche du Mirage IV vient s'emboîter dans le « panier » et le carburant commence à couler à flots dans les réservoirs. Le débit est d'une tonne à la minute. L'opération se déroule sans aucun problème. Douze minutes plus tard, le ravitaillement est terminé et le Mirage s'est considérablement alourdi.

Il pèse maintenant 32 tonnes !

Avec précaution, André ramène doucement les manettes des gaz vers l'arrière pour dégager sa perche. C'est le moment du « disconnect ». Il y a un cloc caractéristique lorsque le cordon ombilical se rompt entre les deux avions. Quelques litres de kérosène s'échappent du panier mais c'est loin d'être un « lavage de pare-brise » comme cela se produit quelquefois.

– *Parfait,* murmure André. *On reprend la nav...*

C'est au moment où le Mirage IV entame un virage à gauche vers la côte que le problème survient !

---

6. *560 km/h.*

C'est Bedin qui donne l'alerte le premier.
– *Eh... J'ai le radar qui disjoncte !!!*
À l'avant, André a également remarqué que quelque chose clochait dans le circuit électrique. Son tableau de pannes vient de se mettre à flasher sournoisement. Puis, c'est le « jaugeur double » qui se met à donner des signes de faiblesse. Les aiguilles basculent vers zéro.
– *Merde... On a un alternateur qui nous lâche,* prévient-il.
Le pilote n'a pas le temps de terminer sa phrase que le problème se complique... Une autre série de voyants s'allume sur le tableau de pannes. Cette fois, c'est beaucoup plus grave.
– *Bon sang, le deuxième alternateur est en train de partir aussi. On a un sacré court-circuit quelque part.*
André n'en revient pas... Bien que la probabilité soit infinitésimale, deux pannes d'un même système viennent de se produire. Il s'est écoulé moins de trente secondes entre le lâchage des alternateurs.
– *Essaie de réarmer,* lance Bedin.
– *C'est ce que je fais mais ça ne marche pas.*
Les deux hommes réagissent alors à toute vitesse. Ils savent déjà que le facteur temps est capital pour gérer la tuile qui leur tombe sur la tête. À présent, la seule source d'énergie électrique de l'avion, c'est la batterie. Et elle n'est pas inépuisable. Le manuel de vol précise qu'elle peut tenir environ quinze minutes sans être rechargée... Cela peut monter jusqu'à vingt minutes si elle est neuve.
Une minute après la panne...
La première réaction d'André est de couper les instruments qui ne sont pas indispensables. Il faut économiser l'énergie par tous les moyens ! D'ailleurs, certains systèmes n'ont même pas besoin d'être mis sur « off ». Ils cessent d'eux-mêmes de fonctionner. C'est le cas de la centrale de navigation, des jauges, des indicateurs de T4 et du tableau de contrôle carburant... Tous rendent l'âme sans préavis.
Nul doute que le problème électrique est sérieux. Seule la radio UHF continue à fonctionner normalement et c'est une chance car elle représente le lien indispensable avec le sol.

André sait pourtant que cela ne durera pas. Il appelle donc immédiatement les opérations de Bordeaux pour les mettre au courant de ce qui lui arrive.

– *On vous reçoit un peu faible Rampeau,* réplique aussitôt l'officier de permanence en salle d'écoute. *Transmettez votre message !*

– *J'ai un gros problème… Je viens de perdre mes alternateurs. Ils sont tous les deux HS.*

Il y a un long moment de silence sur la fréquence. Le contrôleur doit certainement relayer l'information pour ses supérieurs puis il reprend.

– *Bien reçu, Rampeau. Maintenez le niveau 200 et prenez le cap 0… 9… 0.*

– *Roger, je maintiens le niveau 200 avec un cap au 90.*

À cet instant, André Fournier imagine ce qui se passe au sol : les sonneries d'alarme retentissent sur toute la base. Chacun se précipite sur un téléphone pour avertir sa hiérarchie : un avion a des problèmes… Et pas n'importe lequel, c'est un Mirage IV. Tout le monde sait ce que cela signifie : c'est l'avion favori du chef de l'État. Au PC, on s'affole : le colonel est certainement en train de foncer vers sa voiture pour rejoindre la division des vols. Toutes les lignes avec Taverny[7] sont réquisitionnées.

– *Ça fait combien de temps que vous avez eu la panne ?* interroge le contrôleur.

– *Environ deux minutes.*

– *Rampeau. Vous gardez le cap sur le terrain… Préparez-vous pour une éjection éventuelle. On attend des instructions.*

André ne peut s'empêcher de tiquer. À son avis, il est trop tôt pour envisager d'abandonner la machine. Bien sûr, l'avenir ne se présente pas sous les meilleurs auspices, mais il reste tout de même une quinzaine de minutes pour tenter quelque chose.

– *Roger,* réplique-t-il… *Mais pour information, je crois que je devrais pouvoir atteindre Bordeaux avant que ma batterie soit morte.*

---

7. Quartier général des forces aériennes stratégiques. Il est situé dans des galeries souterraines au nord de Paris.

– *On est en train d'étudier le problème, Rampeau. On vous rappelle.*

Trois minutes après la panne...

Instinctivement, André jette un coup d'œil à son chronomètre. Il lui reste un peu plus de onze minutes. Chaque seconde qui passe le rapproche du moment où plus aucun instrument ne fonctionnera à bord. Pourtant, il ne parvient pas à s'imaginer en train de quitter le navire. D'ailleurs, pour l'instant, il n'est même pas inquiet. Bordeaux n'est qu'à 120 kilomètres vers l'est. Il vole à 800 kilomètres à l'heure. Dans neuf minutes, il sera arrivé.

Et puis, si ça ne passait pas, il serait toujours temps de sauter. Le siège éjectable Martin Baker est un Mark IV. Un bon modèle pour l'époque. Il permet de « partir » au niveau du sol pourvu que la vitesse soit au minimum de 180 kilomètres à l'heure. Même si André n'a pas vraiment envie de se retrouver pendu sous un parachute, ce sera la solution...

Quatre minutes... Le Mirage arrive à 100 kilomètres de Mérignac. Les « ops » du Cifas rappellent.

– *Rampeau, vous avez un sacré problème de poids. Vous êtes beaucoup trop lourd...*

– *Ça, je le savais*, remarque André.

– *Vous êtes à 32 tonnes ?*

– *Oui, c'est à peu près ça...*

– *On est en train d'étudier la question. On vous rappelle. En attendant, contactez Capitole sur la fréquence HF. Ils veulent avoir des précisions sur vos difficultés.*

« Capitole » est l'indicatif radio de Taverny qui gère toutes les missions des Mirage IV. Le commandement opérationnel est enterré profondément dans des souterrains au nord de Paris. Grâce à la portée des ondes « haute fréquence », les Mirage IV peuvent pourtant joindre leurs chefs de n'importe où.

– *Capitole de Rampeau, vous me recevez ?*

– *On vous reçoit 4 sur 5, Rampeau. Est-ce que vous pouvez nous faire un bilan précis de vos problèmes électriques ?*

En parlant rapidement, André décrit à nouveau la panne dont il est victime. Il cite avec précision tous les symptômes sur son avion et explique qu'il ne peut pas larguer ses bidons ni vidanger son carburant. Lorsqu'il a terminé, le contrôleur de « Capitole » semble tout aussi embarrassé que son collègue des « ops » de Bordeaux.

– *On a bien compris, Rampeau. On vous rappelle pour vous donner des instructions...*

André ne le sait pas mais à cet instant tout le monde au sol hésite. L'angoisse s'installe dans les salles d'opérations. Des avis contradictoires fusent. Il faut dire que c'est la première fois qu'une double panne d'alternateur survient sur un Mirage IV ! Les techniciens se plongent dans le manuel de vol de l'avion... Tous donnent leur avis... Les lignes restent branchées en permanence entre Bordeaux et Taverny. Certains pronostiquent que plus rien ne fonctionnera à bord de l'appareil quand la batterie sera morte. On envisage le pire : tout se bloquera. Même les commandes de vol ! Sans énergie électrique, l'avion ne serait plus contrôlable. Il finira en vrille.

La seule idée de perdre un Mirage IV terrifie l'état-major. Ce serait la première fois ! Comment réagira le général de Gaulle lorsqu'on lui annoncera que le plus bel outil de sa force de dissuasion se trouve quelque part au fond du golfe de Gascogne ? Des têtes vont tomber !

Du coup, chacun déploie le parapluie pour se protéger... Des ordres arrivent de partout, mais ils vont tous dans le même sens : surtout ne prendre aucun risque... Il faut faire revenir l'appareil à Bordeaux le plus rapidement possible. Il doit être posé avant l'expiration du délai fatidique des quinze minutes.

Tous les techniciens au sol ont les yeux rivés sur leur montre. Il n'en reste déjà plus que dix...

Ramener l'avion au sol rapidement est une excellente idée sauf qu'il y a un gros problème... L'appareil vient tout juste de terminer le plein. Il pèse un peu plus de 32 tonnes et la procédure ne prévoit absolument pas d'atterrir avec ce poids. Cela ne s'est jamais fait...

En temps normal, le poids maximum du Mirage IV à l'atterrissage est limité à 27 tonnes. La différence est énorme. Avec 5 tonnes de trop, les conséquences peuvent être dramatiques :

les pneus risquent d'éclater, le train d'atterrissage peut se briser ou la cellule se tordre au moment du contact avec la piste.

Il y aurait bien une solution pour alléger l'avion. Il faudrait vidanger le carburant en vol. Malheureusement, cela prendrait du temps et, surtout, il faudrait de l'électricité pour actionner les électro-vannes. Il y a une autre possibilité : larguer les gros bidons sous les ailes mais, encore une fois, c'est impossible. Les systèmes d'accrochage se déverrouillent électriquement !

Du *temps* et du *courant* sont les deux paramètres qui manquent cruellement au pilote. Pour les responsables au sol, il ne reste donc que deux solutions : demander à l'équipage de s'éjecter ou prendre le risque de faire atterrir l'avion au poids phénoménal de 32 tonnes.

Tout en se dirigeant vers Bordeaux, André attend les ordres. La décision n'est pas de son ressort. C'est lui qui est aux commandes de cet appareil mais il ne lui appartient pas pour autant. Il doit respecter scrupuleusement les instructions qu'on va lui donner. Si les chefs lui ordonnent de s'éjecter, il obéira. C'est un militaire.

Les minutes passent et finalement la décision tombe :

– *Rampeau, vous allez atterrir !*

André ne peut retenir un soupir de soulagement. À son avis, les chefs ont pris la bonne décision. Personne dans les FAS[8] n'a pu se résoudre à perdre un Mirage IV sans rien tenter.

– *Bien reçu, on va être un peu lourd mais ça devrait passer,* lance-t-il sur la fréquence.

– *Roger... Prenez le cap 085 et rappelez en vue du terrain...*

André dresse l'oreille. Les derniers mots du contrôleur ont été à peine audibles. Par réflexe, il augmente le volume de la radio mais ça ne change rien. Aucun doute, la batterie commence à faiblir. Le compte à rebours a bien commencé.

À partir de cet instant, André décide de limiter ses conversations avec le sol. Il lui faut économiser l'énergie. C'est surtout lorsqu'il parle que cela pose un problème car le poste

---

8. *Forces aériennes stratégiques.*

consomme beaucoup plus en émission qu'en réception. Entre chaque message, André décide donc de mettre son UHF sur « off ». Il s'agit de retarder au maximum le moment où l'avion ne sera plus qu'un morceau de métal sans vie.

Trois minutes plus tard, le Mirage arrive en vue de la côte Aquitaine. Par chance, la visibilité est très bonne. On distingue nettement le bassin d'Arcachon et l'embouchure de la Gironde. L'aéroport de Mérignac est à 10 kilomètres à l'ouest de la ville de Bordeaux.

Un coup d'œil au chronomètre. Cela fait maintenant huit minutes que les ennuis ont commencé. L'équipage pousse un soupir de soulagement. Il devrait arriver dans les temps. C'est le moment de rebrancher son UHF afin de signaler sa position aux opérations :

– *J'ai le visuel sur le terrain.*

– *Bien reçu, Rampeau. Présentez-vous à la verticale à 20 000 pieds et on vous fera descendre vers l'est pour vous amener en finale sur la piste 29.*

– *La 29 ???*

André n'a pu s'empêcher de montrer son étonnement. L'aéroport de Mérignac comporte deux pistes en croix, la piste principale 05/23 et la secondaire 11/29. Elles ne sont pas de la même longueur : il y a presque un kilomètre de différence entre les deux et on lui donne la secondaire ! Il faudrait qu'il se pose sur la principale…

– *Pourquoi la 29 ? Je préférerais la 05 !*

Moment de silence… De toute évidence, on discute derrière le micro.

– *On a un problème, Rampeau… le vent est de travers sur la principale. Étant donné votre poids, ça peut poser un problème.*

– *Je préférerais quand même prendre la 05…*

Nouveau temps mort… puis le verdict tombe.

– *Négatif… Vous allez prendre la 29 à cause du vent de travers.*

André a beau chercher, il ne comprend pas cet argument. Le Mirage IV peut se poser avec 25 nœuds de travers. Aujourd'hui, la composante n'est que de 18 nœuds, ce n'est donc pas un véritable problème.

Et puis, aucun pilote n'aime cette piste car elle oblige les avions à tourner au-dessus de zones très habitées.

– *Mais la 29 est plus courte,* proteste André.

– *Oui mais vous aurez le vent de face. Ce sera plus facile pour vous de vous arrêter !*

– *Et Mont-de-Marsan... Je pourrais pas aller là-bas ? Ils ont une piste bien orientée qui fait plus de 3 kilomètres.*

– *Négatif, ils n'ont pas toutes les sécurités*[9]. *Et puis vous ne vous y êtes jamais posé.*

À cet instant André réalise que son marchandage est stérile. Les chefs ont déjà pris leur décision et personne ne les fera changer d'avis. Surtout pas lui, un jeune lieutenant qui n'est même pas encore qualifié sur la machine. C'est une perte de temps et d'énergie pour sa batterie.

– *D'accord, je vais prendre la 29,* concède-t-il.

André râle... L'utilisation de cette piste va amener le bombardier à survoler l'agglomération de Bordeaux et il n'aime pas ça. S'il avait un problème au moment de la finale, l'avion se planterait sur les maisons... Ce que personne ne semble savoir à propos de la piste 29, c'est qu'au moment de ces faits elle est en réfection partielle. Certains secteurs doivent être utilisés avec précaution. Ainsi, l'*over run* n'est pas terminé et il y a une « marche » de 30 centimètres juste avant le seuil. André ignore ce détail. Ceux qui donnent les ordres semblent également l'ignorer car la piste est rarement utilisée...

Et puis, répétons-le, les responsables au sol sont totalement débordés par ce qui leur arrive. Toute leur attention se focalise sur un seul paramètre : le poids exceptionnel de l'avion. Dans les bureaux, on fait et on refait des calculs... L'avion va s'alléger un peu en revenant vers Bordeaux. Actuellement, il consomme 100 kilos à la minute, ce qui le mettra au poids approximatif de 31 tonnes au moment de son arrivée. C'est un peu moins que prévu mais, de toute façon, ce sera trop lourd.

Après avoir étudié la question, les techniciens arrivent à la

---

9. *Mont-de-Marsan deviendra plus tard une base opérationnelle des Forces aériennes stratégiques, mais, en 1965, les Mirage IV n'y atterrissent pas encore.*

conclusion que le pilote va devoir approcher à la vitesse phénoménale de 250 nœuds. Par sécurité, on lui conseille même de prendre 270 nœuds : 500 kilomètres à l'heure... S'il descend en dessous, il risque de perdre le contrôle de l'avion. Une telle vitesse en finale est absolument considérable. C'est pratiquement deux fois plus vite qu'un Boeing en finale normale. Car le Mirage IV possède une aile delta. Cette aile semblable à celle de Concorde a des caractéristiques aérodynamiques très particulières, la principale étant que l'approche s'effectue avec un angle d'incidence[10] très élevé. Cette attitude très cabrée exige une très forte puissance au réacteur. Il arrive même parfois que le pilote soit obligé d'utiliser la poussée maximum juste avant l'atterrissage. La surveillance de l'angle d'incidence est donc un élément très important au moment de la finale.

Dix minutes après la panne...

Comme on lui a demandé, André passe à la verticale du terrain de Bordeaux-Mérignac à l'altitude de 20 000 pieds[11]. Il ne peut s'empêcher de jeter un coup d'œil vers les deux pistes en croix sous ses ailes. On distingue nettement les chiffres écrits à l'entrée de chacune d'elles 23 - 05 et 11 - 29. Cette dernière est recouverte d'un ciment plus clair (elle est plus ancienne que la principale) et les traces de pneus y sont peu importantes. C'est une preuve qu'elle n'est pas très souvent utilisée.

André vient tout juste de passer au-dessus de la base que le contrôle lui demande de « sortir les godasses ». Visiblement, personne n'a envie d'avoir une mauvaise surprise à la dernière minute.

– *Rampeau, vous sortez le train d'atterrissage et vous confirmez que vous avez les trois vertes.*

Sans hésitation, André abaisse la palette sur la console de gauche. Il y a un bruit de mécanisme en arrière du poste de pilotage et la séquence de sortie des roues se déroule normalement.

---

10. *Angle compris entre la corde de l'aile et la direction du vent relatif. Plus un avion a de l'incidence pendant l'approche et plus il est cabré.*
11. *Environ 6 000 mètres.*

Quelques secondes plus tard le bombardier est en configuration d'atterrissage. C'est un gros point d'acquis.
– *J'ai les trois vertes,* confirme aussitôt André.
– *Bien reçu, Rampeau, prenez le cap 145 et commencez la descente.*

Respectant les consignes qu'on lui donne, André se laisse chuter vers le sud-est, puis il entame un large virage à gauche qui va le ramener dans l'axe de la piste 29.

Pendant la descente, les deux hommes serrent soigneusement les sangles de leur harnais. En cas d'éjection, il faut être parfaitement maintenu sur le siège pour avoir le maximum de chances de survie.

À mesure que le temps passe, les rythmes cardiaques s'accélèrent. Au sol, tous les yeux sont rivés sur l'écran radar.

– *Prenez le cap 310 pour intercepter l'axe,* annonce le contrôleur.

André obéit mais il ne répond plus. Chaque pression sur l'alternat de sa radio diminue la vie de sa batterie de quelques précieuses secondes. Sa préoccupation principale, c'est de maintenir la vitesse à 270 nœuds...

Quelques instants plus tard, la voix du contrôleur retentit de nouveau dans le casque :
– *Cap 300...*

Le Mirage est maintenant à 5 000 pieds. Il survole le petit village de Fargues-Saint-Hilaire. Il y a une grande antenne juste à côté qu'André connaît bien. Les premières maisons de la banlieue de Bordeaux sont en vue.

Il ne lui reste plus qu'à survoler la ville et la piste sera de l'autre côté.

– *Cap 290,* ordonne le contrôleur.

Puis il rajoute pour éviter toute confusion :
– *2... 9... 0...*

André est parfaitement calme. La poussée des deux réacteurs est stable. L'avion arrive en vue de la piste 29. Cela fait maintenant douze minutes que la panne est survenue.

Malgré sa vitesse importante, l'appareil est très cabré. S'il s'agissait d'une approche normale, l'angle d'incidence devrait être de 15 degrés. Or, il est déjà de 19 degrés, c'est beaucoup trop[12]. La perte de contrôle n'est pas loin. Et malgré ses efforts, André ne parvient pas à réduire ce paramètre. À la moindre traction sur le manche, l'aiguille de l'incidence-mètre bascule vers des valeurs inquiétantes. L'avion descend et pourtant son nez reste pointé vers le ciel. Paradoxe étonnant de l'aile delta, plus l'avion ralentit et plus il faut utiliser de puissance car l'immense surface portante agit comme un aérofrein.

Le Mirage survole la Garonne puis s'engage au-dessus de la ville de Bordeaux. À mesure qu'il approche de la piste, il descend doucement. Instinctivement, André jette un coup d'œil vers la radio-sonde pour avoir une idée de sa hauteur. Bien évidemment du fait du court-circuit, l'instrument ne fonctionne plus. Il ne reste donc que l'altimètre qui indique 1 300 pieds.

– *Est-ce que ça va ?* demande Michel Bedin depuis la place arrière.

– *Oui... L'incidence est un peu forte mais on va y arriver,* réplique André d'une voix calme.

À cet instant, le pilote est effectivement très à l'aise. Malgré la difficulté de l'approche, il maîtrise sa machine. Sous ses ailes, les repères défilent beaucoup plus vite que d'habitude.

Dans la tour de contrôle de Mérignac, des jumelles sont braquées vers l'est à la recherche du bombardier.

Soudain, le contrôleur aperçoit les longues traînées noires dégagées par les deux réacteurs.

– *Vous êtes en vue, Rampeau. Vous êtes autorisé à l'atterrissage, le vent est du 300 degrés pour 18 nœuds.*

André ne répond pas... La bande rectiligne de la piste 29 est juste dans l'axe de son pare-brise.

Avec précision, il laisse descendre le Mirage doucement sur le plan. Les habitations se rapprochent.

Il ne faudrait surtout pas que l'avion le lâche à cet instant. Ce serait la catastrophe. Étrange que personne au sol n'ait envisagé cette éventualité !

---

[12]. *En utilisation normale, l'incidence atteint 18 degrés au moment où l'avion touche la piste.*

500 pieds...

André maintient toujours la vitesse à 270 nœuds. La piste approche mais l'avion devient un peu plus délicat à contrôler. Il est lourd et réagit mal. Par moments, il s'enfonce de manière imprévisible. Le pilote le rattrape en mettant les gaz à fond mais c'est chaud. En outre, le vent fort provoque des turbulences dynamiques au ras du sol. Ça secoue méchamment. L'incidence monte parfois jusqu'à 20 degrés. Le bombardier n'a qu'une envie : s'enfoncer[13]. Bien que la procédure prévoie de ne jamais faire la finale en regardant l'incidence-mètre, André jette de temps en temps un coup d'œil sur l'instrument[14]. Il sait que les risques viennent de là. Il ne suffit pas de maintenir une bonne vitesse pour rester en vol.

Les deux réacteurs Atar 9K13 hurlent à pleine puissance. Ça pousse, mais le nez ne redescend pas vraiment. Par moments, le pilote aurait bien envie de « cranter » la postcombustion pour rattraper les choses. Il n'en fait rien.

La piste approche...

André sent que ça va passer... Cette piste, il va l'avoir. Comme elle est courte, il va essayer de toucher le plus près possible du seuil. C'est le seul moyen pour disposer d'un maximum de distance pour freiner. D'autant qu'il n'y a pas de barrière d'arrêt tout au bout.

Dans la tour, les contrôleurs suivent des yeux le Mirage.

– *Autorisé à l'atterrissage Rampeau*, répète l'homme au micro. *Le vent est dans l'axe pour 20 nœuds.*

100 pieds...

André est calme... Dans quelques secondes, les roues seront sur le ciment. Il suffira de déployer le parachute de queue puis de freiner fermement. Et tout sera terminé. Ce ne sera qu'une aventure de plus à raconter aux copains du mess.

Malheureusement, ça se passe mal ! Alors que le Mirage n'est plus qu'à quelques mètres du sol, le vent de face diminue

---

13. Une aile delta ne décroche pas. Si l'angle d'incidence augmente de façon importante, elle s'enfonce de manière incontrôlable.
14. De nos jours, les procédures ont changé et la finale se fait à l'incidence. En conditions normales, la vitesse d'approche est de 195 nœuds (360 km/h).

brusquement. L'incidence augmente. Aussitôt, l'avion s'enfonce.

Il est 15 h 01.

Cette perte de contrôle ne serait pas très grave si l'avion était au-dessus de la piste. Ce ne serait qu'un atterrissage particulièrement dur avec un avion très lourd. Malheureusement, le bombardier est encore au-dessus de l'*over run*, juste avant la « marche ».

Il s'en faut d'un cheveu pour que ça passe. D'ailleurs, le Mirage IV étant très légèrement en crabe, le diabolo droit du train d'atterrissage franchit l'obstacle sans difficulté. Malheureusement, le diabolo gauche ne passe pas. Il cogne durement 50 centimètres avant l'obstacle de ciment.

Le choc est très violent.

La contre-fiche du train se brise comme du verre... Un craquement terrible retentit. En une fraction de seconde, André comprend que ça va mal. Immédiatement, la jambe de train s'affaisse et le Mirage chute sur son aile gauche.

Froissements de tôle martyrisée...

Dans un réflexe, André saisit la poignée sur la cloison gauche et la tire en arrière. C'est la commande du parachute de queue. Celui-ci se déploie immédiatement à la queue de l'avion mais la vitesse est trop forte, la toile ne résiste pas. Elle est immédiatement arrachée.

Puis il y a un troisième impact... c'est le train d'atterrissage droit qui se replie sur l'arrière.

Une seconde plus tard, les quatre roues du diabolo jaillissent derrière l'avion. Le nez plonge vers le sol, écrasant au passage la roulette avant. Dans un vacarme assourdissant, le Mirage fonce sur le ventre à toute vitesse. Ce n'est plus qu'une masse de métal désemparée.

À cet instant, les deux hommes sont persuadés qu'ils vont mourir. Il faut rappeler que l'appareil renferme près de 11 tonnes de carburant dans ses entrailles. C'est une bombe.

Lancée à près de 400 kilomètres à l'heure, la carcasse quitte la piste et part vers la droite. Juste en face se trouve une longue rangée de bâtiments : l'aérogare...

André ne peut retenir un cri :
— *On est foutus !!!*
Dans un immense nuage de poussière, le bombardier part en glissade sur la terre battue.

Pour l'équipage, c'est alors l'enfer qui commence. Les vibrations sont d'une telle brutalité qu'André n'a plus qu'une pensée : il faut que ça se termine ! Au cours de sa carrière de pilote, il lui est parfois arrivé de voir la mort de près. Un jour, il a vu sa vie défiler à toute vitesse devant ses yeux alors qu'il présentait un Vautour en meeting. Aujourd'hui, rien de tout cela ne se produit. Il a simplement peur que sa colonne vertébrale ne résiste pas. Il va finir paralysé !!!

En fait, les chocs contre le siège sont si violents qu'il n'a qu'un souhait : perdre conscience pour ne plus souffrir. D'autant qu'il appréhende le moment terrible où les énormes bidons vont se déchirer.

L'équipage va griller dans une boule de feu...

— *Pourvu que le prochain choc m'assomme,* pense-t-il tandis que le bombardier poursuit sa course folle vers l'aérogare.

Avec le recul des années, André réalise qu'à cet instant il n'a pas eu la moindre pensée pour son navigateur. Ce dernier subit pourtant le même calvaire et c'est encore pire pour lui car il est dans l'obscurité totale. Sans référence extérieure, le malheureux ne sait pas ce qui arrive. Il ne peut que subir en aveugle... Psychologiquement, c'est terrible. Les secondes passent... La course semble ne jamais vouloir prendre fin. En fait, ce sont les énormes bidons sous ses ailes qui font office de patins et permettent à l'avion de glisser aussi longtemps.

Plus l'avion progresse et plus les irrégularités du sol sont importantes. Il y a des crevasses, des tranchées, des tas de pierres sur lesquelles le Mirage rebondit lourdement. Puis c'est la bordure du taxiway qui longe les parkings « Lima ».

Contre toute attente, André ne perd pas connaissance... Michel Bedin non plus.

Et le plus incroyable, c'est que pendant cette course démentielle, il n'y a pas la moindre flamme, pas une fuite de carburant, pas d'explosion...

Un miracle !

C'est d'autant plus extraordinaire que, contrairement aux craintes d'André, l'avion fou frôle l'aérogare sans percuter les constructions... Il aurait suffi que la trajectoire s'infléchisse de quelques mètres sur la droite pour que le crash fasse des dizaines de victimes.

Évitant les bâtiments, la carcasse poursuit donc sa route en se disloquant de toutes parts. Le radome se replie sous le fuselage comme du papier froissé. Les tôles volent tout autour. L'antenne UHF et le radome d'antenne Doppler ne résistent pas. La perche de ravitaillement est arrachée. Elle est projetée à plusieurs mètres de hauteur avant de se planter dans la terre jusqu'à une profondeur d'un mètre cinquante.

La randonnée à travers champ n'en finit pas... Puis tout à coup, il y a un choc encore plus violent... L'avion vient d'aborder la piste principale qui coupe la 29. Pendant deux secondes, les secousses disparaissent. La carcasse glisse sur une patinoire bien lisse. Puis les vibrations reprennent de plus belle. Mais le Mirage est maintenant beaucoup plus bas sur le sol... Au passage sur le ciment, il a abandonné ses deux bidons de 2 500 litres. Une fois encore, le feu ne prend pas...

Dans le cockpit, ça secoue tellement que le système de navigation « Rebecca » se détache du tableau de bord et vient coincer le tibia d'André contre la cloison latérale. C'est comme une lame de couteau qui pénètre dans la chair du pilote.

– *Si seulement, je pouvais être assommé,* supplie vainement André.

Enfin dans un dernier soubresaut de cheval fourbu, la carcasse s'arrête. Depuis l'impact sur le seuil, le Mirage IV a parcouru 1 452 mètres.

André relève doucement la tête... Il est vivant ! La visière de son casque est fendue. Tout autour de l'épave, il ne voit rien. Un gigantesque nuage de poussière entoure ce qui reste du bombardier.

Silence...

Le nuage se dissipe peu à peu.

Malgré les chocs et l'état pitoyable de l'avion, l'habitacle n'a pas été déformé et les hommes ont été parfaitement protégés. Les avions Dassault, c'est du solide !

Aussitôt, André débranche son arrivée d'oxygène. Il libère son harnais et déverrouille la verrière pour tenter de fuir le cockpit. Il faut faire vite... Une forte odeur de kérosène commence à se répandre. Il suffit d'une flamme et l'avion s'embrasera.

Mais André a beau pousser sur les bras, il ne parvient pas à se dégager de son siège. Sa jambe est bloquée par le boîtier de navigation. Le coin inférieur pénètre profondément dans son mollet. Plus il force et plus l'arête acérée s'enfonce dans le muscle. Et pourtant, il ne sent pas la douleur...

À l'arrière, Michel Bedin a plus de chance. Il réussit à s'extirper de son cockpit sans difficulté. Aussitôt, il se précipite au niveau du poste avant :

– *Ça va ?*

– *Je peux pas me dégager. Je suis coincé.*

– *Bouge pas, je vais te sortir de là.*

Sans hésiter, Bedin engage le torse profondément à l'intérieur du cockpit. Malgré l'odeur de carburant qui se fait de plus en plus forte, il met toute son énergie pour dégager son camarade. Il lui faut du temps pour libérer le mollet bloqué par l'imposant boîtier métallique.

Après tant d'années, André Fournier n'a pas oublié ce geste... Il sera toujours reconnaissant à son navigateur de lui avoir porté assistance sans la moindre hésitation[15]. Il aurait pu y laisser sa vie.

Au moment où les véhicules de secours déboulent autour de l'avion, Bedin réussit enfin à dégager la jambe d'André. Celui-ci peut sortir et il quitte l'appareil. C'est seulement à cet instant qu'il se rend compte qu'il est blessé.

Sur la base, les sirènes retentissent. Des véhicules traversent en trombe les taxiways pour rejoindre l'épave. Il en arrive de toutes parts. Il y a des pompiers bien évidemment, mais aussi des ambulances, des camions avec des commandos de l'air et

---

15. *Le capitaine Bedin est aujourd'hui décédé.*

puis des dizaines de voitures militaires appartenant au Cifas. Tous ces véhicules forment un cordon de sécurité autour de l'avion comme pour le protéger des regards indiscrets. Un hélicoptère militaire survole le lieu du crash. Le pilote en profite pour prendre des photos où l'on voit distinctement la position de l'avion et les traces qu'il a laissées sur la piste qu'il vient de traverser.

André Fournier est évacué en urgence sur l'hôpital Robert-Piquet. On va lui plâtrer la jambe car il a le tibia cassé. C'est une longue fêlure qui part du talon et remonte vers le genou. Les chocs verticaux sur le plancher ont été si violents qu'ils ont fendu l'os dans le sens longitudinal.

Alors qu'on l'installe dans une chambre isolée, André est loin de se douter que son accident va prendre une tournure exceptionnelle...

Les militaires se gardent bien de prévenir la presse qu'un de leurs Mirage IV vient de s'écraser à Bordeaux. Il n'y a rien de vraiment étonnant... L'armée française n'a jamais été un modèle de communication, surtout lorsqu'elle perd un avion. Difficile de lui reprocher, c'est la règle du jeu. Ce mutisme n'est d'ailleurs pas réservé aux Français. Toutes les armées du monde deviennent subitement aphones lorsqu'elles sont confrontées à des situations semblables. Ainsi, l'US Air Force a-t-elle verrouillé une partie du Nevada après avoir perdu un prototype ultra secret du F117[16].

Même si ces méthodes n'ont que peu de rapport avec les règles d'une grande démocratie, c'est de bonne guerre. Personne n'aime révéler ses faiblesses et tout est bon pour faire croire qu'on est invincible.

Par ailleurs, aucun journaliste bordelais ne fait de zèle. Personne ne cherche à savoir à quoi correspond le grand nuage de poussière aperçu le 29 mars sur l'aéroport.

Tous savent que le président de la République n'a pas toujours très bon caractère et personne n'a envie de s'attirer

---

16. *L'avion avait décollé de la base aérienne de Nellis et il fallait empêcher les curieux d'approcher par tous les moyens.*

ses foudres. Le grand public ignore donc tout de l'accident. Jusqu'ici, tout est logique...

En revanche, là où les choses sont beaucoup plus étranges et certainement uniques, c'est que l'accident de Bordeaux ne fait pas l'objet d'une véritable enquête au sein de l'armée de l'air elle-même ! Aucune commission digne de ce nom n'est désignée pour établir les causes réelles du crash. L'accident est totalement occulté des documents officiels. Il s'est produit il y a quarante ans et on n'en trouve trace nulle part dans les archives de l'Anfas[17]. Pas davantage dans les ouvrages de références les mieux renseignés[18].

En fait, le premier accident survenu à un Mirage IV n'a jamais eu lieu !

Pourtant, on sait parfaitement ce qui s'est passé par la suite :

André Fournier est à peine arrivé à l'hôpital que le général Maurin qui commande les FAS reçoit un appel en provenance de la présidence de la République. C'est de Gaulle en personne ! Ce dernier veut savoir ce qui s'est passé exactement. Bien évidemment, il n'existe aucun enregistrement de ce coup de fil mais on sait que le chef de l'État n'est pas content. Mais alors pas content du tout ! Il exige que le responsable de cette « connerie » ramasse un maximum. En outre, cet accident doit rester secret. Absolument secret.

De Gaulle n'avait pas la réputation de parler pour ne rien dire. On imagine aisément que ses ordres ont été pris très au sérieux. Très rapidement, le bruit court que le malheureux André Fournier va être l'objet de sanctions très lourdes. Il a été le premier pilote à casser un Mirage IV et on ne lui pardonnera pas... Tous ceux qui viennent lui rendre visite à l'hôpital le préviennent qu'on va l'envoyer « casser des cailloux à Biribi ». D'autres pronostiquent qu'il va être muté comme « chef de centre à Val-d'Isère ». L'armée de l'air y possède un établissement d'oxygénation pour son personnel. À cette époque, le

---

17. Association nationale des forces aériennes stratégiques.
18. Les livres le plus complets sur ce sujet sont ceux de la série Docavia Mirage IV le bombardier stratégique d'Hervé Beaumont (éditions Larivière) et l'ouvrage d'Alexandre Paringaux, Le Mirage IV. Ces excellents ouvrages recensent tous les accidents survenus mais aucun ne fait référence au crash d'André Fournier.

poste de responsable de l'endroit était « proposé » aux navigants qui faisaient l'objet d'une mesure disciplinaire.

Le lendemain de l'accident, un officier supérieur vient à l'hôpital pour rendre visite à André. Il prononce des paroles terrifiantes :

– *T'es foutu, mon vieux... Quoi qu'il arrive, ne t'imagine surtout pas qu'ils te laisseront reprendre un jour les commandes d'un Mirage IV !*

André n'est pas le seul à être dans le collimateur. Le capitaine Bedin est également sérieusement menacé parce que c'était lui le commandant de l'avion. On lui reproche d'avoir laissé André Fournier faire l'approche à 270 nœuds. Ce n'était pas la bonne vitesse.

La critique est assez incroyable : ce paramètre n'est pas prévu dans les abaques puisque l'appareil ne peut pas atterrir au poids de 31 tonnes. Comment Michel Bedin aurait-il pu indiquer quelque chose qui n'est écrit nulle part ?

En réalité, tout le monde a peur des réactions du chef de l'État. Il faut impérativement trouver des coupables et c'est bien évidemment l'équipage qui se trouve en première ligne.

En attendant qu'on décide de son sort, André Fournier se voit conseiller de prendre du repos pendant un « temps indéterminé ». Dès qu'il sera rétabli, il aura le droit de rester chez lui. Cette décision paraît d'autant plus injuste qu'il reçoit une autre visite sur son lit d'hôpital. C'est un pilote d'essai des avions Dassault qui vient lui apporter un soutien inattendu.

Malgré les circonstances, l'homme parle sans retenue :

– *Vous savez ce genre de décrochage en très courte finale, ça m'est arrivé personnellement à deux reprises.*

– *Et vous n'avez pas cassé l'avion ?*

– *Non, j'ai eu plus de chance... Ça s'est bien passé parce qu'il n'y avait pas de travaux sur la piste. Aucune « marche » pour arracher le train d'atterrissage comme vous. Et puis mon avion était léger...*

– *En attendant, c'est moi qui trinque.*

Le pilote d'essai sourit tristement.

– *Les véritables responsables de votre crash, ce sont ceux qui vous ont ordonné de vous poser sur cette piste en mauvais état.*

– *Apparemment tout le monde n'est pas de cet avis*, soupire André très abattu.
– *Vous croyez qu'ils vont vous faire porter le chapeau ?*
– *J'en ai bien l'impression !*

Et c'est effectivement ce qui se passe. Quelques jours plus tard, le commandement des Forces aériennes stratégiques communique sa « décision » concernant l'accident survenu à Bordeaux. Elle survient sous la forme d'une fiche *Secret/Confidentiel* qui clôture définitivement l'instruction relative à l'accident.

Les conclusions sont stupéfiantes car elles ne correspondent absolument pas à ce qui est arrivé :

- Le Mirage IV n'a pas été victime de deux pannes simultanées d'alternateur !
- André Fournier a réussi à vidanger normalement les réservoirs. Cette opération lui aurait d'ailleurs pris vingt-cinq minutes !
- L'avion n'était pas en surcharge au moment de l'atterrissage et son poids n'était que de 18 tonnes !
- Il s'est posé sur la piste 05 et non sur la piste 29 (il n'est nulle part question de vent de travers) !
- La distance parcourue au sol n'est que de 1 100 mètres dont seulement 170 mètres sur le ventre !
- L'avion est abîmé mais il est parfaitement réparable au niveau du 4e échelon.

Certains points capitaux ne sont même pas abordés. Ainsi, le document ne fait aucune mention de l'heure à laquelle la panne est survenue ni de ses conséquences sur le pilotage de l'avion. Il ne parle pas davantage de la quantité de carburant restant dans les réservoirs après le crash (ce paramètre était pourtant facile à calculer puisque l'appareil n'a pas brûlé). On ne sait pas davantage de quel côté de la piste 05 le Mirage IV serait sorti. Le plus étonnant, c'est que les descriptions faites ne correspondent même pas aux photos réalisées par le pilote de l'hélicoptère.

Pour finir, et c'est le plus grave, les rédacteurs du document précisent que « *c'est le pilote qui est responsable de ce qui s'est passé »* mais de manière contradictoire, ils conseillent de ne prendre contre lui que des sanctions légères *« parce qu'André Fournier est un pilote adroit et très confirmé qui a déjà fait ses preuves. Il manquait simplement d'expérience sur l'avion ».*

En clair, il fallait absolument qu'on désigne un coupable pour calmer la colère du président de la République. On l'a trouvé... Il doit payer. Même si on n'est pas vraiment sûr que ce soit lui le responsable !

Une semaine plus tard, le jeune lieutenant sort de l'hôpital. On lui a mis un plâtre de marche et il parvient à se déplacer avec des béquilles. Persuadé qu'il n'aura plus jamais l'occasion de piloter un avion, son moral est au plus bas. Il est donc très étonné d'être appelé par son commandant d'unité.

– *T'es convoqué à Taverny d'urgence. Tu dois rencontrer le général Maurin... J'ai reçu l'ordre de t'accompagner.*
– *Tu sais pourquoi il veut me voir ?*
– *Aucune idée. Mais à mon avis, c'est pas pour te féliciter !*

Inutile de préciser que Fournier prend le train pour Paris avec l'état d'esprit d'un condamné à mort partant pour la chaise électrique. Philippe Maurin est le général de corps aérien qui commande les FAS. Il va certainement lui annoncer qu'il est définitivement viré du personnel navigant... C'est du moins ce que tout le monde pronostique à Bordeaux. Même si cette sanction paraît profondément inique, André sait qu'il ne pourra rien y changer.

Pendant tout le voyage, il ne cesse de penser que sa vie est finie. Fournier est un pilote de chasse dans l'âme. Comme tous ceux qui passent leur vie dans le ciel, il aime profondément son travail. Être cloué au sol sera un calvaire.

Lorsqu'il pénètre dans le bureau du grand patron, il ne peut que s'étonner de le voir avec un sourire aux lèvres.

– *Bonjour Fournier, comment va votre jambe ?*
– *Heu... Ça va, mon général. Je vous remercie...*
– *Est-ce qu'on vous enlève bientôt votre plâtre ?*
– *Heu oui, dans une semaine, mon général...*
– *Bon, eh bien, ça tombe bien parce que dans quinze jours vous reprenez les vols en unité sur... Mirage IV.*

Sur le coup, la surprise est si forte qu'André ne peut retenir une exclamation !
– *Dans quinze jours ?*
– *Oui, ça vous pose un problème de repartir en vol.*
– *Heu non... Absolument aucun.*
Le pilote semble tellement abasourdi que le général s'inquiète.
– *Ça va Fournier ?*
– *Oui, mon général.*
– *Vous êtes vraiment sûr que ça va ?*
– *Depuis une minute, mon général, ça va même très bien !*
André Fournier a donc poursuivi une brillante carrière de pilote[19] et ce n'était que justice. D'ailleurs, pourquoi aurait-il été puni puisque, officiellement, ce jour-là, le Mirage IV n° 03 n'a jamais eu le moindre accident !

L'armée de l'air cultive peut-être le culte du secret, mais elle essaie de ne pas être injuste envers ses hommes.

---

19. *Il sera affecté successivement sur les bases de Cazaux, Luxeuil et Orange.*

IL A COULÉ LE DESTROYER « SHEFFIELD ! »

Îles Malouines 1982.

Les Malouines sont un archipel de deux cents îles situées à 600 kilomètres à l'est de la côte argentine. Les Anglais les appellent les « Falkland » car elles sont rattachées à la couronne depuis 1833.
Pour les Argentins, ce sont les « Malvinas ». De leur point de vue, la présence britannique est une occupation coloniale d'une terre qui leur appartient. En 1982, confrontée à d'énormes difficultés économiques, la junte militaire dirigée par le général Galtieri lance une grande campagne dans le pays pour exiger le retour des Malvinas à la « mère patrie ». C'est une priorité nationale.
Finalement, au début de l'automne, les militaires décident d'employer la manière forte.

L'opération « Rosario » est déclenchée le 2 avril 1982[1]... Les Argentins attaquent les Malouines à l'aube. Ils débarquent

---

1. *Ces événements ont lieu dans l'hémisphère Sud. C'est l'automne.*

dans la capitale Port Stanley. Les quatre-vingts militaires britanniques sur place sont rapidement submergés par trois mille soldats argentins très motivés. En fin d'après-midi, les combats sont terminés... Le drapeau anglais est descendu de son mât et remplacé par celui de l'Argentine. Bien que des tirs aient été entendus tout au long de la journée, ces affrontements ne font aucune victime dans les deux camps.

La communauté internationale est stupéfaite par ce coup de force.

Le Premier ministre britannique de l'époque est Margaret Thatcher. Chacun se demande si celle que l'on surnomme « la Dame de fer » va oser se lancer dans une guerre à l'autre bout du monde. Les Malouines ne sont pas plus grandes qu'un département français. Malgré une opinion publique divisée, le Premier ministre décide de riposter... Quelques heures après l'invasion, elle annonce que l'amiral Woodward est désigné pour diriger une flotte chargée d'aller déloger les Argentins.

C'est la guerre...

Les experts militaires sont persuadés que l'Angleterre ne pourra pas mener un conflit auquel elle n'est pas préparée. Depuis trente ans, le pays a développé un potentiel militaire destiné à affronter les forces du Pacte de Varsovie. Rien ne laissait supposer qu'il faudrait livrer une bataille navale à 12 000 kilomètres des côtes anglaises. C'est un défi d'autant plus difficile à relever que les récentes coupes budgétaires dans les crédits de l'armée handicapent son potentiel d'interventions.

Ce conflit inattendu place la France dans une situation particulièrement inconfortable. Officiellement, le gouvernement de François Mitterrand soutient Margaret Thatcher. Le droit international est en sa faveur. Les îles sont à 600 kilomètres de l'Argentine, elles sont en dehors de ses eaux territoriales. Admettre cette annexion laisserait le champ libre à tous les dictateurs de la planète. La France est donc solidaire des Britanniques.

À contre-cœur !

Car l'Argentine est un pays avec lequel elle entretient des

relations privilégiées. Le prestige dont jouissent les Français là-bas est exceptionnel. Et puis surtout, la société Dassault y a vendu beaucoup d'avions, en particulier des Super Étendard destinés à la marine. Les pilotes argentins ont été formés par des instructeurs français. Beaucoup de coopérants militaires sont encore présents sur place et des liens très forts d'amitié se sont noués entre les hommes.

Entre le cœur et la raison, la France n'hésite pas. Dès le début des hostilités, les Français cessent toute coopération militaire avec le gouvernement du général Galtieri. Un embargo est décrété sur les pièces détachées destinées aux Super Étendard récemment livrés. Les techniciens de chez Dassault qui travaillaient sur place sont rappelés d'urgence. L'Argentine a acheté quatorze Super Étendard, cinq ont été livrés. Elle ne verra pas la couleur des neuf derniers. Pour les Argentins, les problèmes d'approvisionnement seront tels que seuls quatre avions sur les cinq livrés seront utilisés au combat. Le cinquième servira comme « magasin de pièces détachées ». Malgré ces difficultés, les pilotes de l'aéronavale vont mener des opérations militaires époustouflantes. Ce sera notamment le cas de l'attaque menée par le capitaine de corvette Augusto Bedacarratz.

Base aérienne de Rio Grande.

Il n'y a que trois jours que le conflit a réellement commencé... En Argentine, les esprits sont chauffés à blanc. Persuadés que l'armée va remporter une victoire rapide, les médias galvanisent l'opinion publique. Jour et nuit, les commentateurs matraquent le même message : « *Las Malvinas son Argentinas*[2]. » La propagande est partout dans les rues, sur les affiches et jusque dans les écoles primaires. On ne parle que de la guerre et de victoire rapide. Sur les radios, la musique militaire remplace le disco. À la télévision, des artistes renommés viennent appuyer sans réserve la politique du général Leopoldo Galtieri. Même l'Église prend parti ouvertement sur la question !

2. *Les Malouines sont Argentines.*

La question des Malouines fait l'unanimité nationale.

Le 3 mai, c'est la douche froide. Les Anglais coulent le croiseur *Belgrano* ! L'un des fleurons de la marine argentine.

4 mai... Il est 3 h 30 du matin... Le jour n'est pas encore levé. Une pluie froide tombe sur la base de Rio Grande. Augusto Bedacarratz vient d'être réveillé par un coup de téléphone. C'était un quartier maître qui l'appelait du PC :

– *Bonjour commandant, il y a un briefing à 4 h 30 à l'escadrille. On vous demande d'être présent.*

– *D'accord, j'y serai !*

Augusto est pilote de Super Étendard... Il est le commandant en second de la « deuxième escadrille de chasse et d'attaque de l'aéronavale »... Son nom de guerre est « Aries ». Au moment de ces événements, il a 38 ans et plus d'un millier d'heures de vol sur toutes sortes de chasseurs comme le Skyhawk A-4Q. C'est un pilote exceptionnel qui fait l'unanimité parmi ses compagnons de vol. Après avoir pris une douche rapide, Augusto retrouve son équipier Armando Mayora[3] au carré des officiers. Les deux hommes s'installent à une table pour y prendre un solide petit déjeuner. Dans un coin de la salle à manger, un poste de télévision est déjà allumé. Même à cette heure matinale, on y voit des images de défilés militaires.

Les deux pilotes ne sont pas les seuls à déjeuner si tôt. Des dizaines d'officiers sont présents. Tous se restaurent en silence. Est-ce la fatigue ou l'inquiétude devant l'évolution des événements, il règne une étrange tension dans la salle. La veille, les Anglais ont marqué des points décisifs dans le conflit. Le croiseur *Belgrano* a été coulé par le sous-marin nucléaire *Conqueror*. Deux torpilles au but ont entraîné dans la mort plus de deux cent cinquante jeunes hommes.

Les Anglais ont crié victoire sans retenue. Au journal télévisé de la BBC, le Premier ministre Margaret Thatcher a commencé son discours par deux mots devenus célèbres : « *Rejoice... Rejoice*[4]... »

---

3. Son nom de guerre est « Boina ».
4. Réjouissez-vous.

IL A COULÉ LE DESTROYER « SHEFFIELD ! »

Et toute l'Argentine a ressenti la gifle.

Dans son palais présidentiel, le général Galtieri sait que sa survie politique dépend des victoires de son armée. Il faut faire quelque chose... Toute la nuit, une cellule de crise s'est tenue à l'état-major de Buenos Aires. Les bases aériennes du Sud sont sur le pied de guerre. C'est à Rio Grande que la pression est la plus forte car les Malouines sont juste en face, à 600 kilomètres...

Rares sont ceux sur la base qui ont dormi cette nuit. Dans les hangars, on a révisé des avions, des moteurs ont été démontés et remontés à la hâte. On a vérifié les circuits hydrauliques. Les armuriers ont nettoyé les canons et chargé des bombes.

Tout en avalant son petit déjeuner, Augusto Bedacarratz griffonne des chiffres sur une feuille de papier.

– *Ça sera juste mais ça devrait passer*, murmure-t-il.

Avec sa moustache tombante et son faux air de l'acteur Anthony Quinn, Bedacarratz a quelque chose de rassurant. Quelles que soient les circonstances, l'homme est toujours incroyablement calme.

– *De toutes les façons, on n'a pas le choix*, réplique Mayora. *Si c'est aujourd'hui, ce sera pour nous.*

Mayora soupire.

– *On verra bien...*

Les deux hommes se connaissent bien. Ils volent toujours ensemble. Augusto est leader et Mayora numéro 2. Cela fait plus d'un mois qu'ils se préparent avec toute l'escadrille pour une opération aérienne vers les Malouines. Si la rumeur se confirme, l'attaque est imminente et ce sont Bedacarratz et Mayora qui partiront les premiers car ils sont d'alerte cette nuit.

Il est 4 h 10... La nuit est sombre. Il pleut toujours. Les pilotes quittent le carré pour se rendre au bâtiment qui abrite leur escadrille. Un coup d'œil à la montre. Le briefing est dans vingt minutes.

– *Ce serait bien s'il pleuvait un peu moins*, murmure Mayora en relevant le col de fourrure de son blouson de cuir.

Les pilotes sont les seuls à porter ce blouson PN de l'armée de l'air française. Il leur a été offert lors de leur dernier stage à Landivisiau et chacun l'a décoré de dizaines d'écussons brodés aux couleurs de l'escadrille.

À l'entrée du bâtiment, Augusto passe devant l'insigne de son unité. L'écusson est peint en grand sur le mur juste derrière la porte vitrée. Il représente un faucon chaussé de rangers et portant une énorme matraque cloutée. Autour du dessin, on peut lire l'inscription : « *Segunda Escuadrilla Aeronaval de Caza y Attaque Armada Argentina*[5] ».

Un peu plus loin, le long du couloir qui mène à la salle « ops », se trouvent les portraits des pilotes de l'escadrille. Chacun est photographié devant son avion en combinaison de vol avec le casque à la main. Il y a dix hommes en tout et Augusto figure en deuxième position juste après Jorge Colombo, le commandant[6]. Augusto éprouve une profonde admiration pour son chef. Il n'est pas seulement le responsable de l'unité, il est celui que chacun respecte parce que c'est un pilote hors pair.

À 4 h 25, tous les participants sont réunis dans la salle de briefing. Le visage grave, Jorge Colombo vient d'arriver. L'ambiance est lourde. Les hommes sont autour de la grande table en bois verni. En attendant l'arrivée du commandant de la base, on discute à voix basse de la catastrophe de la veille. Augusto ne dit rien. Il observe distraitement les tableaux accrochés aux murs. Ce sont des scènes de batailles navales au XIVe siècle. Sur l'une d'elles, l'artiste a peint un navire en train de sombrer. Augusto reste songeur : défaites et victoires dépendent parfois de si peu de choses...

Un officier s'approche de lui. C'est le capitaine de frégate Raoul[7], le spécialiste des renseignements militaires. Un parfum

---

5. 2e escadrille aéronavale de chasse et d'attaque de l'armée argentine.
6. *Jorge Colombo est capitaine de frégate. Les huit autres pilotes de l'escadrille sont Roberto Agotegaray, Roberto Curilovic, Alejandro Francisco, Luis Collavino, Julio Barraza, Juan Rodriguez Mariani, Armando Mayora (équipier d'Augusto ce jour-là) et Carlos Machetantz.*
7. *Tous les noms rapportés dans cet ouvrage sont parfaitement exacts à l'exception de celui-ci qui est un pseudonyme.*

d'eau de toilette de qualité se dégage du nouveau venu qui lui tend une main ferme.
— *Ca va ?*
— *Ça peut aller,* sourit Bedacarratz. *Mais je n'ai pas bien dormi.*
Malgré l'heure matinale et la gravité de la situation, tous les participants au briefing sont impeccablement rasés. Les cheveux sont soigneusement coiffés. Chacun applique pour soi-même la discipline stricte qu'il exige de ses subordonnés.

Le commandant de la base arrive. Les hommes s'assoient.

Le briefing commence par un exposé sur la situation météorologique de la journée. Ce n'est pas très brillant... On est en automne dans l'hémisphère Sud et il ne fait pas beau. Les participants écoutent le prévisionniste. Ce sera comme hier : beaucoup de pluie, des rentrées maritimes et des nappes de brouillard sur l'océan.

Personne ne s'inquiète... Les pilotes ont l'habitude de voler dans ces conditions. La base de Rio Grande se trouve à l'extrême pointe de l'Amérique du Sud. C'est la Terre de Feu... *La Tierra del Fuego...* Contrairement à ce que l'on pourrait croire, l'endroit n'a rien d'un désert brûlant. C'est une région balayée par des vents glacés. Située à 100 kilomètres au nord de la ville d'Ushuaia, seuls les moutons parviennent à se nourrir dans cette lande désolée où il pleut presque toute l'année.

Pour les rares habitants de la région, la beauté sauvage du paysage n'est pas synonyme de vie facile. Mêmes les arbres ne poussent pas... Le prévisionniste range ses cartes météo et laisse la place à l'officier de renseignements. Il est 4 h 35...

Le capitaine de frégate Raoul commence son exposé avec une étrange lueur dans les yeux. Pour rendre son explication plus claire, il utilise une grande carte clouée au mur. Elle représente la côte orientale de l'Argentine avec les îles Malouines bien visibles à droite. À plusieurs endroits, des fanions ont été plantés pour matérialiser des positions caractéristiques.

Dans la pièce, tout le monde suit l'exposé avec attention.

Le doigt de l'officier se pointe vers le sud-est des Malouines. C'est là que se trouve la plus grande concentration de fanions de couleur rouge.

– *Senores… Je crois que nous avons un sacré coup de chance… Le Neptune de la base était en vol cette nuit… C'est Proni Leston qui pilotait*[8]. *Il était en reconnaissance dans ce secteur. Sa mission était de vérifier qu'il n'y avait pas de bateaux ennemis à proximité de la côte sud car l'état-major envisageait de faire atterrir des Hercules C-130 à Puerto Argentino*[9]. *Et, par hasard, notre gars est tombé en plein sur la flotte ennemie. Son radar l'a détectée à 80 kilomètres au sud de Whale Point. Les coordonnées géographiques que Proni nous a transmises sont 52 degrés 35 minutes de latitude sud et 57 degrés 33 minutes de longitude ouest.*

L'officier marque une pause puis pose le doigt sur la carte.

– *C'est exactement ici*, précise-t-il.

Pendant quelques instants, l'homme donne des précisions sur le nombre de navires que l'équipage du Neptune croit avoir remarqué.

Ce n'est pas une certitude car le pilote n'a pas laissé son radar branché très longtemps de peur de se faire repérer.

– *D'après Proni Leston, leurs deux porte-avions seraient là-bas avec cinq destroyers et quelques frégates.*

L'officier de renseignements a du mal à dissimuler le plaisir qu'il éprouve à livrer ces informations.

Dans l'assistance, c'est la stupéfaction…

La découverte du Neptune vaut de l'or. Car l'isolement diplomatique de l'Argentine a une conséquence dramatique. Les militaires sont pratiquement « aveugles ». Aucune photo satellite. Pas d'information sur les activités de l'ennemi ou ses déplacements… Le président Ronald Reagan a pris parti pour les Anglais et leur réserve tous les renseignements. Comment faire la guerre en cette fin de XXe siècle sans connaître la position de l'ennemi ? en plein océan !

En fait, l'information du pilote du Neptune est excellente. À cet instant, le gros de la flotte britannique est effectivement en attente dans le sud-est des Malouines.

C'est une « task force » qui se compose de plusieurs dizaines

---

8. Ernesto Proni Leston était capitaine de corvette. Les autres membres de l'équipage du Neptune étaient Septich, Pernuzzi, Del Negro et Savedra.
9. Nom argentin donné à la capitale des Malouines, Port Stanley.

de navires regroupés autour de deux porte-avions : l'*Hermes*[10] et l'*Invincible*[11]. Pour protéger le fer de lance de sa flotte, l'amiral Woodward a disposé trois destroyers à 40 kilomètres en avant-garde. Ce sont le *Glasgow,* le *Coventry* et l'*Exeter* qui font une véritable barrière pour empêcher toute attaque aérienne. Ces bateaux sont conçus pour la guerre électronique moderne. Avec leurs missiles Sea-Dart, ils sont équipés des derniers systèmes de détection permettant d'abattre tout appareil hostile en rapprochement... Rien n'échappe à leur surveillance dans un rayon de plusieurs centaines de kilomètres. Cette nuit, les opérateurs radars de l'*Exeter* ont d'ailleurs parfaitement détecté le Neptune, mais ils ont pensé qu'il s'agissait d'un appareil de sauvetage recherchant des survivants du *Belgrano*. Coup de chance pour Proni Leston, les Sea Harrier sont restés sur le pont.

L'armada britannique comporte également plusieurs navires civils réquisitionnés pour transporter la logistique de la flotte : carburant, munitions, pièces de rechange et vivres sont ainsi chargé sur des porte-containers qui suivent de près les navires de guerre.

Jusqu'ici, Bedacarratz et Mayora n'ont pas prononcé un mot mais ils savent que tout ce qui se dit les concerne au plus haut point.

Raoul poursuit son exposé :

– *Woodward a peut-être fait reculer ses bateaux afin de les mettre hors de notre portée*, poursuit-il. *Il se peut qu'il ait flairé quelque chose en voyant notre Neptune tourner dans le secteur. Mais peut-être aussi qu'il n'a pas bougé... Pour le moment, on n'en sait rien. On devrait avoir des nouvelles rapidement.*

Après le briefing « renseignements » vient l'exposé « opérations ». C'est le chef « ops » en personne qui transmet les instructions de l'état-major argentin.

Bedacarratz et Mayora savent qu'on va leur demander si les Super Étendard sont capables d'effectuer une mission d'at-

---

10. L'*Hermes est un vieux porte-avions construit en 1944 mais qui a été lancé seulement en 1953.*
11. L'*Invincible a été lancé un an auparavant.*

taque aussi lointaine... Seuls les pilotes connaissent suffisamment leurs avions pour répondre à cette question. Et c'est effectivement la première question qui tombe.

– *Est-ce que ça passe ?*

– *C'est un peu juste mais ça passe*, rétorque Augusto sans émotion apparente. Mais il faudra faire un ravitaillement en vol...

– *Vous pouvez tenter le coup ?*

Nouveau moment de silence puis Augusto réplique d'une voix ferme.

– *Oui, c'est possible.*

– *Combien de temps vous faut-il pour préparer une « attaque à un « Blanco Grande »*[12]...

– *Au moins quatre heures pour mettre au point tous les détails.*

Le chef « ops » a du mal à dissimuler sa satisfaction. Il jette un coup d'œil rapide à sa montre.

– *Ça veut dire que vous pouvez décoller ce matin aux environs de... 9 heures.*

Augusto hoche la tête.

– *C'est à peu près ça*, réplique-t-il.

– *C'est parfait... Nous avons déjà renvoyé le Neptune en vol. C'est encore Proni Leston qui va exécuter la mission. Il a décollé il y a dix minutes... À 5 h 07 exactement. Il nous appellera pour nous communiquer la dernière position de la flotte ennemie. Si les Anglais se doutent de quelque chose, ils ne vont pas rester sur place... Il faut qu'on soit au courant de leurs mouvements le plus tôt possible.*

Quelques minutes plus tard, l'opération est décidée officiellement : deux Super Étendard de la seconde escadrille vont attaquer les deux porte-avions de l'amiral Sandy Woodward.

Et la machine de guerre commence à se mettre en marche. On contacte l'escadron de ravitaillement sur la base de Rio Gallegos pour qu'il prépare un Hercule KC 130. L'avion devra décoller à 8 h 45 pour envisager un rendez-vous en vol une heure plus tard avec les deux chasseurs.

---

12. *Terme utilisé ce jour-là pour désigner l'opération :* « une attaque sur une cible importante ».

– *Si vous réussissez à couler ces porte-avions,* pronostique le chef « ops », *on a gagné la guerre !*

Malgré son optimisme exubérant, l'officier a raison. Augusto imagine déjà les répercussions d'un tel coup. Certes, l'*Hermes* est un bâtiment très ancien mais l'*Invincible* est tout neuf... Il a été lancé il y a moins d'un an... C'est une des fiertés de la Royal Navy.

Et puis surtout, ces deux navires sont les bases des Sea Harrier. Ces chasseurs à décollage vertical sont si redoutables en combat aérien que les pilotes argentins les ont surnommés « *la muerte negra* »[13]. Leur neutralisation leur donnerait la maîtrise totale du ciel.

Lorsqu'il a terminé son exposé, le chef « ops » regarde les pilotes droit dans les yeux. Il prend son air le plus solennel pour déclarer :

– *Señores, c'est une mission très difficile... Mais nous comptons sur vous.*

À cet instant, chacun dans la pièce a dans la tête les images terribles du croiseur argentin s'enfonçant dans les flots glacés de l'Atlantique.

Quelques minutes plus tard, Augusto se retrouve dans la salle des opérations de son escadrille. Jorge Colombo le commandant est là avec plusieurs pilotes. Tout le monde vient donner un coup de main dans la préparation du vol.

Il est 5 h 30... Il s'agit maintenant de résoudre les nombreuses difficultés que présente cette mission. Tous les paramètres doivent être étudiés. On étale des cartes sur la table. Les caps sont calculés. On vérifie les coordonnées géographiques qui vont être programmées dans les centrales inertielles... Les consommations sont estimées en fonction des temps de vol et de l'altitude très basse qui va être choisie...

Augusto ne laisse rien au hasard. Il n'hésite pas à revoir soigneusement la procédure de paramétrage du missile.

La mission des deux Super Étendard représente un vol de 1 688 kilomètres. Quelqu'un propose d'arrondir au chiffre de

---

13. *La mort noire.*

1 700 mais Augusto s'y refuse... Par principe, il veut rester précis jusque dans le moindre détail. Cette mission est suffisamment complexe pour ne rien négliger.

L'Hercule KC 130 qui va les ravitailler aura pour indicatif radio « Rata ». Il partira de la base de Rio Gallegos située à 260 kilomètres au nord de Rio Grande. Comme prévu, il décollera à 8 h 45 et ira attendre les Super Étendard en pleine mer.

Son commandant de bord sera Enrique Passana. Augusto le connaît bien. Il a souvent travaillé avec lui au cours des entraînements[14]. C'est un bon pilote à qui on peut faire confiance pour être au rendez-vous à l'heure fixée... Ce n'est pas le cas de tout le monde ! Certains arrivent parfois en retard... D'autres ne sont pas à l'endroit où on les attend. Quand les jauges d'un avion sont proches de zéro, on aimerait pouvoir étrangler les maladroits qui ne respectent pas leur plan de vol.

Le gros quadrimoteur va se mettre en attente à 15 000 pieds autour d'un point dont les coordonnées sont 50° 30 de latitude Sud et 65° 30 de longitude Ouest. C'est à 200 kilomètres à l'est de la Patagonie. L'endroit est très au nord de la route directe pour les Malouines, mais cela permettra au ravitailleur d'être en sécurité. Les Sea Harrier anglais auront beaucoup de difficultés à aller le chercher là-bas. Quoi qu'il en soit, l'Hercule bénéficiera d'une couverture aérienne. Deux Mirage M-5 Dagger seront prêts à intervenir pour le protéger. Leur indicatif radio sera « Pollo »[15]. Même s'ils n'ont pas des performances époustouflantes, ces chasseurs construits en Israël seront suffisants pour dissuader les adversaires de venir livrer un combat à 600 kilomètres de leurs porte-avions.

Le trajet des Super Étendard va se présenter sous la forme d'un triangle aplati dont l'angle le plus fermé est orienté vers les Malouines. Dans un premier temps, ils rejoindront l'avion ravitailleur vers le nord, puis ils repartiront vers le sud-est pour mener leur attaque. Ensuite, si tout se passe bien, ils pourront rentrer à leur base. En tenant compte des évolutions impré-

---

14. *L'équipage du KC 130 était composé de Gerardo Vaccaro, Eduardo Gomez, Mario Cemini, Luis Martinez, Oscar Ardizzoni, Mario Amengual, Manuel Lombino.*
15. *Les pilotes sont les capitaines Amilcar Cimatti et Higino Robles.*

vues, la mission durera un peu plus de deux heures et demie. Le timing se présente ainsi :
- le décollage se fera aux environs de 9 h 40 ;
- il faudra une bonne demi-heure pour parcourir les 400 kilomètres jusqu'à l'Hercule de ravitaillement ;
- l'opération de ravitaillement prendra une vingtaine de minutes ;
- il faudra ensuite compter environ cinquante minutes pour rejoindre la flotte ennemie située à 615 kilomètres devant eux ;
- une fois le tir effectué, cela prendra encore une heure pour rentrer à Rio Grande.

L'indicatif des deux Super Étendard sera « Vincha ».

L'avion de reconnaissance Neptune restera en vol pendant toute la mission des Super Étendard. Son indicatif sera « Mercurio ». Comme il l'a fait cette nuit, il maraudera dans le sud pour simuler la recherche de rescapés du *Belgrano*. Au moment où Augusto arrivera à une centaine de kilomètres de son objectif, Proni Leston procédera à un bref éclairage radar pour avoir une position précise des navires anglais. Si le résultat est positif, il transmettra l'information aux deux attaquants.

La mission du Neptune n'est pas sans danger. L'appareil est lent. Il date de la Seconde Guerre mondiale. Équipé de deux moteurs à piston Curtiss-Wright de 3 750 chevaux, il ne dépasse pas 500 kilomètres à l'heure. Quelle que soit l'habileté de son pilote, il n'a absolument aucune chance d'échapper à un Sea Harrier qui voudrait l'abattre.

À 8 h 20, la préparation de la mission est terminée.

– *Je crois qu'on peut aller s'habiller*, lance alors Augusto.

Malgré la gravité du moment, la voix est toujours aussi tranquille. Pour Armando Mayora, l'attitude paisible de son leader est un gage d'efficacité.

– *Je suis avec toi...*

Les deux hommes se rendent alors dans le vestiaire de l'escadrille. Il leur faut maintenant s'équiper pour le vol et ce n'est pas une mince affaire.

Contrairement aux pilotes des zones tempérées, les Argentins volent avec une combinaison étanche et un équipement spécial assez complexe. C'est une question de survie. Le conflit se déroule au niveau du 53e parallèle. Les premières glaces de l'Antarctique ne sont pas loin... Impossible de résister plus de dix minutes dans une eau à 6 degrés. Les deux hommes revêtent donc d'abord une combinaison spéciale ressemblant à un vêtement de plongée sous-marine. Fabriquée en néoprène noir, associée à d'étranges bottes étanches, elle donne au navigant une allure de plongeur de combat. Puis ils rajoutent par-dessus un gros blouson de ski dont la doublure est en plume d'oie ! C'est un bricolage local mis au point par certains pilotes mais tout le monde y tient car ce « détail » change tout en cas d'immersion de longue durée...

Ce n'est pas terminé. Par-dessus le blouson, ils enfilent une combinaison étanche « Aérazur ». Cette dernière est particulièrement rigide et inconfortable mais, en limitant la circulation d'eau, elle diminuera les échanges thermiques.

Ce n'est pas tout ! Par-dessus, Augusto enfile son pantalon anti-g. Lorsque les accélérations deviendront trop fortes, le système se gonflera automatiquement pour renvoyer le sang vers le haut du corps.

Puis il faut encore rajouter un gros gilet de sauvetage autour du cou. Il est équipé de toutes sortes de dispositifs de survie : miroir, fusées de détresse, poudre anti-requin, lampes fonctionnant à l'eau de mer... Tout cet équipement est vital pour survivre en cas d'éjection, mais il est lourd et rend le moindre mouvement terriblement difficile.

Vers 9 heures, les pilotes sont enfin prêts. Ils rejoignent alors une voiture de piste qui les attend devant le bâtiment.

La démarche est pénible. Casque à la main, cartes de navigation, log de vol, masque à oxygène, Augusto et Mayora sont d'étranges astronautes qui partent pour un autre monde. Seule la planchette souple fixée sur la jambe droite rappelle vaguement que ce sont des pilotes de chasse.

Augusto regarde sa montre.

– *On est dans les temps,* lance-t-il.

IL A COULÉ LE DESTROYER « SHEFFIELD ! »

Au moment où les hommes s'installent à l'arrière de la fourgonnette, Jorge Colombo, le commandant de l'escadrille, surgit du bâtiment.

Il a le regard grave :

– *Je viens de recevoir un coup de fil de l'état-major. Les Anglais ont recommencé la même opération « Black Buck »... Ils ont bombardé la piste de Port Argentino ce matin.*

– *À quelle heure c'est arrivé ?*

– *À 5 h 33.*

Augusto reste un moment silencieux. Puis il murmure simplement :

– *D'accord.*

Les Britanniques viennent de rééditer une opération de bombardement semblable à celle d'il y a trois jours. Ils l'ont d'ailleurs appelée opération *« Black Buck 2 »*. Deux énormes bombardiers Vulcan ont décollé de l'île de l'Ascension à 6 000 kilomètres pour détruire les infrastructures de l'aéroport de Port Stanley. C'est une nouvelle victoire à mettre à l'actif de l'ennemi.

– *Il faut qu'on y aille,* murmure Bedacarratz amer.

– *Bonne chance...*

Poignée de main chaleureuse puis Jorge Colombo rajoute :

– *On compte sur vous. Faites gaffe !*

La fourgonnette traverse les taxiways à toute vitesse. Comme toujours, les essuie-glaces sont branchés sur la position grande vitesse.

Mayora a la tête appuyée contre la vitre couverte de buée.

– *Quand je pense qu'en ce moment il y a des veinards qui se la coulent douce à Buenos Aires,* murmure-t-il.

Le véhicule déboule sur le parking. Les avions sont en place, parfaitement alignés. Les groupes électrogènes sont branchés. Juste à côté, une dizaine de mécaniciens attendent. Emmitouflés dans leurs vestes de grosse toile, ils observent les pilotes en train de descendre lourdement... Certains donneraient tout pour être à la place de ces héros qui partent se battre pour leur pays. D'autres se disent qu'ils sont complètement dingues et que c'est la dernière fois qu'ils les voient...

Nouvelles rafales de vent. La pluie redouble d'intensité.

– J'ai l'impression qu'on va s'amuser, plaisante Augusto en protégeant soigneusement ses cartes de l'humidité.

Mayora approuve.

– J'espère que le radar verra quelque chose avec ce temps de chien[16].

Lentement, Augusto fait le tour de son avion. C'est le numéro 0752/3-A-202[17]. Une superbe flèche de métal bleuté. Le Super Étendard a la réputation d'être un redoutable pénétrateur à basse altitude. Aucun autre chasseur ne parvient à se glisser aussi bien sous un faisceau radar pour surprendre l'ennemi. La machine est bleu-vert avec l'inscription « Armada » peinte en blanc sur l'arrière du fuselage. Sur la pointe avant, juste derrière le radome, on peut y lire le chiffre 02. C'est le second appareil livré par la France.

Augusto s'attarde un long moment au niveau de l'aile droite. C'est là que se trouve l'Exocet AM 39 avec lequel il va attaquer les navires anglais.

Il ne faut pas s'y tromper, ce n'est pas un petit missile du type Sidewinder comme on en installe souvent sur certains chasseurs. C'est un énorme cylindre de près de 6 mètres de long et d'un poids de 670 kilos. Il a d'ailleurs fallu une grosse remorque et un container pour le transporter jusqu'à l'avion.

L'aspect de l'engin est plutôt inoffensif. Sa couleur blanche est trompeuse. Difficile d'imaginer que cette jolie fusée renferme 165 kilos d'explosifs capables d'envoyer n'importe quel navire par le fond[18]. L'intérieur est bourré d'électronique : radar, autodirecteur de vol, ordinateur. Il y a aussi du carburant solide et deux propulseurs pour pousser la bête à près de 1 000 kilomètres à l'heure. Commercialement, l'Exocet a été un gros succès pour la France. De nombreux pays l'ont choisi car il a la réputation de faire mouche à tous les coups. Le plus étonnant, c'est qu'aucun acheteur n'a jamais eu l'occasion d'en tirer

---

16. *Les grosses averses peuvent parfois dégrader les performances d'un radar.*
17. *L'autre appareil piloté par Armando Mayora porte le numéro 0753/3-A-203.*
18. *Il peut également être tiré à partir d'un gros bimoteur ou même d'un hélicoptère. L'Exocet existe dans une version pouvant être tirée à partir d'un bateau : l'Exocet MM 40.*

un. Même pendant un entraînement ! La réticence des militaires est facile à comprendre : un seul Exocet coûte plusieurs centaines de milliers de dollars.

Comme pour les Super Étendard, l'Argentine n'en a pas eu pour son argent. Elle a acheté dix missiles mais seulement cinq ont été livrés.

Malgré tous ses efforts, elle ne recevra jamais les autres...

Augusto examine soigneusement l'engin. Avec celui de Mayora, cela en fera deux de moins aujourd'hui dans le stock. Il vaudrait mieux que ça marche ! Pour le moment, les sécurités sont encore en place, le système est inerte mais, dans quelques minutes, tout sera différent.

Le pilote poursuit l'examen de son avion. Respectant la procédure, il se glisse sous les ailes pour examiner chaque détail. Quelques tapes affectueuses sur le gros bidon pendulaire RP 23. Ça sonne plein. Le réservoir contient 1 100 litres de carburant. Il y en a un autre plus petit sous le ventre : un RP 24 de 600 litres. Avec ses réservoirs internes, l'avion pourra tenir en vol pendant plus d'une heure et demie.

Puis Augusto arrive à l'avant du chasseur. C'est à l'intérieur de la pointe noire que se trouve le radar, un équipement vital pour la mission qu'il va exécuter. Un avion de chasse ne sert pas à grand-chose s'il n'est pas équipé d'un radar performant. Sur ce point, le Super Étendard est plutôt bien servi. Il possède un Agave Multimode fabriqué par Thomson CSF. À l'époque de ces événements, c'est l'un des meilleurs systèmes sur le marché.

Pour cette mission, c'est le radar qui va être les yeux d'Augusto. À aucun moment, l'homme ne verra directement son ennemi. Tout passera par l'intermédiaire d'un écran. C'est le radar qui devra trouver les bateaux et transmettra leurs coordonnées au missile.

Augusto pose la main sur le cône noir de l'avion.

– *Je compte sur toi,* murmure-t-il.

9 h 15...
Les deux pilotes montent dans leur cockpit. Par chance, la

pluie cesse quelques instants pendant qu'ils s'installent. C'est toujours ça de gagné. Rien n'est plus désagréable que de partir en vol avec un tableau de bord dégoulinant d'humidité.

Alors qu'Augusto est en train de se sangler, il réalise soudain qu'il n'a pas peur. Pourtant il devrait… car cette mission est un peu folle. Deux avions solitaires contre toute une flotte ! C'est David contre Goliath. Mais l'esprit est trop accaparé par des problèmes techniques. Les états d'âme, ce sera pour plus tard.

Mise en route du réacteur… Les températures montent et le régime se stabilise normalement.

On débranche la prise du groupe électrogène. Les verrières se ferment et l'ambiance sonore change. Les pilotes sont maintenant seuls avec leur machine. Les mécanos ne communiquent plus avec eux que par geste.

Check-list… Vérification de l'alignement de la centrale et du système d'armement. Puis Augusto appelle la tour.

– *Vincha, on est prêts.*

– *Bien reçu les Vincha, vous pouvez rouler pour la 07. On a du vent du 090 pour 15 nœuds avec de la pluie…*

Le régime des réacteurs augmente et les chasseurs s'ébranlent. Lentement, ils s'engagent l'un derrière l'autre sur le taxiway. À cet instant, les deux appareils sont à leur poids maximum de 12 tonnes.

En entendant le hurlement des moteurs, des mécaniciens sortent brusquement des hangars. L'un d'eux s'abrite sous un grand parapluie. Il lève le pouce en signe d'encouragement. Un peu plus loin, un autre fait un signe de croix discret.

Dans le meilleur des cas, les avions seront de retour dans un peu moins de trois heures…

9 h 35.

Les deux Super Étendard sont au point d'attente 07… Les check-lists sont terminées. Le système d'arme est vérifié. La centrale inertielle est recalée. Tous les paramètres des réacteurs sont dans le vert…

À 9 h 42, Augusto aligne son avion sur la piste. Il se place à gauche de la ligne médiane. Mayora prend la partie droite.

– *Freins serrés,* annonce alors Augusto.
– *Freins serrés.*
À cet instant, une camionnette vient se garer au bord de la piste. Deux mécaniciens en descendent et courent vers les chasseurs. Ils sont là pour enlever les sécurités des missiles.
Conformément à la procédure, les pilotes posent alors les mains bien à plat sur le casque et attendent sans bouger. Le but est de montrer que les commandes vont rester immobiles. Tout mouvement inconsidéré braquerait une gouverne qui pourrait blesser un mécanicien en train de s'affairer sur le missile. Ce n'est pas vraiment conseillé quand on travaille sur un engin explosif.
Deux minutes, plus tard, les mécaniciens lèvent les bras pour montrer que les sécurités sont enlevées.
Cette fois, les avions sont prêts au combat.
Augusto lève les yeux vers le ciel. Sa verrière est couverte de pluie. Pas vraiment un temps pour aller à la plage... Le plafond est aux environs de 1 500 pieds. Pour le moment, la visibilité semble correcte mais les cartes météo laissent supposer que cela ne va pas durer. Vers le nord, au niveau de Puerto Santa Cruz, il y a des nappes de brouillard sur la mer. La visi ne devrait pas dépasser un kilomètre.
– *Vincha, para despegar ?*
– *Autorizado despegar 07 Vincha. Viento del Este, 18 nudos*[19].
Il est 9 h 45 lorsque Augusto pousse la manette des gaz vers l'avant. Dix secondes plus tard, Mayora accomplit le même geste et s'élance derrière son leader.
À partir de maintenant, les pilotes vont garder un silence radio total jusqu'au moment de l'attaque. Le moindre souffle sur une fréquence peut les trahir. Les destroyers anglais disposent de matériels d'écoute sophistiqués qui permettent de repérer la moindre émission.
Tout va donc se faire par geste entre les deux hommes.
Les roues viennent tout juste de quitter la piste qu'Augusto

---

19. – *Vincha pour décoller.*
– *Autorisé à décoller vent de l'est pour 15 nœuds.*

saisit la palette du train d'atterrissage pour la placer vers le haut. Les roues rentrent et l'avion accélère vers 400 nœuds[20]. Le jeu de guerre commence.

Augusto vire à gauche pour prendre le cap au 020. Quelques secondes plus tard, il s'engage au-dessus de l'océan Atlantique. À 300 mètres derrière, Mayora le suit comme son ombre. Dans un premier temps, il s'agit de rejoindre l'Hercule de ravitaillement qui les attend à 400 kilomètres au nord-est de Rio Grande.

Les deux avions sont à 1 000 pieds[21].

Augusto jette un regard rapide sur la gauche pour évaluer la visibilité. Noyé sous la pluie, le détroit de Magellan est à peine visible. Quant aux reliefs qui bordent la frontière chilienne, leurs sommets disparaissent dans les nuages. Et ça se dégrade rapidement. Comme prévu, à mesure que les Super Étendard progressent vers le nord, le plafond descend. Augusto parvient tout juste à apercevoir la petite baie de Rio Gallegos. C'est de là que leur avion ravitailleur a décollé il y a près d'une heure.

Puis la côte disparaît peu à peu. De temps en temps, Augusto traverse de longues nappes de pluie qui viennent s'écraser sur son pare-brise. Un coup d'œil rapide sur les indications de la centrale inertielle.

Il est sur la bonne route...

Pour le moment, le radar est en position « veille ». Cela ne servirait à rien de le brancher, si ce n'est à se faire repérer. Lorsqu'un radar est en fonctionnement, il révèle immédiatement la position de son utilisateur.

9 h 55...

Avec précision, Augusto pousse sur le manche.

Mayora le suit... À plus de 700 kilomètres à l'heure, la patrouille descend au ras des vagues. Quelques instants plus tard, elle se stabilise à 25 mètres. À cette altitude, les crêtes d'écume défilent sous les ailes comme des flashs. Des embruns

---

20. 720 km/h.
21. 300 mètres.

viennent se coller au pare-brise... Aucune importance ! Ce qui compte, c'est que les avions soient sous le faisceau des radars anglais.

Pour voler aussi bas, les Super Étendard disposent d'un « *head up display* », un viseur tête haute qui fournit les informations vitales dans le pare-brise. Nul besoin de baisser la tête pour connaître la vitesse, le cap et surtout l'altitude. Le pilote peut lire ces informations en regardant la mer droit devant lui.

10 h 05...
Les chasseurs approchent du point de rendez-vous. L'Hercule les attend à 15 000 pieds[22]. Il est temps de remonter. Une légère traction sur le manche et ils traversent la couche de nuages.

Bonne surprise : « Rata » est à l'heure et au bon endroit, mais l'opération de ravitaillement va se faire entre deux couches nuageuses. Comme si cela ne suffisait pas, une petite turbulence secoue les avions. On pouvait rêver mieux pour une telle opération mais ça passera !

C'est Augusto qui prend la perche le premier. Malgré le panier qui se promène de droite à gauche, il réussit à se connecter du premier coup et son chasseur aspire goulûment le précieux liquide. Puis Armando vient se ravitailler à son tour. Comme prévu, l'opération est terminée en moins de vingt minutes. Tout s'est déroulé dans le silence radio le plus complet. Pas un mot n'a été échangé aussi bien entre les pilotes qu'avec l'avion ravitailleur. C'est un étrange ballet où chaque geste a déjà été répété des dizaines de fois et où chacun connaît parfaitement son rôle.

Sitôt le ravitaillement effectué, Augusto redescend vers la mer. Nouvelle traversée des nuages puis les chasseurs se retrouvent au ras des vagues. Mais à présent, ils ne suivent plus la même route. Pour trouver les bateaux anglais, il faut foncer vers le sud-est. Le cap est le 135.

Augusto vérifie que les coordonnées affichées par sa centrale inertielle sont les bonnes. Tout est correct... L'objectif

---

22. *Environ 5 000 mètres.*

est à 600 kilomètres droit devant. Mais encore une fois, les chasseurs ne vont pas prendre une route directe car elle leur ferait survoler la partie occidentale des Malouines. Ils pourraient être aperçus. Ils vont donc faire un léger coude pour raser la côte à une dizaine de nautiques en mer, puis obliqueront alors franchement vers l'est. Les minutes passent.

À mesure que les avions approchent de l'ennemi, la tension monte doucement. Augusto est maintenant à moins de 15 mètres des vagues. Ce sont des instructeurs français de Landivisiau qui ont montré aux Argentins comment utiliser leur Super Étendard dans ces conditions extrêmes. Les avions volent souvent si bas que les mécaniciens doivent ensuite les laver longuement pour enlever les traînées de sel qui maculent les fuselages.

10 h 30…
Les conditions météo empirent. Le plafond s'abaisse. Par moments, les avions sont à moins de 3 mètres d'altitude. Augusto a l'impression de voler dans une motte de beurre. Il ne quitte pas des yeux sa radio-sonde dont les chiffres s'affichent toujours sur le pare-brise.

Pour se consoler, il se dit que le mauvais temps va jouer en sa faveur. Les Anglais ne s'attendront pas à être attaqués par une météo pareille. Ils relâcheront peut-être leur vigilance.

10 h 40…
Au même moment, le Neptune se trouve à 300 kilomètres au sud-ouest des îles. Il vole à 500 pieds. Proni Leston vient de regarder son chrono. Il sait qu'Augusto doit approcher de l'objectif et qu'il a besoin de renseignements précis sur la position des Anglais. Il est temps de lui donner un coup de main…

Proni met donc pleins gaz sur les deux moteurs et grimpe à 3 500 pieds[23].

Il ne faut que quelques minutes pour que son officier radar voie apparaître de petites taches blanches sur son scope.

---

23. *Environ 1 200 mètres.*

– *J'ai un contact radar sur des bateaux... J'en ai un gros et deux moyens.*
– *Leur position ?*
– *Je les ai au 52 degrés 33 minutes 55 secondes de latitude sud et 57 degrés 40 minutes et 55 secondes de longitude ouest.*
– *Bien joué. J'appelle les « Vincha »,* réplique aussitôt Proni Leston.

Quelques secondes plus tard, Proni Leston lance un message anodin sur une fréquence UHF convenue à l'avance. Officiellement, il communique avec sa base pour transmettre la position de débris dérivant en mer. Il évoque la possibilité de se mettre à la recherche d'éventuels survivants qui auraient pu s'y accrocher.

Pour faire comprendre à Augusto que ce message lui est destiné, il utilise l'indicatif radio de « Mercurio » qui a été convenu au briefing. Bien évidemment, Augusto ne répond pas.

En fait, il écoute à peine les explications de Proni... Seuls les douze chiffres qui viennent à la fin du message sont importants pour lui : 52 33 55 et 57 40 55... Ce sont les coordonnées de la flotte ennemie.

Les Anglais sont évidemment à l'écoute mais apparemment aucun opérateur radio ne semble remarquer que ces chiffres correspondent à leur propre position.

10 h 52...

Augusto a rentré les nouvelles coordonnées dans sa centrale de navigation. Il sait maintenant que les Anglais se trouvent à une centaine de kilomètres juste devant les Super Étendard. Comme il le pensait, les bateaux se sont déplacés d'une dizaine de kilomètres vers le nord.

Le plus dur reste à faire... Car si les indications de Proni Leston permettent de progresser dans la bonne direction, elles ne sont pas suffisantes pour tirer un missile. Il faut que ce soit le propre radar du Super Étendard qui détecte les bateaux. Et pour l'instant, ce n'est pas possible... Tant que les avions seront au ras des vagues, l'écran restera vide.

Il faut donc reprendre de l'altitude pour procéder au

premier repérage... *Et ça, c'est dangereux !* Légère traction sur le manche. Le chasseur grimpe comme une flèche. Augusto le stabilise à 2 500 pieds. Mayora est toujours derrière. À cet instant, les deux avions sont dans les nuages.

Le cœur battant, Augusto branche son radar sur le mode « actif ». À partir de maintenant, il est aussi repérable qu'une voiture qui roule la nuit avec les phares allumés... Il a décidé de le laisser branché pendant exactement *cinq secondes.* C'est peu, mais c'est suffisant pour se faire repérer... Augusto baisse la tête vers son scope. C'est raté ! Il n'y a rien... L'écran est vide. Les Super Étendard sont encore trop loin de leurs cibles.

Sans attendre, Augusto coupe son radar et replonge vers les vagues. Le rythme de ses pulsations cardiaques s'est accéléré. Il vient d'envoyer une pierre sur un lion endormi.

L'a-t-il réveillé ?

Si c'est le cas, la sanction ne va pas tarder à tomber. Deux Sea Harrier armés jusqu'aux dents vont se jeter sur lui. Et les types vont se faire une joie de le dévorer comme un lapin. Ce sera un jeu d'enfant pour eux car les Super Étendard n'ont rien pour se défendre. Aucun missile air-air. Même pas de canon ! On les a démontés pour laisser la place au châssis contenant tout le système de gestion du missile. La seule arme, c'est l'Exocet. Malheureusement, le missile n'est utilisable que contre un navire. Il ne peut absolument rien contre un autre avion.

Augusto déclenche son chronomètre. Dans quelques minutes, il sera fixé. Soit ils seront morts, soit il faudra lancer une autre pierre sur le lion...

Pendant que les secondes passent, le leader fait ses calculs et réfléchit. Si son radar n'a rien vu, c'est certainement parce que la flotte anglaise a reculé... Il refera une tentative dans dix minutes. Cette fois, il lui faudra absolument être dans la « fenêtre de tir » du missile. Pas trop loin de la cible, mais pas trop près non plus, car ce genre d'engin a besoin d'une certaine distance pour se stabiliser. S'il est tiré trop près de son objectif, il le rate !

Quant à enchaîner plusieurs repérages radar de suite, autant se suicider tout de suite... Comme il le craignait, Augusto a été effectivement repéré par les Anglais.

Étrangement, ce ne sont pas les destroyers et leur matériel électronique sophistiqué qui l'ont détecté mais le porte-avions *Invincible* situé beaucoup plus loin en arrière.

Dans la salle radar, un opérateur a aperçu brièvement deux échos sur son écran. Puis les taches ont disparu. L'homme s'appelle Mike Hancock, il est premier maître radariste... Stupéfait par une telle apparition, il a immédiatement appelé son supérieur mais, lorsque ce dernier est arrivé, il n'y avait plus rien...

– *J'y comprends rien. J'avais deux échos dans le 280 pour environ 50 nautiques... Et c'est parti tout d'un coup.*

– *Tu es sûr ?*

– *Absolument certain !*

Une discussion s'engage pour savoir s'il s'agissait d'un phénomène parasite ou d'une menace réelle. Y a-t-il deux avions au ras de l'eau qui s'apprêtent à les attaquer ? Contrairement à l'hypothèse de son subordonné, le chef de quart ne croit pas à l'option de la menace. Si c'était le cas, il faudrait relever le niveau d'alerte d'un cran sur le bateau. Comme les échos ne réapparaissent pas, il finit par décider qu'il s'agit d'une fausse alerte. Comment imaginer que les Argentins vont se risquer dans un raid avec une telle météo ?

– *Tu surveilles et tu me rappelles !*

Cette grossière erreur de jugement permet aux deux attaquants de bénéficier de quelques minutes de répit avant l'hallali.

11 h 01...
Augusto jette un coup d'œil à son chrono. Si les navires ennemis sont effectivement sur la position signalée par le Neptune, ils ne sont plus qu'à 60 kilomètres juste devant. Il est temps de faire un second essai et de se préparer à tirer. Il ajuste son masque d'un cran supplémentaire puis respire un grand coup d'oxygène pur. Cette fois, il faut que ce soit la bonne !

Dans le meilleur des cas, il va lui falloir rester au moins

deux minutes à découvert. C'est le temps indispensable pour le paramétrage du missile. Ce seront les minutes les plus longues de sa vie.

Une dernière inspiration puis Augusto branche une nouvelle fois son radar sur mode « actif »... Augmentation de la poussée du réacteur pour accélérer vers 520 nœuds. Légère traction sur le manche. Les chiffres de la radio-sonde reprennent vie. En quelques secondes, l'avion est à 300 mètres d'altitude. Le pilote scrute son scope. Et brutalement, c'est le feu d'artifice ! L'écran se couvre de plusieurs dizaines de taches blanches.

La flotte britannique !

À cet instant, Augusto ne peut retenir un sourire sous son masque. Il appuie sur le bouton de la radio.

– *On les a !*

– *J'y croyais plus,* réplique Mayora, le souffle court.

À partir de maintenant, il ne sert plus à rien de garder le silence radio. De toute façon, les deux avions sont à découvert. Les Anglais vont les détecter sans difficulté. Après une heure et demie de silence absolu, c'est une sensation fantastique de pouvoir communiquer à nouveau.

– *Dépêche-toi,* ordonne Augusto. *Ça va chauffer !*

Rapidement, il règle la luminosité de son écran. Chacun des échos correspond à un bateau. Il y en a de toutes les tailles... Impossible de savoir où sont les porte-avions.

Augusto choisit donc le navire qui lui paraît le plus important et il le « désigne » à l'aide du manche radar. Aussitôt, l'ordinateur de l'avion envoie ses informations à l'autodirecteur du missile qui se verrouille sur la cible choisie. La distance diminue rapidement. La flotte n'est plus qu'à 40 kilomètres.

Augusto travaille avec précision car il faut faire très vite. L'alerte doit être donnée dans les navires. Elle se déclenche automatiquement dès qu'un intrus est détecté en approche. À cet instant, les deux hommes n'ont toujours pas de contact visuel avec leur objectif. Tout se fait à travers les écrans. C'est un étrange jeu vidéo où personne ne voit l'adversaire mais où chacun connaît ses intentions. Le *« game over »* signifiera la mort pour le plus lent.

– *J'ai verrouillé sur le plus gros... juste au centre,* annonce Augusto. *C'est sûrement un porte-avions...*
– *Bien reçu, moi j'ai pris le gros un peu en arrière à droite.*
– *Annonce-moi quand tu es prêt ?*
– *Encore un moment...*

Les secondes passent... Cela fait près de deux minutes que les chasseurs sont rentrés dans le cône de détection des Anglais. Ils sont terriblement vulnérables. Le paramétrage se termine. Augusto enclenche le *master arms* sur « on ». Il fait sauter la protection de la commande de tir de son manche. Il ne lui reste plus qu'à presser le poussoir.

– *Je suis prêt,* annonce Mayora.
– *Alors on y va !*

Les avions sont stabilisés à 300 mètres d'altitude. Augusto retient sa respiration. Cette fois, tout est OK.

Il ordonne :
– *Feu !*

Dans le même temps, il appuie sur le poussoir du manche. Il est exactement 11 h 04...

Pendant les deux secondes qui suivent, il ne se passe rien. *Deux secondes* quand vous foncez vers l'ennemi à 1 000 kilomètres à l'heure, c'est une éternité. Les pensées les plus folles jaillissent en éclair.

Et si le missile ne fonctionnait pas ?

Puis, l'avion a un frémissement et l'engin se détache de son pylône. Comme prévu dans la documentation, il perd quelques mètres de hauteur puis soudain une longue flamme apparaît au niveau de la tuyère. Elle mesure plus de 15 mètres de long. En une fraction de seconde, l'Exocet accélère vers Mach 0,93, laissant le Super Étendard carrément sur place. Un peu ému, Augusto suit l'engin des yeux alors qu'il file vers l'horizon.

C'est la première fois de sa vie qu'il tire un Exocet !

Tout à coup, il réalise qu'il a été le seul à faire feu. Son équipier n'a pas entendu l'ordre. Il s'apprête à le rappeler lorsqu'il voit le missile se détacher à son tour de son pylône. Mayora vient de tirer par imitation.

À cet instant, les deux hommes ne savent pas quels navires

ils ont « désigné ». Ils ont seulement choisi ceux qui paraissaient les plus importants en espérant que ce sont les porte-avions.

Maintenant, il n'y a pas une seconde à perdre... Il faut faire demi-tour et filer. Les Sea Harrier sont peut-être déjà à leur poursuite. À moins que le destroyer n'ait tiré un missile Sea-Dart contre eux. Augusto engage un virage serré à droite et fonce plein pot vers la côte. Il reste 700 kilomètres pour rentrer à la base. Les deux avions se collent de nouveau au ras des flots et foncent cette fois pleins gaz à plus de 560 nœuds[24]. Ils ne réduiront leur vitesse que lorsqu'ils seront complètement hors d'atteinte.

Alors que les Exocet foncent vers leurs cibles, Augusto ne peut s'empêcher d'avoir une pensée pour les victimes que les missiles vont causer. La guerre est une chose affreuse. Dans un peu moins de trois minutes, les engins perforeront les coques, semant la mort au hasard des coursives.

C'est à bord du destroyer *Glasgow* que les réactions sont les plus rapides. En découvrant sur son scope radar, les échos des deux Exocet, l'opérateur radar comprend instantanément que ça va mal. D'après son calculateur, il ne reste que deux minutes avant l'impact.

Il hurle :

– *Deux échos confirmés à 20 nautiques dans le 270...*

Dans le même temps son poing écrase le bouton d'alerte rouge. Les sirènes se mettent à hurler de toutes parts sur le bateau...

Sur la passerelle, le capitaine réagit alors avec une rapidité stupéfiante. Il lance la procédure prévue pour échapper à un tir ennemi : machines en avant toutes, virement de bord et largage des leurres pour tromper le radar du missile. En quelques secondes, le bateau quitte sa position, laissant à sa place des milliers de paillettes métalliques qui vont faire croire au missile que sa cible n'a pas bougé.

Si tout se passe bien, l'Exocet va traverser le nuage et se

---

1. 1 030 km/h.

perdre en mer. Les marins du *Glasgow* sont opérationnels. La procédure est exécutée très rapidement et avec une grande précision.

Malheureusement, elle ne sert à rien...

Le *Glasgow* ne fait pas partie des cibles désignées par Augusto et Mayora.

En fait, Augusto n'a pas davantage choisi le porte-avions *Hermes* comme il l'a cru un moment mais un autre bâtiment situé à 40 kilomètres en avant de la flotte : le *HMS-Sheffield*.

De manière incompréhensible, sur ce destroyer personne n'a remarqué les échos radars qui se précipitent dans sa direction. Pire... Aucun système d'alarme automatique ne se déclenche.

Tout comme le *Glasgow*, le *Sheffield* est placé en avant-garde du dispositif naval pour servir de bouclier électronique. C'est un bâtiment « de type 42 » qui jauge 3 660 tonnes. Il y a cinq bâtiments du même type engagés dans le conflit[25] des Malouines et ils sont la fierté de la Royal Navy. Le *Sheffield* a été le premier destroyer à être propulsé uniquement par deux turbines à gaz Rolls Royce. Une merveille de technologie ! Équipe de missiles Sea-Dart, il peut abattre un agresseur même de très loin.

Lors de sa remise à niveau informatique l'année précédente, la marine se flattait de l'avoir équipé d'ordinateurs d'une telle puissance que les hommes de « *l'opération room* » pouvaient riposter à une attaque « dans la minute ».

Il est commandé par le capitaine de vaisseau James Salt que tous les marins surnomment affectueusement « Sam ». L'homme a 42 ans. Sa femme Pénélope lui a donné quatre enfants. Il aime le jardinage, la voile et le ski. Et il vient de Petersburg dans le Hampshire. En ce matin du 4 mai 1982, il... dort dans sa cabine. Épuisé par deux jours de tensions intenses,

---

25. Le Sheffield, le Coventry, le Cardiff, le Glasgow et l'Exeter. *Il faut noter que les Argentins disposent également de deux destroyers. Ces navires sont exactement semblables aux bâtiments britanniques pour la bonne raison qu'ils ont été achetés à l'Angleterre quelques mois plus tôt. Ce sont l'*Hercules *et le* Santisima Trinidad. *La ressemblance est si frappante que la Royal Navy a fait peindre des bandes noires sur le côté pour éviter tout risque de confusion. La similitude parfaite de ces bateaux permettra également aux Argentins de connaître les systèmes d'armes et les performances des radars de leur ennemi.*

il prend quelques heures de repos bien méritées. À bord, personne ne semble avoir remarqué que la mort se précipite vers le bateau...

En fait, l'équipage du *Sheffield* n'est pas en condition d'alerte maximale mais au niveau 2 qui correspond à une situation de vigilance réduite.

L'explication de cette étonnante quiétude est simple : *les deux radars ne fonctionnent pas !* Ils ont été mis en veille car les officiers sont en train d'établir une liaison téléphonique par satellite avec l'état-major de la Royal Navy en Angleterre. Et ce système est brouillé par les radars du bateau. Alors ceux-ci ont été coupés momentanément.

Dans le centre opérationnel, les officiers ne sont pas inquiets. Les deux autres destroyers sont aux aguets. Si quelque chose se passait, ils seraient prévenus.

Et puis, de toute façon, il n'y a pas de souci à se faire... Après la destruction de leur croiseur, les Argentins sont trop sonnés pour tenter quoi que ce soit aujourd'hui. Par ailleurs, la météo est si mauvaise !

Vers 11 h 05, la liaison téléphonique avec Londres se termine et les systèmes sont remis en marche. Presque machinalement, l'officier radariste Nick Baho jette un coup d'œil sur son scope. Il ouvre de grands yeux en apercevant les deux échos en rapprochement rapides sur tribord. Incrédule, il se précipite aussitôt sur son téléphone pour appeler le pont supérieur.

C'est Peter Walpole qui lui répond :

– *J'ai deux échos rapides dans le 260 à 9 nautiques... Vous pouvez me faire une confirmation visuelle ?*

Il est 11 h 06... Dans le meilleur des cas, il faudrait environ trois minutes pour lancer une procédure semblable à celle effectuée par le *Glasgow*. Or l'Exocet est à moins d'une minute du destroyer.

Le destin est en marche...

Guidé par son système autodirecteur, le missile déboule vers la coque du *Sheffield* à 1 000 kilomètres à l'heure. Il est au ras des vagues. Lorsqu'il arrivera à proximité du navire il descendra encore et se stabilisera à moins de 2 mètres pour frapper juste au-dessus de la ligne de flottaison. Pendant ce temps-là, les deux Super Étendard ont pris le chemin de Rio Grande. En fait Augusto a décidé de ne pas se diriger directement vers la base. Ce serait trop dangereux. C'est sur cette route que les Sea Harrier vont se mettre à sa recherche. Il va donc se diriger d'abord vers la pointe sud du continent américain. Cap 240. Lorsqu'il atteindra le travers des îles de Los Estados, il virera à droite et suivra la côte sur 180 kilomètres jusqu'à la base. C'est un peu plus long mais beaucoup plus habile.

Peter Walpole est sur le pont supérieur du *Sheffield*.

L'officier radariste Nick Baho vient de l'appeler par téléphone pour lui demander d'identifier un contact radar. La voix de son correspondant était étrange. On aurait dit qu'il venait d'apercevoir un ovni… Sans trop y croire, Nick braque ses jumelles vers tribord et sursaute. Une longue traînée blanche arrive dans sa direction à toute vitesse.

– *Bon Dieu, mais qu'est-ce que…*

À cet instant l'Exocet est à 2 kilomètres du destroyer.

Affolé, Peter Walpole se retourne et hurle alors à pleins poumons.

– *Attaque missile… À couvert !!!*

Aussi incroyable que cela puisse paraître, ce 4 mai 1982, la seule alerte lancée sur ce navire bourré de défenses électroniques aura été… la voix de Peter Walpole.

Il est **11 h 07.**

Le missile percute la coque du « *Shiny Shef* »[26]. Il déchire le flanc droit 2 mètres au-dessus de la ligne de flottaison. Le métal cède sans résistance.

Contrairement à ce que prétendent les Anglais, la charge explose provoquant des dégâts terribles dans « *l'electronic control room* ». Tous les hommes présents dans un rayon de 20 mètres sont tués sur le coup. C'est le cas de Mike Till, le « *senior computer chief* », qui était en train de remettre en route

---

26. « *Brillant Sheffield* ». *Abréviation familière utilisée par les marins du* Sheffield *pour désigner leur bateau.*

les systèmes informatiques pour assurer la défense du bateau. Un incendie d'une extrême violence se déclenche. Les hommes luttent comme des forcenés pour tenter de maîtriser le feu mais l'alimentation électrique ne fonctionne plus. Les systèmes anti-incendie sont paralysés. Les flammes se propagent rapidement au centre du navire.

La lutte se poursuit pendant des heures…

Enfin, vers 19 heures, craignant que la soute à munitions ne soit touchée, le capitaine ordonne l'abandon du navire. Contrairement à toute attente, le *Sheffield* ne coule pas et continue à brûler toute la nuit.

Le bilan est terrible : vingt morts et vingt-cinq blessés graves. On ne retrouvera qu'un seul corps, celui de David Briggs, un jeune mécanicien souriant. Des cheveux blonds frisés, des yeux bleus… Son surnom était « Basher ».

À 12 h 04, les deux Super Étendard atterrissent sur la piste 07 de la base de Rio Grande. Depuis le décollage, la mission a duré exactement deux heures et dix-neuf minutes.

Le mécanicien arbore un grand sourire lorsqu'il vient plaquer l'échelle contre le fuselage du chasseur. L'absence des missiles sous les ailes des chasseurs est un bon signe. Les pilotes ont réussi à tirer.

– *Usted hacido blanco commandante*[27] ?

Augusto sourit.

– *No sé…* Il faut attendre.

Aussi étrange que cela puisse paraître, les pilotes n'ont en effet aucune idée du résultat de leur tir. Le missile Exocet est du type *« fire and forget »* : tire et oublie… Impossible de savoir s'il a fait mouche. Augusto préfère être prudent. Étant donné les moyens électroniques dont dispose la Royal Navy, il est possible que les deux engins soient tombés dans l'eau. En outre, c'est la première fois qu'un Exocet est utilisé en opération et les pilotes n'ont aucune expérience pour faire des pronostics.

En fait, les deux hommes apprendront le résultat de leur tir

---

27. – *Vous les avez eus commandant ?*

dans la soirée en regardant la télévision... La nouvelle sera saluée par une immense clameur sur toute la base de Rio Grande et dans toute l'Argentine. Quelques instants plus tard, le capitaine de corvette Augusto Bedacarratz sera porté en triomphe jusqu'à son avion.

Dans l'après-midi du 5 mai, les mécaniciens découpent soigneusement une silhouette du destroyer dans un journal et Augusto peint lui-même sur son fuselage la « *killmark*[28] » la plus célèbre de la guerre des Malouines. Le *Sheffield* est le premier navire de guerre britannique détruit en opérations depuis la fin de la Seconde Guerre mondiale.

Détruit mais pas coulé... Car, si le *Sheffield* est totalement hors d'usage, il flotte toujours.

Étrangement, trois jours plus tard, l'état-major de la Royal Navy ordonne à la frégate *Yarmouth* de le prendre en remorque. Pourquoi une telle décision ? On pourrait bien évidemment supposer que les Anglais souhaitent ramener le destroyer en Angleterre pour le réparer... Vu son état, c'est invraisemblable ! La Royal Navy souhaiterait-elle récupérer la ferraille ? C'est tout aussi invraisemblable. Tracter une carcasse calcinée sur 12 000 kilomètres pour quelques milliers de tonnes de métal n'a pas de sens.

D'autant que le *Yarmouth* ne se dirige pas vers l'Europe mais vers... l'océan glacial Antarctique...

En fait, le *Sheffield* est coulé délibérément six jours plus tard à 70 kilomètres au sud-est des Malouines. La position exacte du sabordage est 53° 04' Sud et 56° 56' Ouest. Étant donné la présence à bord de dix-neuf victimes, l'épave est déclarée « cimetière marin ».

Il sera très difficile d'aller vérifier si le destroyer est bien à cet endroit car il est dans une fosse dont la profondeur dépasse 2 000 mètres.

Pourquoi avoir déplacé le *Sheffield* vers cet endroit totalement inaccessible ?

---

28. *Tradition qui consiste à peindre sur le fuselage de l'avion les silhouettes des différentes victoires obtenues par le pilote.*

Dans un premier temps, les experts ne comprennent pas... On pense que l'Amirauté a souhaité voir les dix-neuf marins reposer dans un lieu inviolable pour les plongeurs sous-marins un peu trop curieux. Là encore, l'argument ne tient pas. Nul besoin de trouver une fosse de 2 000 mètres pour cela ! Autour des Malouines, les fonds avoisinent 500 mètres, c'était amplement suffisant.

Puis, peu à peu, une méchante rumeur commence à courir : le navire aurait transporté des ogives nucléaires et les Anglais souhaitaient voir disparaître ces armes à tout jamais.

Au moment de la déclaration de guerre, le destroyer était en manœuvre dans le golfe Persique. L'enchaînement des événements a été si rapide que le navire serait parti directement pour les Malouines sans prendre le temps de repasser par son port d'attache de Portsmouth. Or il aurait transporté un chargement d'engins nucléaires qui n'a donc pu être débarqué. Ceux-ci seraient maintenant au fond de l'océan, attendant que la corrosion fasse son œuvre.

Pendant neuf ans, le gouvernement anglais réfute ces accusations avec la plus grande vigueur. Ce ne sont *« que des affabulations imaginées par des pacifistes en mal de motivation pour leurs troupes »*. C'est bien évidemment l'association écologiste Greenpeace qui est visée par ces propos.

Malheureusement, en 1991, un rapport de l'Agence internationale de l'énergie atomique révèle la vérité. Elle dispose de documents qui prouvent que des ogives nucléaires étaient effectivement stockées à bord du destroyer. L'AIEA souhaite que l'Angleterre fasse toute la lumière sur l'affaire. Elle veut notamment savoir quels moyens vont être mis en œuvre pour envisager la récupération de ces ogives. Pressée de toutes parts, l'Amirauté britannique finit par reconnaître du bout des lèvres que le *Sheffield* transportait bien des matières fissibles. Malheureusement, vu la profondeur où elles se trouvent, elles seront très difficiles à récupérer. Affaire à suivre...

Et le missile de Mayora ?

Selon la version officielle britannique, le second missile Exocet tiré par Armando Mayora n'a touché aucun objectif. Son

radar a été trompé par les leurres et il s'est abîmé en mer. Là encore, le Royal Navy ne semble pas avoir dit la vérité. De nombreux indices laissent à penser que l'Exocet n'est pas au fond de l'eau mais qu'il a touché le porte-avions *Hermes*... Le coup n'a pas été fatal. Il n'y a eu aucune victime parmi les marins mais il a causé suffisamment de dégâts pour neutraliser temporairement l'activité du bateau. Il n'existe aucune preuve de ce que les Anglais appellent une « théorie fumeuse ». Pourtant, ce qui s'est passé juste après l'attaque est plus que troublant :
- alors que les Super Étendard viennent de tirer leur Exocet, aucun chasseur Sea Harrier ne décolle du porte-avions *Hermes*. Il serait pourtant logique de tenter d'abattre ceux qui viennent de les attaquer...
- quelques heures plus tard, le porte-avions se retire très loin à l'est hors de portée des raids aériens ;
- il se déplace à très faible vitesse ;
- le lendemain de l'attaque, les huit avions Sea Harrier qu'il transporte sont transférés sur le second porte-avions l'*Invincible* qui, lui, reste dans la zone de conflit.

Désinformation ou scoop ? Difficile d'être catégorique car, pendant le conflit, les Anglais ont réussi à contrôler parfaitement les médias.

Contrairement à la guerre du Golfe, les Malouines se trouvent au bout du monde dans une zone maritime inaccessible à la presse. Qui pourrait compter les coups et informer le monde de manière objective ? Les rares journalistes présents sont hébergés sur des navires de la Royal Navy.

Les seules nouvelles auxquelles ils ont accès sont celles qui sont aimablement communiquées par le service de presse de la marine. Quand on sait à quel point les militaires aiment la transparence !

Alors ? touché ou pas touché le porte-avions ? Les seuls qui connaissent la vérité sont les Américains car ils ont suivi le conflit en direct depuis l'espace. Ils disposeraient à ce sujet d'une série de photos satellites révélatrices. On y verrait le porte-avions *Hermes* immobilisé et entouré par une importante nappe d'huile et de nombreux débris flottants. Un jour peut-être, ces photos seront rendues publiques !

Et les trois derniers missiles Exocet argentins ?

Après la mission d'Augusto Bedacarratz, il ne reste que trois Exocet en Argentine. Deux seront tirés le 25 mai à 16 h 41 par des Super Étendard de la même escadrille. Les pilotes étaient le capitaine de corvette Roberto Curilovic et le lieutenant Julio Hector Barraza. Ce sera un nouveau succès puisqu'à cette occasion, le porte-containers *Atlantic-Conveyor* sera touché par les deux missiles et coulera.

Le troisième missile sera tiré par Alejandro Francisco[29] contre le porte-avions *Invincible* qui ne sera pas touché.

À court de « munitions », l'Argentine tentera alors d'acheter discrètement des missiles Exocet au marché noir. Pour cela, elle enverra des agents à Paris. Malheureusement, le service du contre-espionnage français préviendra les Britanniques. Ceux-ci monteront une opération pour mettre les Argentins en relation avec de faux marchands d'armes. Les acheteurs seront roulés dans la farine et l'Argentine ne recevra plus jamais le moindre Exocet.

Le naufrage du *Sheffield* aura plusieurs conséquences :
- Augusto Bedacarratz deviendra un héros dans son pays. Toujours modeste, il mettra sa réussite sur le fait « qu'il était pilote d'alerte cette nuit-là ». D'après lui, les autres auraient accompli les mêmes gestes avec autant d'efficacité. Quoi qu'il en soit, cette mission est un superbe exploit technique ;
- le couple Super Étendard – Exocet prendra une renommée stupéfiante dans le monde. Les ventes du missile de l'Aérospatiale exploseront littéralement. Dans ses brochures publicitaires, le constructeur, ajoutera à chaque page la mention « *Combat-Proven* » : testé au combat... Une précision bien inutile car tous les officiers d'état-major savent que c'est un Exocet qui a coulé le *Sheffield*. Les plus grands utilisateurs du missile deviendront les

---

29. *Il sera accompagné par Tonio Collavino dont l'avion ne sera pas armé.*

pilotes irakiens qui couleront un grand nombre de pétroliers sans défense dans le golfe Persique. Le 17 mars 1987, ils attaqueront même la frégate américaine *Stark* provoquant la mort de trente-sept marins.

Bien que les guerres modernes se fassent au travers d'écrans radar, ce ne sont pourtant pas des jeux vidéo. Les morts y sont bien réels et il ne suffit pas d'appuyer sur le bouton « play again » pour les faire réapparaître. Augusto Bedacarratz restera toujours très modeste sur sa performance du 4 mai. Il ne manquera jamais d'avoir une pensée pour les familles des marins anglais qui ont trouvé la mort ce jour-là. « *Je suis désolé d'avoir été un de ceux qui leur ont causé tant de peine* », déclarera-t-il à plusieurs reprises à la BBC. Augusto était un soldat, il s'est battu. Ce jour-là, c'est lui qui a gagné.

Quelques semaines plus tard, l'Argentine sera vaincue et les « Malvinas » redeviendront les « Falkland ». La guerre des Malouines aura fait 655 morts chez les Argentins et 255 parmi les Anglais.

Tant de victimes pour revenir à la case départ !

SOMMAIRE

PREMIÈRE ATTAQUE CONTRE LES IRAKIENS 9
RAID SUR BAALBEK 59
« FRIENDLY FIRE » 101
DES ANNÉES DE PRISON EN ALGÉRIE 135
CRUSADER CONTRE MIG 21 ! 181
PROVOCATION À SAKIET 199
PHOTOS AU-DESSUS DE LA BOSNIE 247
SECRET DU PREMIER CRASH 287
IL A COULÉ LE DESTROYER « SHEFFIELD ! » 315

Dans la collection
HISTOIRES AUTHENTIQUES
aux éditions Altipresse

Jean-Pierre OTELLI
FRISSONS DANS LE CIEL *Histoires d'aviation*
CATASTROPHES AÉRIENNES *Les passagers ont le droit de savoir...*
LES MIRACULÉS DU CIEL *Histoires de survies extraordinaires...*
LE SECRET DES BOÎTES NOIRES *Enregistrements avant le crash...*
GANGSTERS DU CIEL *Histoires authentiques de pirateries*
POURQUOI ILS SONT TOMBÉS *Les faits... la vérité*
LES FOUS DU CIEL *Ce qui s'est vraiment passé dans les avions*
ERREURS DE PILOTAGE *Ces accidents qu'on aurait pu éviter*
CARNET DE VOLS *Album avec dessins de* **François BOUSSEAU**

Germain CHAMBOST et Jean-Pierre MITHOIS
PILOTES *Histoires d'aviation*

Germain CHAMBOST
MISSIONS DE GUERRE

Bernard THOUANEL
AVENTURES DANS LE CIEL

Jean-Claude DEMORY
POMPIERS

Fred BONAMY
CHERCHEURS DE TRÉSORS

Gérard PACELLA
CHASSE

Christophe AGNUS et Pierre-Yves LAUTROU
SKIPPERS DE L'IMPOSSIBLE

François BERTIN
GENDARMES EN OPÉRATIONS

Frédéric ZUMBIEHL
PILOTES DE L'AÉRONAVALE

Christophe AGNUS et Pierre-Yves LAUTROU
SKIPPERS DE L'IMPOSSIBLE

François BERTIN
GENDARMES EN OPÉRATIONS

Frédéric ZUMBIEHL
PILOTES DE L'AÉRONAVALE

Impression réalisée sur CAMERON par

BUSSIÈRE CAMEDAN IMPRIMERIES
GROUPE CPI
*à Saint-Amand-Montrond (Cher)
en mai 2004*